# Estaba escrito en las estrellas

*Segundo de la serie Maktub*

# Kristel Ralston

Estaba escrito en las estrellas.
Serie Maktub. Libro 2.
©Kristel Ralston 2017.
1era edición.
Amazon CreateSpace.

Diseño de portada: Karolina García R.
Imágenes ©Shutterstock

ISBN-13: 978-1544696201
ISBN-10: 1544696205

"Tu deber es descubrir tu mundo y luego entregarte a él
con todo tu corazón"

Buda.

Kristel Ralston

# PRÓLOGO

*Tobrath, Reino de Azhat, Oriente Medio.*

El camino polvoriento en una zona alejada de la ciudad estaba lleno de jóvenes animando a sus competidores preferidos. La arena se entremezclaba con el asfalto de un terreno que estaba en proyecto de convertirse dentro de un año en la zona residencial más exclusiva de Tobrath. Mientras los trabajos continuaban durante el día, los adolescentes aprovechaban la madrugada para utilizar las vías en construcción como pistas de carreras.

—En sus marcas, listos… ¡Fuera! —gritó el muchacho de veinte años desde la línea de salida agitando una bandera de cuadros blanco y negro.

Tahír presionó el acelerador del Ferrari a toda potencia y su cuerpo se agitó con el impulso de la velocidad del auto de carreras. La adrenalina fluía por sus venas, mientras mantenía la mirada enfocada.

Tenía que ganar esa carrera de dos vueltas. Sentía las gotas de sudor perlándole la frente. Su cuerpo estaba en tensión. En la mente solo tenía la consigna de ganar. La apuesta no era más que calderilla para su bolsillo, pero estaba compitiendo contra

Bassil Ashummi, su rival en el instituto y en otros ámbitos.

El verano anterior, Bassil había conseguido que la chica en quien Tahír tenía puestas sus intenciones de conquista se acostara con él. Eso corroía al príncipe por dentro. En la clase de debate político, el rubio de ojos celestes solía perder en el podio ante los elocuentes argumentos de Tahír, salvo las tres últimas semanas en que había faltado a clases. Era hijo de un diplomático canadiense y solía ausentarse de vez en cuando, en especial cuando su padre tenía viajes que requerían fortalecer la imagen de Canadá como país unido y de familias fuertes. Solo esto último tenían en común ambos muchachos: preservar una imagen. Pretender ante otros.

—¡Maldita máquina! —gritó Tahír dándole manotazos al volante cuando el Ferrari pareció sobrecalentarse y perder velocidad.

Estaba a punto de girar hacia la derecha para salirse del camino y mantenerse seguro, cuando otro de los competidores de la carrera ilegal chocó contra él. Tahír se aferró al asiento mientras el Ferrari daba dos vueltas de campana y caía sobre el techo. Cuando su cerebro registró el olor a gasolina. Golpeado y aturdido pateó con fuerza la puerta. No se abría.

—¡Fuego! ¡Busquen extintores! —gritó alguien alrededor, pero el príncipe ya había visto las llamas empezando a cobrar brío.

Desesperado rebuscó en la guantera del panel inferior, en la que solía guardar un arma y un cuchillo por autoprotección, encontró una pequeña gata hidráulica. La sacó con rapidez y empezó a golpear el vidrio de la ventana hasta que se rompió.

Intentó sacarse el cinturón de seguridad para reptar y salvarse. Tenía las manos rasguñadas y posiblemente una herida en la frente porque no era normal la cantidad de líquido que sentía resbalarle por la mejilla. Se pasó el dorso de la mano. Rojo. Definitivamente estaba mal herido. Se giró sobre sí mismo y soltó un quejido de dolor. La maldita costilla.

—¡Al-Muhabitti! —gritó la inequívoca voz de Bassil—.

¡Tus guardaespaldas están aquí! Ya van a ayudar a sacarte.

«Demonios.» Lo último que quería Tahír era ver a su contrincante principal salvándole el pellejo. Ni loco iba a permitirlo. Por el rabillo del ojo observó sendos pares de zapatos. Estaba rodeado y la gente gritaba. Sentía cómo el Ferrari se movía por la fuerza de la gente tratando de darle la vuelta para facilitarle la salida. Si lo conseguían lo más probable era que lo lastimaran más pues ya estaba herido.

—Puedo solo. ¡Apártense del maldito Ferrari! —gritó con prepotencia antes de lograr gatear sobre el asfalto terroso.

Bassil no le hizo caso, lo agarró de los brazos y lo ayudó a ponerse en pie. Tahír lo apartó con un empujón mirándolo con rabia.

—Será que eres necio, Al-Muhabitti —dijo el muchacho pasándose las manos entre el cabello grueso del tono de los rayos del sol.

—Vete a la mierda, Ashummi. Estamos empatados.

Bassil frunció el ceño y cuando comprendió a lo que se refería contuvo las ganas de darle un puñetazo.

—Escucha bien, principito de pacotilla —dijo apuntándolo con el dedo índice ante la mirada atónita de la gente, en su mayoría chicas que hacían fila por ser, aunque fuese unos minutos, el punto de atención de un chico popular de clase alta—. La vida de un ser humano no vale una carrera de automóviles. Estás a salvo. ¿Quieres desempatar? Perfecto. Tenemos un reto pendiente en un futuro próximo.

—Idiota —murmuró Tahír por lo bajo quitándose la chaqueta de cuero negra.

La carrera se había detenido. Y si antes hubo doscientas personas haciendo barra y gritando, ahora apenas quedaban alrededor de treinta.

Un accidente era lo peor que podía suceder en una carrera ilegal porque eso llamaba irremediablemente a las autoridades. Todos los asistentes eran integrantes de la crema y nata de la sociedad de Tobrath. Nadie querría perder los privilegios en sus lujosas casas por un escándalo.

Tahír solía burlar la seguridad real, a sus guardaespaldas, para ir a las fiestas que organizaban sus compañeros del instituto de élite al que asistía. Al caer la madrugada se escabullía con discreción para que nadie notara su ausencia y disfrutaba, como en esta ocasión, de actividades que ponían a prueba su tesón y subían la adrenalina.

Con indolencia estilaba regodearse de tener el estatus de un príncipe y saber que podía tener lo que quisiera. Cumplir cualquier capricho que deseara. Conseguir los más extravagantes lujos con solo pedirlos, y satisfacer la inquietud sexual que empezaba a disfrutar con asiduidad. Tahír sabía que el peso de la corona jamás recaería sobre sus hombros, y aquello representaba un gran alivio para su ávida necesidad de experimentar más riesgos que sus hermanos: Bashah, príncipe heredero, y Amir, tercero en la línea de sucesión al trono de Azhat.

—¡Alteza! —exclamó uno de los guardaespaldas pasándole el brazo por la cintura para sostenerlo. Tahír le apoyó el brazo en el hombro y empezó a caminar hacia el automóvil que usaba su equipo de seguridad—. Tendremos que llevarlo al hospital más cercano. Si hubiéramos tardado un segundo más...

Estaban bastante lejos cuando el príncipe escuchó una explosión. «Adiós, Ferrari», pensó girando la cabeza para ver cómo las llamas ardían hacia el cielo, y un equipo de bomberos, que acababa de llegar, trataba de apagarlo.

—Llévenme al palacio. Allá me atenderá el doctor de mi familia. No quiero saber de ningún hospital ni de personas metomentodos diciéndome lo que tengo que hacer cada cinco minutos.

Denth, el guardaespaldas, miró a su compañero, Oliver. Ambos estaban ahora a cada lado del príncipe cuando este se embarcó en el BMW blindado.

—Pero... —empezó Denth, al tiempo que el conductor salía de la zona.

—No es una solicitud burocrática —dijo Tahír entre dientes. Le dolía la cabeza y el costado. Solo quería que lo dejaran en paz—. Es una orden real.

—Por supuesto, alteza —replicó el fortachón, Oliver, sin oponerse y lanzándole una mirada a Denth para que guardara silencio.

Ambos sabían que este incidente marcaba su último día de trabajo para la familia real Al-Muhabitti. Era la quinta vez en un mes que Tahír los dejaba mordiendo el polvo. Si no lo hubieran localizado a tiempo, lo más probable era que el príncipe quizá no estuviese vivo. Ignoraban cuántas agencias de seguridad habrían destinadas para rotar la custodia de los miembros de la realeza de Azhat, lo que sí tenían claro era que la empresa para la que trabajaban, Homs&Thua, no sería ya una de ellas.

El revuelo que causó al siguiente día el accidente en los titulares internacionales, haciendo gala del comportamiento rebelde e impropio de Tahír, fue la gota que derramó el vaso en el palacio.

—¡Déjennos! —gritó el rey mientras entraba en la recámara del príncipe.

Estaban en el ala médica en que se atendían los Al-Muhabitti. Tahír tenía una costilla rota. La ceja partida y el rostro golpeado por el impacto. Le habían tenido que suturar la herida de la ceja con cuatro puntos.

La recámara se vació.

—Padre… —murmuró Tahír— gracias por visitarme.

El rey Zahír le lanzó uno de los titulares más perjudiciales para la reputación de la casa real. El príncipe levantó el periódico de su regazo. Leyó.

*Orgías, carreras ilegales y mucha adrenalina marcan la vida del príncipe Tahír Al-Muhabitti.*

Dejó de lado el ejemplar. Sabía que la prensa exageraba. ¿Orgías? Quizá en sus fantasías personales, pero no era cierto. Seguro que alguna de las personas que estuvieron dos noches atrás en la carrera a las fueras de Tobrath, pensó que no habría nada mejor que hablar sobre los entramados detrás de las carreras. ¿Qué le habrían ofrecido? Porque todos buscaban algo. Dinero, contactos, fama… Ya debería estar habituado, pero no era cierto. Miró a su padre, cuya expresión de reproche y decepción conseguía clavar más profundamente la daga de resentimiento que sentía hacia él desde que su madre no estaba.

—Esta no es una visita social, Tahír —espetó cruzándose de brazos y caminando de un lado a otro. Era un hombre alto y de barba perfectamente recortada, canosa. Poseía una fortaleza inquebrantable, y su pueblo lo respetaba—. Has empañado el nombre de nuestra familia con tus salidas de tono. No es la primera vez que ocurre. ¿Cuándo dejarás de comportarte como un mocoso de doce años? ¡Eres el segundo en la sucesión al trono de un país tradicional y próspero! ¿En que no tienes conciencia? ¡Eres un muchacho de dieciséis años! Te he puesto en el mejor instituto del país y que compite con los de otras naciones. ¿Quieres fornicar? Tienes un harén. ¿Quieres una orgía? La pides al harén —dijo sin importarle nada.

—Disfruto la vida —replicó él con insolencia.

Al parecer su padre creía que solo se dedicaba a la promiscuidad. Vaya, qué interesante, y él que tenía pensado exponerle una tesis para mejorar los sistemas de seguridad del palacio. Era un genio con los ordenadores y tenía cerebro para ver espacios y detalles que, a los mejores guardias, se les escapaba. ¿Cómo si no, él conseguía burlarlos?

—¡No naciste para disfrutar la puta vida! Naciste para ser un príncipe y llevar a tu pueblo a mejores días.

La rabia de Tahír empezaba a bullir. ¿Qué sabía su padre? ¿Cómo se atrevía a juzgarlo si nunca estaba presente como padre y solo como rey? Ni siquiera se había molestado en preguntarle cómo estaba o cómo se sentía.

—Quizá no quiera ser príncipe.

—No tienes elección, Tahír. Tu destino está escrito y debes seguirlo. La próxima ocasión que estés en los titulares, puedes tener la plena seguridad de que te voy a enviar durante un año a vivir con las tribus de los bereberes en el desierto.

El príncipe miró a su padre, y experimentó un gran vacío. Sus hermanos habían ido a visitarlo, preocupados por él, mas no por lo que podían o no decir los demás. Al menos ese lazo entre hermanos era fuerte y ajeno al hecho de que los tres eran figuras públicas.

—Me gustaría mucho vivir en el desierto.

—Estás advertido —dijo el rey, sin mostrar su desazón por no conseguir una reacción de su hijo. Durante años había tratado de retomar la relación distante, pero Tahír era un hueso duro de roer y él apenas tenía tiempo debido a sus compromisos como monarca. De sus tres hijos, Tahír era el más indomable—. ¿Ha quedado claro?

—Por supuesto.

—No sé qué hacer contigo. Eres una decepción tras otra para esta familia.

—A veces me pregunto si hubieras deseado que yo no naciera —expresó.

El rey Zahír lo miró con intensidad. Sin mediar más palabras, con dos zancadas dejó a su hijo a solas y cerró con un portazo.

Tahír observó la habitación y sintió la garganta seca. ¿No decían que el que callaba otorgaba?, se preguntó dolido.

Si aún quedaba una esperanza de que su padre pudiese ver en él algo más que problemas, ese día acababa de extinguirse. Aceptaba, derrotado, que el rey nunca sería capaz de entenderlo. Ni quererlo…

La muerte de su madre le había afectado de una forma que jamás podría expresar. A los príncipes no se les permitía demostrar emociones en público… Al parecer tampoco en privado. Y eso lo había marcado.

Nadie parecía entenderlo y lo trataban como si fuese su tarea, y algo normal, aprender a lidiar con una pérdida de esa magnitud sin quejarse. Jamás hablaba de ello con sus hermanos. Cada uno parecía vivir en su propia realidad al respecto. De hecho, las actividades giraban en torno a la preparación de los príncipes como miembros de la familia real Al-Muhabitti. El camino a seguir en este sentido parecía delimitado, excepto para Tahír.

Bashah, el príncipe heredero, tenía que seguir la tradición de las iniciaciones sexuales durante dos periodos de su vida adolescente y juvenil. Era el encargado de dar un heredero al trono y contraer matrimonio con una mujer que conviniera a los intereses de Azhat para traer estabilidad y armonía al reino. Amir, el tercero de los hermanos, poseía una capacidad innata conseguir lo que deseaba de una forma ecuánime y encantadora; el rey había considerado prepararlo en el manejo de conexiones sociales para lograr alianzas y beneficios comerciales a futuro.

En el caso de Tahír, él parecía no tener un camino trazado básicamente por su constante rebeldía. Y aquel detalle solo conseguía enfadar más al príncipe, el único de los hermanos que había heredado tanto los luminosos ojos verdes de la desaparecida reina Dhalilah así como su indómito espíritu aventurero. Quizá estos rasgos en común con la reina habían hecho que, en vida, ella mostrase más paciencia y comprensión a su segundo hijo de la que solía tenerle el rey al impredecible príncipe.

✳✳✳

—¿Qué cree que está haciendo, alteza? —preguntó la inconfundible voz del consejero de Tahír cuando lo pilló abriendo la caja fuerte del rey en la que se guardaban todas las joyas, no solo heredadas, tanto de los reyes como de sus hijos.

Con la altivez que lo caracterizaba, Tahír, se giró hacia el hombre de prominente barba y saltones ojos negros. Ya habían pasado cinco meses del accidente. No más carreras ilegales, pero eso no implicaba que dejara de escabullirse para disfrutar de su juventud y los places que eso podía otorgarle.

—Lo obvio —replicó mientras guardaba en una pequeña bolsa marrón uno de los tantos anillos y unas perlas—. Voy a salir. Y tengo derecho a llevarme estas baratijas —agitó la bolsa— porque son tan mías como de cualquier otro miembro de la familia.

El hombre lo observó con serenidad.

—Será mejor que salga en este momento, alteza, si no desea que su majestad se enfade y opte por un castigo.

«Mi padre no tiene suficiente tiempo para dedicarle a un hijo que cree que solo sirve para causar problemas», le hubiese querido decir al hombre que llevaba su agenda real. No iba a gastar su saliva. Estaba cada día más cansado de esa farsa en la que su padre fingía interés por sus hijos. Quizá sus hermanos estaban dispuestos a aceptarlo; él, no.

Odiaba vivir confinado en el palacio. Odiaba ser príncipe cuando solo era observado como un instrumento de imagen monárquico. Prefería unirse a los planes de sus compañeros del instituto y crear caos, olvidarse de las responsabilidades... Prefería estar en el desierto, montando a caballo, practicando artes marciales en el gimnasio o entrenando con el ejército real.

—¿Acaso no eres tú mi consejero, Karim? —preguntó sonriendo maliciosamente. El hombre inclinó la cabeza con un asentimiento que no implicaba resignación, sino enfado contenido porque cualquier desliz de su parte sería su culpa de Karim—. Eso creía.

Guardó las alhajas en uno de sus bolsillos. Se ajustó los cordones rojos de su kuffiya blanca. Esa mañana había estado practicando esgrima en el patio trasero del palacio. La arena, el sol y la tensión se entremezclaban en una actividad que requería de todo su ingenio y coordinación. Todos los años había una competencia nacional de esgrima. Desde que empezó a participar, a los trece años, había ganado consecutivamente cada contienda en su categoría.

—Los ánimos están caldeados por la reforma sobre el nuevo precio del petróleo, y es preferible que permanezca en el palacio. Huyendo como pretende hacerlo solo logrará poner en riesgo a los agentes que cuidan de usted...

—Conozco mejor que nadie las medidas de seguridad. ¿Acaso no las burlo constantemente? —preguntó con petulancia.

—Entiendo que la vida no ha sido fácil luego de la muerte de la reina Dhalilah, alteza, ni lo será, pero ya es tiempo de…

El príncipe levantó una mano para que se callara.

Karim acató la silenciosa orden.

—No creas que puedes decirme que me entiendes. Estás actuando fuera de lugar. Que no vuelva a cruzarse por tu cabeza hablar de mi madre.

Karim Labouthy asintió, pero al joven príncipe no se le pasó el gesto de apretar los puños a los lados que hizo el hombre.

—Pueden despedirme si saben que usted está en peligro y por mi culpa no han sido capaces de evitarlo. ¿Recuerda aquella carrera de carros? —Tahír se encogió de hombros—. Nos hizo pasar un susto. Así como es usted muy bueno escabulléndose de sus guardaespaldas también quienes pretenden hacer daño podrían aprovecharse de ese detalle. Pondría al país en una encrucijada innecesaria, alteza.

Por un breve instante, Tahír pareció reconsiderar su intención de ir a ver a la muchacha de quien se había prendado. Ya sabía cómo salir del palacio e ir a buscar a Freya a través de las calles de la ciudad. Pensaba camuflarse y pasar como un ciudadano más… Era consciente de que tenía un margen de tiempo breve antes de que sus guardaespaldas dieran de nuevo con él, y por eso cada minuto robado de libertad lo aprovechaba al máximo.

—No, no van a despedirte si tú no dices nada. Eso es todo —dijo con el mismo tono cortante que le había escuchado a su padre cuando despachaba a alguien que estaba importunándolo.

Sin volver la mirada hacia su consejero, el príncipe emprendió la marcha.

El sol ya no era tan fuerte y la ilusión de reencontrarse con la mujer que hacía que su corazón palpitara lo incitaba a saltarse cualquier regla con tal de verla. No había visto una chica tan guapa nunca. Ni siquiera las mujeres del harén podían comparársele. Sentía que era la única mujer para él. Estaba enamorado, no había otra explicación para el príncipe. Se sentía invencible, importante al fin para alguien. Él siempre se salía con la suya, quizá no del modo sutil con que Amir lo solía hacer, pero el resultado siempre le favorecía.

A Freya la conoció una noche, tres semanas atrás, durante la fiesta de cumpleaños del hijo del embajador de Suecia. Desde el momento en que sus ojos se posaron en Freya Wahmuh no pudieron volver a interesarse por otra muchacha. No le interesaba otra mujer.

Luego de la fiesta se habían visto a escondidas en diferentes eventos privados de Tahír. No quería vincular a una persona tan especial como Freya con temas del palacio, porque no deseaba contaminar algo que consideraba tan especial y someterlo a las habladurías de la casa real. Mantenían el contacto por Skype, whatsapp, y con perfiles encriptados de Facebook con identidades falsas.

Ella era la primera mujer que no tenía ningún interés en él más allá de la persona que en realidad era: un joven aventurero, desenfadado y con muchas ideas para el futuro de Azhat. Ambos disfrutaban de los mismos gustos por el arte, la comida… La única diferencia era que Freya era más bien tímida, pero de todas formas con él era dulce y cariñosa.

—Eres especial para mí —le había dicho ella una ocasión.

—Tus gestos lo demuestran —había replicado él, atrapado en el candor que emanaba de la mirada femenina.

—Y pienso seguir haciéndolo mientras me lo permitas —le había susurrado al oído antes de abrazarlo y dejarse acariciar con pasión.

Se mostraban discretos cuando estaban juntos. Rara vez salían en público. Era la forma de Tahír de protegerla de la prensa, y ella estaba de acuerdo. No le exigía nada. Y él no podía creerse la suerte de haberla conocido.

A pesar de vivir en un país que mantenía tradiciones de corte machista, él no se consideraba estar en ese grupo de idiotas poco habituados a entender el mundo de forma cosmopolita. Por eso no le sorprendió descubrir que no era el primer hombre que se acostaba con Freya. Sin embargo, estaba enamorado y pretendía ser el último que conociera los secretos del placer en brazos de ella. Y este último era el motivo por el que había hurtado la sortija de matrimonio de su madre, y las perlas que habían sido de su abuela materna, de la caja fuerte del palacio.

Iba a proponerle matrimonio a Freya. Sería un príncipe que se casaba joven, ¿y qué? Estaba loco por toda ella. Esa piel aceitunada suave como la seda más cara, le dejaba deseos de seguir tocándola aún después de horas de placenteras caricias. El cabello, que caía en cascada agitándose al compás de una catarata furiosa mientras cabalgaba sobre su cuerpo buscando el placer y llevándolo consigo al abismo de un éxtasis salvaje, era la cortina perfecta para compartir susurros de placer.

Tahír sentía el corazón latiéndole a mil. Era un día importante. Iba a marcar el principio del resto de su vida junto a Freya. Pensaba enfrentarse a todo el mundo si acaso era necesario para tenerla para siempre a su lado.

Una vez que abandonó el palacio y burló a sus guardaespaldas, Tahír condujo el automóvil que uno de sus amigos le había prestado. Condujo por las calles hasta que llegó al parqueo subterráneo en un hotel muy elegante y selecto. Era la clase de sitio en el que los empleados sabían que no debían repetir lo que veían o escuchaban; se les pagaba bien para eso.

Abrió la puerta del Koenigsegg Agera R. Quizá no debería haber usado un automóvil tan costoso, pero él disfrutaba de la velocidad. Salió del vehículo silbando una melodía alegre. Presionó el código de seguridad para activar la alarma. «Ya quiero ver el rostro de Freya cuando le proponga matrimonio», pensó ilusionado. Había pedido el penthouse, champán y flores.

Todo lo que una chica podría pedir, y todo lo que un muchacho de dieciséis años podría imaginar bajo el concepto de «romántico».

Giró sobre sí mismo para dirigirse hacia las puertas que conducían a los elevadores. Además de la emoción de sus planes, lo que sintió a continuación fue un golpe contundente en la cabeza. Todo se volvió completamente oscuro.

*** 

Tahír recobró poco a poco el conocimiento.

La golpiza del día anterior estuvo a punto de acabar con él. Solo la fuerza aprendida durante sus entrenamientos de artes marciales y el estado físico adquirido gracias a las jornadas de ejercicios con el ejército real de Azhat le habían permitido enfocar el dolor de otro modo.

No recordaba cuántos días llevaba cautivo e ignoraba en dónde se encontraba. Lo habían golpeado y torturado.

Tenía que sobrevivir. Necesitaba hacerlo.

Estuvo a punto de flaquear y pedir que se detuvieran, rogar que dejaran de golpearlo, cuando le quitaron la capucha. Un príncipe jamás rogaba, se recordó tratando de insuflarse fortaleza.

Sus ojos empezaron a habituarse a la luz. La primera imagen que vio ante él fue la de uno de los cinco hombres que habían sido sus verdugos. Cada uno era más intimidante que otro. No les mostraba miedo, ni tampoco interés.

En cuando a la comida, le daban trozos de pollo que —al parecer— eran las sobras de lo que esos bastardos comían. Le quedaba claro que la intención no era matarlo de hambre… Y quizá ni quisiera matarlo. Buscaban quebrarlo y humillarlo para obtener algo que él ignoraba: una clave de acceso a archivos del palacio. Una y otra vez les había dicho que desconocía los códigos de seguridad.

—Vaya, vaya, el principito está despierto. —El tipo de barba rojiza le dio una patada en el estómago que lo hizo encogerse de dolor—. Oh, qué pena, ¿te ha dolido?

—Ufff —expulsó el aire Tahír cuando volvió a sentir una patada, esta vez en el brazo. Intentaba protegerse la cabeza poniéndose en posición fetal; no servía de mucho porque tenía las manos atadas a la espalda con una cuerda.

—Odiamos a los de tu clase. Estamos cansados de tener que pagar para que ustedes se lleven lo mejor a la mesa, y no dudo que a la cama —soltó, para luego escupirle— así que vas a hablar de una vez por todas.

El dolor y la furia se entremezclaban en el interior del príncipe. Si hubiera vivido en otra época, la afrenta que estaban cometiendo en su contra sería castigada con la decapitación pública. Lástima que, en estas circunstancias, las leyes se hubiesen transformado en algo más «civilizado».

—Yo…

—¡Cállate, imbécil! —gritó el cretino antes de volver a patearlo—. Si no vas a decir lo que esperamos de ti, entonces será mejor que no hables y continúes aguantando el castigo por ser un perfecto inútil y engreído. Vas de juerga mientras el resto de gente que vive en este país tiene que conformarse con verte…

—Escucha… ¿Por qué… por qué yo? —quiso saber con una voz que solo el orgullo conseguía que tuviera un poco de fuerza.

—Además de no saber acatar órdenes, tu rutina es fácil de entender. Así que resultó imposible no haberte elegido como un objetivo —dijo con una risotada—. Tengo ganas de mear —expresó empezando a desabotonarse el pantalón negro.

«Maldita sea…», pensó Tahír con asco. El bastardo pretendía orinarle encima.

Le habían preguntado una y otra vez, en cada ocasión acompañado de puñetazos y patadas, por la clave que daba acceso a la oficina en la que constaban los archivos electrónicos encriptados de las identidades de los agentes especiales del palacio. Eran los hombres encargados de generar los protocolos de seguridad para el traslado de la familia real dentro y fuera de Azhat. Era un equipo élite que trabajaba también en casos específicos con los altos mandos policiales, en especial los vinculados a encontrar y desmantelar ataques terroristas y células vandálicas.

—¿Quieres seguir disfrutando de nuestro trato amable mientras yo meo encima tuyo o vas a darnos el código de acceso? —preguntó sacándose el miembro.

Estaba en un sitio hediondo. Y la sola idea de que ese imbécil empezara a hacerle guarradas le causaba terror.

—Yo no…

Las patadas cesaron. No creía que pudiera resistir más tiempo con los brazos a la espalda. El hombre se quitó el cinturón y lo lanzó hacia un costado.

—Yo…—jadeó Tahír tomando aire. Si tuviera la información que tanto deseaban, no se la daría. Él prefería morir antes que traicionar su país.

—No logro comprender cómo nuestro incentivo no te hizo aflojar la lengua, principito escoria. Quizá deberíamos tomarnos más en serio tus gustos por las mujeres —dijo el tipo con tono despectivo antes de apuntarlo con su miembro.

Antes de que Tahír pudiera decir algo, un ruido lo alertó de que ya no estaban solos en ese sitio. Al instante apareció ante él la última persona que esperaba ver.

Freya.

—Guarda tus intimidades y guarradas —le dijo ella al hombre. El torturador, ante la presencia femenina, rezongó y se giró para ajustarse la ropa—. Puedes sacarle más datos con miel que con hiel.

—A ti no te funcionó muy bien o de lo contrario no estaríamos aquí —espetó el pelirrojo antes de hacer una mueca y agacharse a recoger el cinturón.

Atónito y consternado, Tahír miró a la mujer con temor de que también la hubiesen capturado y fueran a hacerle daño. Pero el breve diálogo entre ella y el torturador no daba motivo a error. Cuando Freya sonrió con suficiencia, Tahír ató todos los cabos.

A medida que todas las imágenes y eventos se empezaron a unir en su cabeza sintió una furia incontenible. Las coincidencias por el modo en que la había conocido. El hecho de que se mostrara siempre tan reservada al momento de interactuar con sus mejores amigos, a pesar de haberse encontrado la primera vez en un círculo tan importante como era la familia de un embajador. Su forma de hablar del mundo como si lo conociera desde hacía más tiempo que él. Las conversaciones...

¡Qué imbécil había sido! ¿Cómo no sospechó? ¿Cómo había permitido a sus sentidos no estar alertas? Ella jamás le había hablado de su familia. Y él, que pensaba que se había interesado por sus aspiraciones como persona y no como príncipe, cuando en realidad ella había estado buscando obtener información sobre el palacio a través del sexo. El truco más estúpido y antiguo. Y él, que se creía invencible, había caído en el embrujo de esa mujer. No podía sentirse peor en ese momento, y no tenía que ver con las magulladuras físicas.

—Me engañaste —atinó a decir él.

Una expresión de arrepentimiento cruzó la mirada de ojos negros de Freya fugazmente, pero antes de que Tahír pudiera registrarla como algo real, y no como producto de su aturdimiento, se esfumó tan rápido como había llegado.

—Claro que no —replicó ella con soberbia en su tono de voz.

Tahír sintió como si estuvieran clavándole puñales en el torso. Si hasta hacía pocos días creía estar enamorado, en ese instante su corazón se partió en pequeñas piezas difíciles de volver a unir y se llenó de hiel.

—Pensé que... —no terminó la frase. Se contuvo. De alguna forma había conseguido guardarse sus sentimientos. Le quedaba su orgullo intacto al no haberle confesado su amor. Nadie merecía esas palabras de su boca. Nadie.

Freya se cruzó de brazos. Sus pechos, aquellos pechos que él había disfrutado, se presionaron contra la tela suave del vestido. No llevaba hiyab. Miró ese cuerpo curvilíneo que creyó que estaba hecho a la perfección para el suyo…

En ese momento detestó que su país hubiese empezado a permitir el uso de ropa occidental a conveniencia, pues le habría gustado ignorar esas curvas femeninas. Curvas traicioneras como las de una montaña llena de zanjas y precipicios.

Freya, la muy infame, llevaba el anillo de su difunta madre y las perlas de su abuela. Tahír no comprendía cómo llegó a creer que serían perfectos para ella.

—Parecer más joven siempre ha resultado una ventaja para mí, más inocente. Tengo veintiún años —expresó con tono perezoso ante el evidente desconcierto de Tahír, a quien le había dicho que tenía su misma edad—. Además, no te engañé —sonrió con perfidia— solo me convertí en lo que tú deseabas. Eras el objetivo más sencillo a elegir de entre tus hermanos. Siempre de juerga, inestable, y con debilidad por las mujeres aparentemente remilgadas en tu afán de conquistarlas. Me has resultado complicado de convencer para hablar un poquito más de tu palacio. —Tahír sentía una gran decepción—. Si no quieres que uno de esos cinco gorilas entre a este lugar, ¿por qué no me dices en dónde…?

*¡Bam!*

*¡Pum!*

Al instante un grupo de uniformados con el rostro cubierto por pasamontañas llenó el sucio cuartucho. Todo ocurrió a una velocidad impresionante.

Freya no estaba ya por ninguna parte cuando Tahír asimiló que estaba siendo rescatado. Nada deseaba más que salir de ese infierno. Los agentes lo desataron y llevaron hasta un helicóptero, mientras un médico lo revisaba e hidrataba.

—¿Cómo…? —dijo con voz rasposa y sintiendo el dolor en las costillas cada vez más intenso y el escozor en las muñecas en donde había estado la gruesa cuerda destrozándole la piel—.

¿Cómo supieron en dónde estaba?

—Somos el servicio de inteligencia, alteza —replicó uno de los agentes sin quitarse el pasamontaña, y sin responder de forma directa. Estaba esperando a que el príncipe pasara poco a poco del shock que había vivido—. ¿Dónde desea que lo llevemos? El hospital o el palacio real.

—¿Cuál es su nombre, agente?

—Agente 30, alteza.

Sí. Los agentes en el palacio se identificaban con números entre ellos. No solo porque era más eficiente, sino porque así se resguardaban durante las misiones que tenían en el desierto o durante las rondas de seguridad que organizaban.

—Gracias, agente 30 —murmuró Tahír—. Gracias… —repitió todavía aturdido. Lo que menos quería era encontrarse cara a cara con su padre. No necesitaba sermones ni ver en su rostro, una vez más, la expresión de decepción.

Vivir la humillación de haber sido tomado por imbécil y que su padre se lo enrostrase o ver la contrariedad en la mirada de sus hermanos no era una opción. Entonces recordó algo peor… Había perdido el anillo de su madre, y las perlas de su abuela materna. El valor sentimental de esas joyas era incalculable. Al menos no había encontrado el brazalete de oro con zafiros que pensó en darle también a Freya. Aquello hubiera sido el acabose.

—Es un honor cuidar de la familia real —replicó el agente 30.

—¿Los mandó Karim?

El hombre asintió brevemente. En ese instante se acercó otro agente y le entregó una bolsa de terciopelo. Un alivio indescriptible lo invadió al abrirla y encontrar el anillo de su madre y las perlas de su abuela de regreso.

—Imagino que no fue muy fácil quitárselas a esa mujer —dijo él y mirando con agradecimiento al agente que, como era de esperarse, solo asintió.

—Díganle al rey que estoy de juerga en la Riviera Francesa

—instruyó—. Cuando me haya recuperado volveré al palacio. Llévenme a la casa de Karim… En donde sea que se encuentre ese sitio. Él… La familia de Karim puede ayudarme sin hacer preguntas.

Le debía la vida a su asistente. Karim le había cubierto las espaldas. De nuevo.

La horrible experiencia que acababa de vivir era una lección de humildad… Había estado al borde de poner a su país y su vida en peligro por una maldita mujer.

—Lo que usted ordene —dijo el agente 30.

—¿Cuántos días… Cuántos días han pasado?

El médico, en eficiente silencio, le aplicó pomadas y vendajes, mientras controlaba sus signos vitales. Tahír hizo un gesto de dolor.

—Tres —respondió uno de los agentes.

«Dios, como si hubiesen sido diez», pensó Tahír. Incluso el sonido de las hélices del helicóptero en el que se transportaban parecía resonar como cinco orquestas sinfónicas a las tres de la madrugada en un recinto cerrado. Le dolía la cabeza.

—¿Quiénes eran los secuestradores?

—Rebeldes que están en contra de la monarquía y formaban parte de una célula militar insurgente. Mis compañeros que se quedaron en tierra se encargarán de todo. No hay peligro.

—¿Van a reportar al rey?

—Sí.

—Omitirán el detalle de que yo me encontraba cautivo en ese incidente. Es una orden. Y jamás se hablará de este tema.

—Alteza —dijo a modo de asentimiento y sin rechistar el agente 30.

Cuando Tahír volvió al palacio, veinte días después del secuestro y ya recuperado gracias a los cuidados de la familia de Karim, el rey le ordenó involucrarse más en los procedimientos militares de la guardia real, también le exigió aumentar sus actividades como príncipe real fuera de Azhat y empezar a ganar experiencia.

Tahír no protestó.

Lo cierto es que amaba la vida en el desierto, y los entrenamientos arduos. Era consciente de que no podría combatir en el caso de una guerra en la que Azhat fuese un aliado estratégico, pero daría lo mejor de sí mismo para enaltecer el nombre de la familia Al-Muhabitti. Tendría que aceptar verse privado, más de lo que le gustaría, de su preciada libertad, y ajustarse a las tediosas visitas de Estado.

***

Tres meses más tarde, Tahír se preparaba para uno de sus entrenamientos diarios. Acababa de regresar de un corto viaje a Luxemburgo en donde su madre había dejado varios bienes a su nombre y de sus hermanos.

Con el paso de las semanas se terminó de convencer de que su capacidad para analizar mapeos estratégicos y crearlos, así como manejar softwares de inteligencia militar, resultaba innata. Durante una breve reunión con el general Yakott, uno de los más respetados del país, este le dijo que a pesar de sus reticencias lo consideraba un muchacho con gran potencial.

Quizá el espaldarazo de apoyo del general, uno que no había tenido jamás de su propio padre, lo había motivado a reafirmar su inclinación a ser parte integral del manejo de seguridad de Azhat. Él era muy competitivo, y pretendía ser el mejor.

Llamaron a la puerta de su habitación. Tahír soltó el aire al recordar las duras semanas de entrenamiento. Su físico se fortalecía día a día, así como también su aprendizaje intelectual. Tenía habilidad con los idiomas, y ahora estaba puliendo sus conocimientos de ruso.

—¿Alteza, me permite entrar? —dijo la inequívoca voz de Karim.

—Pasa, Karim —concedió.

Apartó de su escritorio unos documentos que eran parte de un proyecto para otorgar becas deportivas a los mejores estudiantes de las escuelas públicas de Azhat. La fundación Reina Dhalilah, y de la que Tahír era padrino, estaba orientada a los niños de escasos recursos; tenía enfoque en lograr oportunidades educativas para las áreas menos favorecidas. Debía confesar que el área de educación le apasionaba, y en un futuro vincularse más intensamente a ella podría resultar productivo.

—Alteza, el médico sugirió con insistencia no forzarse demasiado por las costillas lesionadas durante el secuestro —comentó al ver a Tahír uniformado.

El príncipe dejó caer los hombros.

Le había tomado más tiempo del habitual en sanar porque su necedad lo impulsaba a forzarse a salir adelante. A impulsar su físico un poco más allá de los límites. Le debía la vida a su consejero, y también a la familia de este. Romha, la mujer de Karim, lo había cuidado como si fuese su propio hijo.

Encontró en aquella sencilla casa una demostración de lo que hubiera podido ser su familia si su madre estuviera viva. Se preguntaba si sus hermanos anhelaban lo mismo que él.

En la casa de Karim no habían mostrado ninguna deferencia hacia él, más allá de hacerle una breve inclinación de cabeza, pues Tahír les había pedido que lo llamaran simplemente por su nombre. Romha era una madre estricta, aunque afectuosa. Era una combinación que Tahír no entendía.

El príncipe le pagó una cuantiosa bonificación a Karim, pero él y su mujer la devolvieron diciéndole que solo estaban brindándole lo que cualquier ser humano hubiera dado a otro en un momento de dificultad. Tahír se sintió conmovido y se dio cuenta de la frivolidad con que había estado viviendo.

Encontró la diferencia entre el poder del dinero y el poder del corazón, y por un instante sintió envidia por ese calor de hogar que había recibido. Tahír reivindicó su decisión de evitar cometer estupideces porque su destino era distinto al de otros chicos de su misma edad.

A pesar de la renuencia de su consejero y asistente, el príncipe pidió al rey que ampliara con más lujos la dependencia privada de Karim para cuando este tuviera que quedarse a dormir en el palacio pre y post viajes de Estado. El rey cuestionó la decisión, como hacía siempre que Tahír quería algo, pero al final concedió la petición. Tal vez sospechaba que su hijo no había estado realmente en la Riviera Francesa, o quizá lo sabía con certeza, pero se encontraba a salvo en el palacio. Eso era todo lo que importaba. Para el rey Zahír, la corona estaba sobre cualquier beneficio o anhelo personal. Siempre. No esperaba menos de sus hijos.

—No puedo perder el tiempo, Karim —expresó el príncipe—. Prefiero tener la mente ocupada en algo que realmente sea útil. Mi entrenamiento es necesario.

Las juergas nocturnas habían cesado, aunque de todas formas su espíritu rebelde lo impulsaba a buscar nuevos retos. Ahora era más cauto, y burlar la seguridad del palacio no era una más de sus diversiones. Quizá era el efecto de haber estado en un escenario de secuestro…

—¿Aún tiene pesadillas? —indagó Karim con cautela.

Que le hubiera salvado la vida al príncipe no implicaba que creyese tener derecho a hablarle como si tuviese autoridad sobre él. Nunca podría tomarse semejantes atribuciones.

«Era ridículo mentirle a Karim», pensó Tahír.

—Sí.

—Quizá debería volver a llamar al sicólogo para…

—No. Lo manejaré a mi manera, tal y como me han enseñado a sobrellevar todo lo que implica «emociones». —El príncipe lidiaba lo mejor que podía con las pesadillas en las cuales creía estar ahogándose o metido en un foso sin poder ver luz, agitado y con dificultad para respirar. Se levantaba sudado y alerta. No sabía cuánto tiempo más iba a tener que experimentar el estrés post-traumático. Él podía valerse por sí mismo, y si de algo se jactaba era de su fortaleza mental—. ¿Tienes alguna idea de la identidad de los hombres que me secuestraron?

—El general Yakott puede darle más detalles que los que ya conoce.

Tahír se rio sin alegría.

—¿Ahora intentas ser reservado?

Karim podía comprender lo difícil que resultaba para Tahír vivir bajo costumbres impuestas, pero especialmente sin saber si alguien se acercaría a él por sus cualidades humanas, mas no por ser un príncipe con mucha riqueza y una inestimable posición social. Los tres hijos del rey tenían un gran corazón. Karim esperaba que, aunque sería Bashah quien reinaría con el pasar de los años, Tahír pudiera convertirse en un príncipe respetado y que llevara planes eficientes para proteger a su país… a su pueblo.

—Alteza…

—Quiero saberlo, Karim.

—Todos están muertos. Sus nombres están reservados y son de conocimiento exclusivo del grupo de inteligencia especial que lo rescató, FERA.

—¿Es decir, no tengo acceso a saber quiénes fueron mis secuestradores? ¿Se quedará esa información congelada en los archivos de las Fuerzas Especiales de Rescate de Azhat? —preguntó desmenuzando las siglas del grupo élite.

Karim asintió.

—La operación desarrollada en tierra, mientras usted era trasladado en helicóptero, consistía en dar caza a los secuestradores y también a otros posibles cómplices. Hubo intercambio de balas… FERA no tuvo bajas.

—Eso me tranquiliza —dijo con sinceridad— aunque supongo que es tu forma de decir que no puedo tener acceso a la información por más que quiera.

—Es clasificada, alteza, y a ese nivel solo puede acceder el rey; y ustedes, los príncipes, cuando cumplan los veintiún años o les sea encargado formar parte del directorio de seguridad nacional.

Tahír exhaló con renuencia.

—¿Freya…?

Aunque lo traicionó y utilizó, no le deseaba la muerte.

—Se la acusó de traición a la corona y ahora cumple una condena de varios años en la cárcel que está en las afueras de Tobrath.

—¿Informaste que era mi amante?

—No es mi potestad hablar de su vida privada, alteza. Aunque supongo que habrá surgido durante el interrogatorio.

—¿Mi padre fue informado?

—Como usted sabe, a partir de los dieciséis años todos los príncipes tienen el mismo nivel jerárquico en cuanto a exigir obediencia de los súbditos como lo tiene el rey, y puesto que usted pidió al agente que se manejasen las cosas de otro modo… El rey Zahír conoce los detalles de un grupo insurgente. No sabe que estuvo usted en el medio del fuego cruzado… por llamarlo de alguna forma.

—Quiero la verdad —exhortó. Su padre jamás permanecía ignorante sobre lo que ocurría en el palacio ni lejos de este. Por otra parte, los Consejeros del Destino —unos ancianos con mentalidad caduca y costumbres arcaicas— siempre estaban husmeando y tratando de agobiar al rey con información que, muchas veces, no era de importancia vital. Era probable que estos últimos supieran algo.

—Esa es la verdad —aclaró—. Si acaso el rey intuye o conoce otra cosa, lo ignoro.

—Solo me ha exigido que me afiance en el rol de seguridad con las fuerzas armadas del palacio. Que no es del todo un sacrificio, menos un castigo. Lo disfruto. Me gusta el trabajo de entrenamiento.

Karim asintió.

—Quizá el rey se ha dado cuenta de que esa habilidad innata en usted por escabullirse, y evadir la seguridad real, puede ser utilizada para el beneficio de su país, alteza. El rey confía plenamente en sus hijos.

—Quizá…

Cada uno de los príncipes Al-Muhabitti tenías un consejero que era asistente a la vez, muy leal a ellos, tanto así que ni siquiera el mismo rey se molestaba en darles órdenes. No porque no pudiera, sino porque había algo valioso en Azhat: la lealtad. La certeza de que sus hijos estaban resguardados y protegidos era importante para la tranquilidad del rey, pues confiaba en la capacidad de su gente. Esto último había permitido que tanto los empleados, como el pueblo, confiaran en su poder de llevarlos a un país más próspero aunando esfuerzos.

—Lo siguiente que hay en la agenda después de mi entrenamiento de hoy, ¿qué es Karim?

Ese fue el último día en que volvieron a hablar del secuestro. Y el último día que Tahír permitió a Karim mencionar cualquier detalle o reminiscencia al respecto. Si Freya odiaba a la realeza o la amaba o prefería un estado anárquico, ya carecía de importancia. Estaba en la cárcel. Y sus torturadores, muertos.

En el horizonte quedaban varios años para Tahír llenos de entrenamientos, clases especiales y un sin número de información sobre seguridad nacional que tendría que aprender. Además le quedaba por concluir su instrucción en el instituto, para luego trasladarse a completar su educación en Oxford, tanto en economía como en historia. Intentar combinar el deber con el placer no iba a ser sencillo, pero, ¿qué podía ser fácil después de un susto como el secuestro? ¿Qué podría ser fácil cuando sabía que el amor era una cruel mentira?

No pensaba renunciar a las mujeres, pero sí a la idea de tomarlas en serio. Imposible confiar en esas criaturas volubles. Tahír no pensaba desmontar las murallas de piedra que había erigido en torno a su corazón.

La vida le había dado una segunda oportunidad de vivir. Quizá era un príncipe que empezaba descubrir cómo manejar el rumbo de su destino sin incluir accidentes o titulares sobre su rebeldía, pero tenía toda la intención de revertir la mala opinión pública que él mismo había forjado. Le quedaba un largo camino.

*** 

*Melbourne, Australia.*

—¿Qué estás coloreando ahora, Bea? —preguntó Ordella Fisher al ver a su única hija tan concentrada.

La mirada alegre de Beatriz, Bea, se encontró con la de su madre. Estaban sentadas en el porche de la modesta casa tenían en la ciudad, mientras la niña de ocho años pintaba en unos cuadernos que su padre le había obsequiado días atrás.

—Un castillo. Papá me compró un libro de princesas y otro de coches de carrera. Ya terminé el de los coches...

—Así que te queda el de los castillos, ¿eh?

—Sí... Quizá podría jugar con los legos, pero se los presté a mi amiga Tara. Aún no me los ha devuelto.

—Me alegra que sepas compartir...

De repente la mirada suave de Ordella se transformó y dejó se balancearse en la mecedora de madera. Sus profundos ojos celestes parecieron oscurecerse.

Aquello era algo que Bea había presenciado demasiadas veces. Ninguna de esas ocasiones las palabras estaban dedicadas a ella, sino a los cientos de personas que acudían a casa para pedirle a Ordella que les hablara del futuro. Si iban a casarse. Si su esposo o esposa les estaba siendo infiel. Si acaso alguna enfermedad iba a matarlos... Su padre solía reprenderla cuando la encontraba husmeando, pero nada más allá de eso, pues sabía que madre e hija compartían esa habilidad síquica.

—¿Mamá...? —preguntó dejando de lado los lápices de colores. Se acomodó en el suelo de madera cruzando las piernitas en posición de mariposa—. ¿Qué te ocurre? No empieces a...

—Habrá un momento de tu vida en que creerás que todo

está perdido. Que no hay esperanza. Creerás que me he equivocado hoy, mi dulce niña, pero dentro de unos años deberás ser fuerte, porque tu destino viene marcado de muy lejos —declaró la voz monótona de Ordella, y que solía estar reservada para sus clientes cuando iban a consultarla sobre el futuro—. También conocerás lo que es el amor. Y el dolor.

—Me asustas… No entiendo nada, mamá. —A su madre no le gustaba que la llamaran «mamá», sino Ordella, pero a Bea en ese instante le parecía que «mamá» era una forma de pedir seguridad ante lo que escuchaba. Se sentía confusa.

—Solo debes ser fuerte. Resistir. La recompensa depende de ti.

—Por favor, detente —pidió incorporándose y tomando las manos suaves—. Ya no digas más, me asustas, mamá.

Ordella pronto pareció retornar de cualquier sitio en el que hubiese estado hacía pocos segundos, y miró a su hija con dulzura. Sus ojos volvían a ser tan diáfanos y claros como siempre.

—Ve a escribir lo que acabo de decirte, cariño. —Bea negó profusamente con la cabeza, y sus cabellos ondulados se agitaron—. Deposítalo en la caja con la estrellita dorada en la que guardas los sueños que deseas cumplir.

—No me gusta lo que acabas de decir… No lo entiendo.

—Tu padre está por llegar. ¿Has podido dormir bien estas noches? Cerca de octubre las energías se vuelven un poco más espesas…

Beatriz suspiró. Quizá su madre había tenido solo un lapsus. Por esos días estaba enseñándole a controlar sus premoniciones. A veces tenía recelo de tocar a otras personas porque de forma inmediata era capaz de «ver» sus vidas futuras. A su edad, Bea no consideraba la premonición ni la clarividencia una virtud. Le daba miedo.

—Dormí mejor…

Ordella asintió poniéndose de pie y tomando la mano de su hija.

—¿Guardarás esa cajita y escribirás lo que acabo de decirte?

—Solo quiero que me dejes pintar o salir a jugar con Tara...—murmuró. A veces su madre le hablaba como si ella fuese capaz de entenderlo todo, y no era así. El mundo de los adultos le era complejo, quizá tenía un coeficiente intelectual de 145, y era más lista que otros niños, pero no por eso podía ir al mismo ritmo que su madre y sus predicciones—. Mejor me olvido de eso —dijo con la esperanza de que Ordella dejara en paz el tema.

—Hay cosas que simplemente están escritas.

—¿Según quién?

Una sonrisa indulgente afloró a los labios de la joven madre.

—Las estrellas.

Después de esa conversación, Beatriz pasó el día haciendo sus tareas.

Al caer la noche tuvo un sueño que la perturbó.

Se despertó, sobresaltada, y se quedó mirando la ventana. El cielo estaba despejado. La luna brillaba. Abrió las persianas y contempló un manto de estrellas.

Se frotó los ojos con los dedos tratando de entender ese extraño palpitar en el corazón que la sobrecogió de pronto... La sensación era la de estar acompañada, como si alguien estuviera también observando junto a ella el firmamento.

Miró a su lado, al sentir un escalofrío sobre la piel. Estaba sola.

Se puso la mano en la garganta, porque sentía deseos de gritar. No era miedo, sino la sensación de que le estaban arrebatando algo importante. Experimentó la urgente necesidad de abrazarse a su madre y pedirle que le explicara por qué sentía un vacío extraño, como si le faltara el aire. No era la primera ocasión que le ocurría. «Bea, eres especial. No te asustes. Solo respira. Tu don algún día va a ayudarte», le solía decir Ordella cuando la percibía angustiada de repente.

—Que nada malo suceda… —susurró Bea al viento antes de volver a la cama y arrebujarse entre las sábanas. En la pesadilla había visto una figura yaciendo en el suelo rodeada de sangre, y varias tarántulas alrededor del cuerpo. Sintió un dolor físico como si hubiera sido el suyo propio. Miró su mano. Estaba temblando. Abrió y cerró los párpados con fuerza—. Que nada malo suceda —repitió en un hilillo de voz.

# CAPÍTULO 1

*Doce años después...*

Bea Fisher observó el trabajo que había terminado en el jardín trasero de la casa de Matilda, la madre de un cliente recurrente de su pequeña oficina de diseño de jardines, y se sintió satisfecha. Usó el dorso de la mano para secarse la pátina de sudor de la frente, luego agarró el vaso que todavía se mantenía helado y bebió en pocos tragos el contenido. El sol calentaba sin piedad en Melbourne, y ella ya había tomado dos litros de agua en menos de dos horas.

No era la única que sentía como si la piel estuviese friéndosele en una sartén. De hecho, los empleados que ella solía contratar, cada que iba a ocuparse de un nuevo espacio para transformarlo en un precioso jardín, le acababan de comunicar que adelantarían el fin de la jornada. Bea no podía oponerse, y además ya estaba terminado el trabajo. No le importaba el hecho de haberles pagado los honorarios por anticipado y por más horas de las que acaban de hacer ese día. Para ella era más importante la salud de sus colaboradores.

—Gracias, muchachos —les dijo mientras los obreros se alejaban para subirse en un Chevrolet Silverado.

Se ajustó el lazo que sostenía su sedoso cabello castaño. Mataría por meterse en la piscina más próxima, pero todavía quedaban cuatro horas antes de que anocheciera.

—¡Es hermoso, Bea, gracias! —expresó Matilde con los ojos brillantes admirando las rosas y geranios de su jardín—. Hoy he hecho un guiso de pavo con verduras. ¿Te gustaría quedarte a comer?

Beatriz negó. Si pasaba un momento más con esa ropa pegada al cuerpo iba a ponerse a gritar. Quería subirse a su Toyota Hiliux y encender el acondicionador de aire a la temperatura más fría posible.

—Tengo que prepararme para una cena esta noche, pero gracias, Matilda.

La anciana abrió la puerta del patio para que Bea entrara en el fresco de la casa, luego la guio hasta la salida sin dejar de parlotear.

—En otra ocasión entonces me encantará tenerte por aquí. Me dijo mi hijo que trabajas para el Real Jardín Botánico. Es un sitio encantador.

Evan Hubbert, el hijo de Matilda, era una persona muy generosa. A pesar de que también tenía un humor de perros, al menos desde que su esposa falleció de un infarto, el ímpetu y energía que demostraba ante la vida era admirable. Bea no podía comprender la magnitud del dolor de perder a una persona a la que se había amado durante tres décadas. Quizá era esa historia la que la había impulsado a aceptar el trabajo para Matilda y decidir no cobrarle.

«Corazón demasiado blando, Bea.»

—Sí, en la división que está en Cranbourne. Tengo que viajar todos los días cuarenta y cinco kilómetros —replicó con amabilidad, a pesar del dolor de pies y espalda—. Pero estos dos días libres me los debían, así que aproveché para aceptar el encargo de Evan.

La verdad era que Anthon Larrent, el coordinador a bordo del proyecto para el que trabajaba Bea en los famosos jardines australianos, no la soportaba, pero aceptó a regañadientes que ella hubiera tomado dos días libres debido a la calidad de su trabajo. Bea sabía que los próximos días iban a ser un pequeño infierno junto a él, ella no entendía cómo había conseguido tener una esposa que lo aguantase.

Menos mal Bea tenía su propia compañía y brindaba servicios temporales, porque de lo contrario sus ingresos serían todavía más precarios. El contrato con los jardines estaba a punto de terminar, así que necesitaba la recomendación de Larrent; mandarlo al demonio no iba a ayudarla mucho.

Su negocio, Bea´s Tulip, acababa de inaugurarse un año atrás. Sus padres habían hecho un préstamo al banco para ayudarla a abrir su pequeño local, y ella les pagaba puntualmente la cuota de la mensualidad. Aquella era la única ayuda que había aceptado de sus padres.

Cuando creía que los ingresos del mes no iban a alcanzarle para cubrir todas sus necesidades —pagarle a su asistente, Annie, ni a su vendedor de implementos para jardinería, Leny— entonces recurría a Dexter. Su amigo era dueño de una popular cadena de bares en Melbourne, así que de vez en cuando recurría a él para que le permitiera servir mesas un par de días a la semana. No era fácil abrirse mercado, primero, por ser joven, y segundo, porque no tenía tantos contactos como Dexter.

La mayor parte del dinero que le quedaba de ganancia, que era poco, Bea lo invertía mejorando la planta baja de su casa en donde funcionaba Bea´s Tulip. La propiedad necesitaba reparaciones, pero no podía apresurarse.

Era un espacio pequeño el de su negocio, y había comprado semillas exóticas de diferentes países para vender. Todavía no recuperaba lo invertido. Esperaba hacerlo pronto, pues a diferencia de sus competidores, Bea carecía de un colchón económico para solventar la compra de más material. Si no se acababa el existente, no podía comprar más; y eso lo aplicaba a los implementos de jardinería básicos. No vendía para ganar demasiado, pero sí para que los clientes supieran que podían contar su tienda para hacer pedidos.

—En ese mismo jardín, décadas atrás —empezó Matilda con añoranza— mi Norman me propuso matrimonio. Ojalá algún día logres encontrar el amor duradero que yo tengo con mi esposo.

—Mmm. —«Tema escabroso», pensó Beatriz.

—Cuando el amor llama a la puerta es mejor preparar la mejor sonrisa —dejó escapar un suspiro— no pierdo la esperanza de que Evan vuelva a casarse algún día… —concluyó con una sonrisa nostálgica.

—Ojalá así sea, caso contrario él tiene a sus tres hijos, y usted, a sus nietos —le dijo agitando las llaves con disimulo, pero no sin intención, para que se diera cuenta de que ya iba a despedirse—. Disfrute su jardín, Matilda.

—¡Gracias de nuevo!

—No hay problema.

Haciéndole de la mano, mientras se alejaba en su automóvil, Bea pensó en que no tenía intención de comentarle a la señora Hubbert que entre sus planes no estaba el matrimonio. Su habilidad premonitoria era a la vez una bendición y una maldición. Había heredado de su madre, Ordella, aquella facultad de percibir lo que muchos otros mortales no podían o preferían hacer de cuenta que no existía: lo paranormal. Para Bea, no se trataba de creer o no creer, no era un asunto de fe.

Ella estaba convencida de que, así como existía el bien y el mal, existía este plano humano y otros. ¿Negar y condenar lo inexplicable, lo diferente, podía hacerlo desaparecer? Por supuesto que no. ¿Por qué la gente solía rechazar la diferencia, cuando esta era tan maravillosa y se podía aprender tanto de ella?

En la escuela se había sentido extraña. El simple hecho de poder anticipar lo que otros iban a hacer o decir era abrumador. Menos mal Ordella no dejó de enseñarle a manejar sus habilidades para que le afectaran cada vez menos. Se convirtió en una maestra implacable, pero Bea estaba muy agradecida porque solo así la vida empezó a resultar un poco más llevadera.

Durante varios meses acudió a un grupo discreto de personas que compartían sus mismas habilidades e incluso mucho más desarrolladas en otros campos, pero en la misma rama paranormal. Cuando Bea fue capaz de no asustarse ante sus sueños y asimilarlos como inofensivos, su mente pareció tranquilizarse.

Procuraba no tener un contacto físico con otros en la medida que le fuera posible. Así reducía las probabilidades de tener una inesperada premonición. Podía manejar su habilidad, sí, pero no era infalible.

—Deja que todo fluya. Respira profundamente cuando estés asustada y piensa que, aunque la información está presente, nadie puede hacerte daño —le había dicho una noche Ordella. Su madre prefería que la llamase por el nombre de pila en lugar de «mamá»; una extravagancia más que agregar a la lista. Como si tener premoniciones y leer la mente no fuera suficiente—. Algún día quizá ayudes a alguien que lo necesite.

—Deja de repetirme eso, por favor. No quiero ser como tú —le había respondido entre lágrimas y desesperación—. Calla las voces de mi cabeza, Ordella. Cállalas, por favor.

Su madre la había abrazado, diciéndole entre susurros que todo iba a estar bien. Por otro lado, su padre, que era un simple «mortal» y tenía una consultora como ingeniero ambiental, procuraba entenderla llevándola a hacer senderismo o alguna cosa que se le ocurriera para distraerla. Sus padres eran las personas que más amaba en el mundo y si su madre no hubiera sido síquica, lo más probable era que —si hubieran sido sus padres menos avanzados— la hubiese enviado directo al manicomio. Su infancia no había sido fácil, peor su adolescencia, pero se las había arreglado bastante bien a pesar de que su círculo social era más que reducido.

Cuando muchas de sus amigas se enteraron de que Ordella ejercía como síquica y tarotista, la dejaron de buscar o llamar. Solo la tomaban en consideración si acaso querían saber si tal o cual chico les convenía como pareja. Su padre le aconsejaba ignorarlas, pero a Beatriz el hecho de ser diferente la marcó. Fue una época en que le tocó madurar más rápido que a ninguna otra de sus compañeras.

Sus problemas no tenían nada que ver su imagen de mujer que empezaba a cambiar poco a poco. Aceptaba tener un rostro normal, la nariz ligeramente respingona, los labios sonrosados y carnosos, una decente copa B de sujetador, y sobre sus caderas no encontraba el adjetivo preciso. Su madre, sí. «Tienes una figura petite. Como un relojito de arena, tesoro mío», solía decirle con la dulzura propia de Ordella. ¿Para qué discutirle? Su preocupación menor no era lo que podía ver en el plano físico, sino aquello que solo ella era capaz de «ver», y otros, no.

Durante la época del instituto su aburrida existencia dio un cambio radical. Ocurrió el día en que entró a una de sus clases Dexter Louden.

Atlético, atractivo, y muy inteligente. Los profesores parecían cantar alabanzas del nuevo estudiante llegado de Brisbane. Pronto se convirtió en uno de los chicos populares. Beatriz continuaba su camino, si existía un sinónimo de «no popular» era su nombre, y no intentaba hacer conversación con Dexter a pesar de compartir un par de clases. ¿Qué podría decirle?

Una mañana, mientras ella terminaba de comer en la cafetería del instituto, algo en su corazón la instó a abrir su mente y dejar fluir lo que fuera que el destino quisiera decirle. Permaneció en silencio en una especie de calmado trance que no había experimentado en muchos años.

Veía a Dexter subiéndose alegremente a un bus. Y más adelante había una colisión brutal. Lo vio quedarse atrapado entre los hierros y a punto de morir porque los servicios de emergencias no lo habían visto. Si Dexter se subía al bus del siguiente día con rumbo a Brisbane iba a morir en esa colisión.

Abrió los ojos, sintiendo el corazón palpitarle demasiado rápido. ¡Ni siquiera lo había tocado, ni estrechado su mano!

¿Por qué tenía una premoción con Dexter? La respuesta resultó intrascendente. Se sentía en el deber moral de advertirle.

Bea se armó de valor.

Encontró al chico de diecisiete años en uno de los pasillos, y se acercó presentándose como Bea Fisher, estudiante del quinto de secundaria. Él la miro intrigado, pues notaba que ella estaba alterada por algo. En ningún momento hizo amago de burlarse o hacerla sentir mal por haber aproximado de manera abrupta.

Tratando de ignorar las miradas consternadas de las muchachas que la observaban, pensando de seguro que era una «buscona» o «desesperada», Bea relató sobre su visión en un consistente tono de voz.

Él la miró con aquellos ojos aguamarina durante un largo rato y, al final, asintió.

—Gracias por advertirme.

—¿Me crees de verdad? —le había preguntado Bea con los ojos abiertos de par en par conteniendo el aliento.

—Lo hago.

—Vaya… —había murmurado consciente de su sonrojo, soltando el aire— sé que varias personas me encuentran un poco extraña…

—Todos tenemos secretos. Además, yo tengo una mente muy abierta.

—¿Sí?

—Te invito a una soda en el restaurante de la siguiente manzana al salir de clases. A menos que estés ocupada.

—Yo… —había susurrado con timidez.

—No es una cita, no te pongas nerviosa —le había dicho con una sonrisa encantadora— lo último que esperaría es perder la posibilidad de ser tu amigo. Necesito alguien que cuide mis espaldas —había agregado con un guiño.

Ella había soltado una carcajada; él era uno de los chicos más guapos que conocía.

—Vamos por esa soda, entonces.

Para tristeza del instituto, los chicos que fueron al paseo a Brisbane sufrieron el aparatoso accidente que Bea había «visto», aunque no hubo fallecidos. Algunos de los heridos terminaron en el hospital y permanecieron internados durante poco más de tres días, otros, menos tiempo. Ella había querido hablar con el director, para advertirle, pero resultó una tarea inútil, pues no quisieron darle una cita alegando que estaba demasiado ocupado y que mejor esperara al siguiente día en la tarde. Beatriz al menos lo había intentado y eso acalló su conciencia.

A partir de ese encuentro en el pasillo, ambos se volvieron buenos amigos, y a Beatriz la empezaron a incluir en algunas invitaciones sociales. Ella sabía que lo hacían por Dexter, pero él le aseguraba lo contrario. Era encantador, pero Bea sabía en su corazón que nunca habría nada para ambos.

Dexter jamás le pedía que lo ayudara sorteando posibilidades porque sabía lo duro que era para ella y lo que le había costado manejar la situación. Él había sido testigo de cómo, en el momento en que llegaba una inesperada premonición, el dolor de cabeza le resultaba insoportable, no solo por el esfuerzo de «ver», sino por el esfuerzo para aplacar las imágenes. Dexter fue un gran apoyo.

Aunque tomaron profesiones diferentes al acabar la secundaria y luego el college, los dos solían moverse en el mismo círculo social; no por ella, pues no había persona menos inclinada a sociabilizar que Bea, sino por los contactos que él tenía en la ciudad. Bea fungía de novia ficticia o novia celosa; e incluso una ocasión llegó a decir que estaba embarazada en una fiesta porque Dexter no lograba sacarse de encima a una molesta exnovia, así que él le pidió que hiciera uno de sus habituales números de cuasi novia. ¿Cómo le decía que «no» a un amigo incondicional como él, aún cuando ella llegaba a hacer el ridículo? Después de esas fiestas, cuando estaban charlando en algún otro sitio, se echaban una carcajada recordando los incidentes.

De aquella época ya habían pasado más de quince años, y

ya Dexter era más que capaz de manejar a la cantidad de chicas que se derretían por él.

Debido a las ocupaciones mutuas, Bea y Dexter se veían menos que antes, pero la amistad permanecía.

Con los años Beatriz había conseguido bloquear a conciencia la posibilidad de escuchar los pensamientos de otros, lo cual era un gran alivio. Con respecto a los sueños no podía hacer nada, y ya no se asustaba.

Bea jamás tomaba ventaja de sus habilidades ni las de su madre. Incluso en sus momentos más complicados a nivel laboral, en los que no hallaba respuestas, prefería continuar experimentando el mismo desasosiego que podría vivir otro profesional en sus mismas circunstancias. Mentir o engañar no le parecía justo. Era lo más cercano a la vida normal que pretendía llevar. Intentaba siempre ver el lado optimista de todo.

El claxon de un automóvil cercano la instó a presionar el acelerador.

Con un suspiro aumentó la intensidad del acondicionador de aire en su Toyota Hiliux. Condujo, menos agobiada por el calor, por las calles de la ciudad hasta llegar a su pequeña oficina ubicada en pleno corazón empresarial de Melbourne.

La esperaba su asistente, Annie Warriot, con un montón de papeles. Cuentas por pagar y una lista de mensajes por responder.

«Bienvenida de nuevo al mundo empresarial.»

\*\*\*

*Tobrath, Reino de Azhat, Oriente Medio.*

—Alteza, lo esperan en el Salón Obsidiana —le dijo Karim a Tahír.

El príncipe prefería hacer visitas personales, inspecciones y, cuando su mente empezaba a congestionarse, salía a montar a caballo para visitar a los bereberes del desierto. Había aprendido a meditar con los jefes tribales, a encontrar en la árida tierra que amaba recursos para sobrevivir. Se había preparado durante años.

Su mente y su cuerpo eran las de un guerrero moderno de veintiocho años. Un guerrero con traje de etiqueta en occidente, y con traje real en Azhat. Procuraba continuar templando su tesón como hombre nacido en las dunas, porque se sentía orgulloso de su linaje.

—Qué más da, ¿eh, Karim? No sé por qué continúas poniéndome en reuniones para escuchar a los Consejeros del Destino hablando sobre temas intrascendentes.

—Deberes reales —respondió con calma.

—Mi trabajo es de campo.

—Las artes marciales, el manejo de la esgrima y también las armas no pueden ser utilizadas en reuniones de Estado, alteza.

—Tampoco lo son comentar sobre la próxima exposición de flores exóticas en un desierto.

—Se trata de una ocasión especial dentro de unos meses, alteza.

—Pues para eso está mi hermano, Amir. ¿No es acaso el encargado de temas comerciales y de negocios en general?

—Como es de su conocimiento, el príncipe Amir se encuentra atendiendo negocios en España. El príncipe Bashah, en estos momentos está lidiando con una situación distinta.

—Pide que nos lleven un poco de té al salón —dijo cambiando el tema.

—Alteza —dijo con tono reverente y una inclinación antes de alejarse hacia la amplísima cocina del palacio para cumplir el cometido.

El salón del que Karim hizo mención era el sitio en el que solían encontrarse los altos mandos militares, policiales y equipos especiales del país. Como representante de la familia real, Tahír tenía que estar presente. Últimamente su padre, el rey

Zahír, estaba bastante enfermo y empezaba a delegar más en Bashah, como heredero al trono. Tahír era el único miembro de la familia real en condiciones de presentarse a una junta en esos instantes, por eso estaba lidiando con todos los pormenores que sucedían alrededor.

Durante las reuniones en el Salón Obsidiana se trataban temas muy urgentes. Eran las únicas juntas que Tahír disfrutaba. La adrenalina empezó a correr por su cuerpo mientras avanzaba por los corredores de mármol y paredes con decorados exquisitos. Le gustaba el riesgo y el peligro. Lástima que no pudiera desplegar sus habilidades en una zona de combate debido a su rango dinástico que le impedía poner su vida en peligro. Él era muy recursivo con las estrategias de seguridad, algo que su padre había alabado y aprovechaba ese espacio para poner en práctica su visión ante los integrantes de la junta. Se había ganado el respeto de esos hombres tan complejos que trabajaban cada día por la seguridad de Azhat, y paulatinamente —o al menos eso esperaba— su reputación de príncipe rebelde y playboy dejaba de influenciar en la percepción que tenían de él o en la efectividad de sus decisiones.

—Caballeros —dijo al entrar.

Nueve hombres elegantemente vestidos con trajes tradicionales de Azhat se pusieron de pie alrededor de la gran mesa rectangular para saludar al príncipe en señal de respeto. Con un gesto, Tahír les pidió que volvieran a tomar asiento.

—Alteza —intervino Abdul Kamal, general de las fuerzas armadas con tres décadas de experiencia era un rostro conocido y respetado en todo el país, un asesor de gran importancia para el rey, y un guía inestimable para el príncipe Tahír, y el heredero al trono, Bashah—. No tenemos buenas noticias para usted.

—Proceda, general.

—Se está gestando una marcha en el centro de la ciudad contra las medidas económicas. Varios ciudadanos están furiosos y no les importa causar destrozos con tal de llamar la atención. Un agente se infiltró y obtuvo varios datos al respecto.

Los niveles de popularidad de la Casa Real Al-Muhabitti no son los más altos, debido al impuesto general a la mercadería de primera necesidad que se ha elevado en un dos por ciento.

—El tema de los impuestos es un asunto del gobierno. Para ser más claros, el primer ministro. Además, en el país creemos firmemente en que los ciudadanos tienen el derecho de expresarse. Ahora bien, podemos trabajar con medidas de contingencia para la situación y redoblar la seguridad el día de la marcha.

—Alteza…

—Tan solo las normativas ligadas a la casa real y asuntos que le afecten directamente son de mi incumbencia o de mis hermanos o mi padre porque podemos tomar acciones unilaterales al respecto. Así que, dígame general, ¿por qué se me informa sobre una marcha a mí? —concluyó cruzándose de brazos.

Su físico de adolescente había sido atractivo, pero ahora —con veintiocho años de edad— resultaba mayestático y poderoso. Tahír exudaba un poderío inherente que nada tenía que ver con su rango real, sino con la seguridad personal con la cual manejaba todos los asuntos. No se amedrentaba ante nada.

—El ciudadano tiene derecho a expresarse, por supuesto, alteza, pero siempre y cuando eso no represente un agravio para la familia real —dijo el general sin perder el tino. Jamás un general, por muy importante o condecorado, tenía poder o autoridad superior a los miembros de la familia real de Azhat. Lo entendían y lo respetaban con la misma disciplina con la que asumían sus profesiones— por ese motivo nos vimos en la necesidad de reunirnos con usted, pues de la información que poseemos y hemos estudiado es quien tiene la solución.

Eso logró que el príncipe tamborileara los elegantes dedos de su mano sobre el brazo del asiento de bordes de oro que presidía la mesa.

—¿En qué sentido habría un agravio para mi familia?

Los altos mandos de inteligencia se mantenían impasibles.

Solo hablaba el vocero del grupo, y en este caso era el general Kamal.

Debido al divorcio del príncipe Bashah y la princesa de Ushuath, Moesha, la atención de la gente estaba muy enfocada en la familia real. Aunque había sucedido un par de años atrás, los ciudadanos parecían incapaces de olvidar. Quizá porque el matrimonio de sus padres fue legendario y marcaba un hito sobre la fidelidad que, otros monarcas anteriores, no habían demostrado.

El hecho de que su padre pareciera más frágil que antes empezaba a generar la percepción de que la monarquía estaba algo debilitada. Aquello no era para nada bueno, y la idea de una marcha con insignias antimonárquicas, peor. El simple hecho de que la gente se encontrase en situaciones económicas complicadas y observase la vida de una monarquía que vivía lujosamente —aun cuando la fortuna no provenía de los ciudadanos— solo podía acrecentar resentimiento.

—La persona que lidera esa marcha... Usted la conoce, alteza. Quizá no sea un asunto de seguridad en cuanto a peligrosidad, eso es cierto, pero es un asunto de seguridad en cuanto a imagen y estabilidad para la realeza que ha vivido por siglos en estas dunas. No podemos mostrar una cara vulnerable, menos ahora que su majestad, el rey Zahír, parece estar algo delicado de salud.

Tahír frunció el ceño. El general solo confirmaba que el asunto de su padre había trascendido.

—¿Quién es esa persona que organiza la marcha?

—Freya Wahmuh —anunció el hombre de barba blanca— salió de la cárcel por buen comportamiento hace seis meses. Planea la marcha dentro de cuatro días.

—No se ha molestado en perder el tiempo —expresó Tahír sin dar a entender la sorpresa que le acababa de causar la noticia. Si los nueve agentes de inteligencia recordaban o conocían detalles del evento en el que desembocó el fin de su relación con aquella mujer en su adolescencia, no mostraron signos de ello—. ¿Existe alguna forma de que desista?

Un sin número de imágenes asaltaron la mente del príncipe y jeque de Azhat. Por culpa de esa maldita mujer todavía tenía pesadillas en las noches. Y ahora, estaba libre. ¿Buen comportamiento? ¡Já! No dudaba que hubiera utilizado sus argucias para conseguirlo.

—Hemos contactado con ella, sí, a través de nuestro agente infiltrado. Tiene una condición para detener la convocatoria…

—¿Qué es lo que busca?

—Un empleo y una audiencia.

Tahír hizo una ligera e imperceptible mueca. Con el paso de los años poder ocultar sus emociones era un arte bien aprendida.

—La audiencia está negada. Categóricamente. Y sobre el otro tema del empleo, explíquese, general.

—La señorita dice que el día que puso un pie en la calle, con su antecedente como traidora, nadie desea darle empleo. Sus padres fallecieron hace muchos años atrás. Ha dicho que es una paria social y —se aclaró la garganta, evidentemente incómodo— que es usted, alteza, el culpable. También dejó claro que hay una parte de la historia que le gustaría poner en consideración en la audiencia, pues considera importante que su alteza la conozca.

Tahír hubiera querido soltar una carcajada. No solo era una mentirosa, sino que la cárcel había incrementado su cinismo.

—¿Y por qué nos hemos fijado en esta marcha, y no en otra? —preguntó a cambio.

—Porque esta ocasión tiene la particularidad de que la señorita Wahmuh, la organizadora, está dispuesta a contar la historia que vivió con su alteza en otros tiempos y vendérselo al mejor postor mediático en el caso de que su condición para detener la marcha no sea aceptada.

«Una lástima que el general Yakottt hubiese fallecido en

un inesperado accidente aéreo durante un viaje turístico en Nepal. El hombre había aportado un estilo más directo y concreto que Kamal», pensó Tahír.

—Aquí los medios de comunicación no estilan hacer ese tipo de tratos. Aunque supongo que los tiempos han cambiado.

—Es el precio de la libertad de expresión.

—O el precio de las indiscreciones —murmuró para sí mismo, Tahír. Se incorporó y estudió a los presentes, les dijo—: Si la solución para que se detenga esta marcha que solo traería un escándalo que no necesitamos es tan simple, entonces procuren que la señorita Wahmuh encuentre un empleo. No esperaba que me llamaran para algo tan nimio como esto, caballeros.

En esta ocasión uno de los agentes apretó los labios, y Tahír supo que todavía quedaba algo por decir. No le gustaba en absoluto la expresión de contrariedad, ¿o era acaso impotencia del general Kamal?

—No quiere cualquier empleo —dijo el hombre de piel del color del chocolate.

—Acláreme, general.

—Quiere trabajar en el palacio real, alteza.

—¿Haciendo qué exactamente?

—Imagino que la audiencia tendría algo que ver en ello.

Tahír barrió el salón con la mirada. Ninguno de los presentes parecía afectado o incómodo por el particular. El príncipe sabía que recibían una buena bonificación económica anual que garantizaba no solo el sentirse bien pagados por el palacio, sino también guardarse sus reflexiones o criterios personales sobre lo que ocurría en relación a la vida privada de la familia Al-Muhabitti.

# CAPÍTULO 2

A Bea le gustaba conducir sin zapatos porque le causaba fastidio tener que lidiar con los tacones de aguja y punta. Prefería disfrutar de los cuarenta y cinco minutos conduciendo desde Melbourne hasta Cranbourne con libertad en todo sentido. Amaba las autopistas.

Mientras guiaba su Toyota con eficiencia, también escuchaba música country americana. Le encantaba. Movía los dedos sobre el volante al ritmo de Cole Swindell, y su canción *You should be here*. Interesante título para dedicárselo a… nadie. «A nadie», se repitió al tiempo que sonreía y tarareaba.

Tener un sentido del humor saludable era necesario, porque estar con una pareja ya le había causado estragos poco agradables en el pasado, así como poco dignos de una carcajada. No tenía idea si acaso podría controlar sus premoniciones en la parte sexual, y la perspectiva la empujaba a sentirse más cauta e inquieta que ante cualquier otra circunstancia de su existencia. Una virgen de veintiún años recién cumplidos en una nación liberal… Así que el panorama pintaba más curioso. ¿Debería llamar a *Ripley´s Believe or Not* a poner su candidatura?

Había besado a un par de chicos, sí, y el resultado fue desastroso.

Mientras estaba embelesaba en sentir el beso de uno de

ellos, tuvo la clara imagen de cómo la iba a engañar con otra mujer. Con otro, al besarlo, ella supo que el destino de ambos no era estar juntos. Cuando sucedió de nuevo, en otro de sus intentos de tener un novio como cualquier otra chica de su edad, se dio por vencida. ¿Acaso había sido su problema o es que esos chicos tenían una mente débil y predecible?

No dejaba de cuestionarse sobre cómo podía ella mantener una ilusión cuando era obvio que su lado síquico iba a pasarle una mala pasada de un instante a otro. Quizá su camino era servir con sus capacidades a otras personas tal como hacía su madre. No vivir de ello, porque para eso contaba con su propio negocio y tenía esperanzas en él, pero sí para sentir que estaba dándole sentido al legado de Ordella... Un legado que, bien o mal, era una parte esencial de su naturaleza.

Beatriz sabía que su padre poseía una gran fortaleza mental y jamás Ordella había intentado atravesar sus pensamientos. Quizá era el motivo por el que ambos continuaban juntos después de veinticinco años de matrimonio.

Dada su extraña racha en el amor, Bea había hecho del trabajo una prioridad. Una vez sumergida en él, se permitía desconectar de sus preocupaciones, en especial dejaba de preguntarse cómo sería tener la clase de amor que compartían sus padres. «No todos tienen la suerte de encontrar el amor, pero tú estás destinada a ello», le había dicho Ordella en una ocasión. Beatriz quería creerle fervientemente, pero su madre no era infalible.

Debía dejar por un tiempo de aspirar a algo que quizá no estaba tan claro para lo que su alma necesitaba.

Su próximo plan era viajar un poco e intentar darle más colores a su vida conociendo otros sitios. Echaba de menos los viajes que hacía de pequeña con su padre cuando lo acompañaba en visitas de negocios por Europa y otras partes. Llegó incluso a conocer Nueva York.

Las ganas de embarcarse en un vuelo no se terminaban de ir, y llevaba años sin tomarse todo con más calma. Tenía una vena aventurera que vibraba con fuerza, pero no solía darle demasiada salida debido a su negocio. Tenía que ponerle remedio. Llevaba tiempo sin parar de trabajar desde que empezó a montar su empresa. Un respiro le vendría bien.

Debido a su coeficiente intelectual había logrado terminar el instituto tres años antes de lo normal, al igual que su carrera universitaria. A la edad de veintiún años recién cumplidos, sus compañeros estaban todavía en los últimos semestres de la carrera de ingeniería agrónoma, y ella ya tenía su título en mano. Solían decir que los niños con un IQ alto tenían deficiencias en sus habilidades sociales. No era el caso de Bea, aunque sí que se complicaba un poco por el hecho de que, además, era síquica.

Cuando Bea se sentía abrumada por las responsabilidades salía muy temprano a trotar en la playa de St. Kilda. El área solía estar medio desierta en las primeras horas del día, así que no solo aprovechaba para hacer deportes sino que, una vez que acaba su rutina, se dirigía hacia Ancland Street para desayunar en cualquier café que estuviera de moda. Aquel era su pequeño lujo diario.

Ocasionalmente surfeaba y era muy buena en ello, pero prefería compañía porque la playa en donde podía disfrutar de las olas salvajes estaba a setenta kilómetros de Melbourne. Surka Varsinni, una amiga a la que había conocido en el lanzamiento de un libro de ciencia ficción, era con quien solía aventurarse hasta la Península Mornington. La playa más famosa allí era Gunnamatta, y era espectacular. Pasaban el fin de semana en los alrededores y regresaban renovadas a continuar el trabajo diario. Surka era enfermera y tenía unos turnos loquísimos. Quizá por eso eran pocas las ocasiones que lograban quedar para ponerse al día con los cotilleos mutuos, pero el *whatsapp* no dejaba de sonar en sus iPhones cada tanto.

En los meses de extremo calor, como los de ahora, Beatriz evitaba los cafés de moda y cambiaba su rutina zambulléndose en el mar de St. Kilda al acabar su tanda de ejercicios. Después regresaba a casa y se alistaba para abrir su oficina.

Esa noche se cerraba con una ceremonia exclusiva el proyecto con los jardines australianos, y que le había dejado una cuantiosa suma de dinero por sus servicios... y sacrificios. Llevaba dos meses trabajando con el equipo del Royal Botanic Gardens, como profesional externa, para remodelar la zona de las cafeterías con la finalidad de crear un nuevo espacio de especies nativas de vegetación. Entre coordinar detalles con Anthon e intentar ajustarse a los lineamientos, los avances del trabajo se habían dado de forma paulatina, pero exitosa.

Bea había conseguido trabajar en la ampliación de una zona esencial para que las personas con movilidad limitada pudieran trasladarse con más facilidad. También logró que se incluyera la idea de crear una zona especial con niñeras, sin costo para los visitantes, mientras los padres estaban tomando algún tour en el que los menores de edad podían sentirse aburridos o tentados a incumplir las normativas de seguridad. Otro aspecto que trabajó Bea, y el equipo asignado, fue el de crear un jardín alterno para los más chiquitos de la casa, adyacente a la zona del Australia Gardens —una sección especial y premiada que había sido abierta en mayo del 2006—, para enseñarles el valor de la naturaleza.

El sonido de la música que resonaba en los parlantes de su Toyota fue reemplazado por una llamada telefónica. Presionó el botón del «manos libres».

—Dex —saludó a su mejor amigo al ver el identificador de llamadas.

—¿Está todo en orden? —preguntó con su voz serena.

—Claro, ¿aún no estás en camino...? —indagó mientras aceleraba un poco el motor para rebasar un automóvil que parecía tener pereza de moverse más rápido.

—Clem está terminando de arreglarse, pero llegaré en el helicóptero de la compañía. —«Claro que lo harás», pensó Bea con una sonrisa. Además de la cadena de bares, la familia Louden poseía una productora de mermeladas artesanales de alta calidad que se servía en los mejores restaurantes y se vendía por precios justos en todos los supermercados del país—. Te llamaba para saber si necesitas algo.

—Gracias, Dex, pero si tu cita de esta noche se entera que estás preocupado por otra mujer, no creo que le guste —dijo riéndose—. Además, será bueno que después de tantas semanas al fin te dejes ver un rato por la civilización.

Lo escuchó soltar una carcajada. Como la familia Louden, representada por Dexter, era una de las patrocinadoras de los proyectos recientes, él estaría con Bea en la cena bailable.

—Le gustarás a Clem. Ella es especial… Nos vemos pronto, Bea.

«Hasta que te aburras», pensó Beatriz con una sonrisa.

—Apuesto a que sí. —Cerró la llamada.

La cena de despedida era para el equipo de trabajo: veinticinco personas en total más los patrocinadores, invitados especiales y altas autoridades encargadas de rendir cuentas sobre los movimientos en las áreas del Royal Botanic Gardens. El sitio poseía dos zonas, la primera, ubicada en la sección sur del río Yarra, y que contaba con treinta y ocho hectáreas; la segunda, en la que Bea trabajaba hasta esa noche, ubicada en el suburbio de Cranbourne, tenía trescientas sesenta y tres hectáreas de plantas nativas de Australia. El evento de esa noche contaría con un total de cien personas. El tiempo había «volado» para Bea, apenas dos semanas atrás había terminado el jardín de la señora Hubbert.

Beatriz no pensaba conducir sola de regreso a Melbourne, así que llevaba una maleta en la parte trasera de su automóvil para cambiarse en la habitación que había reservado en el Beechmont Garden Retreat y descansar cómodamente. Esa clase de eventos solían ser eternos. Les había dado libre a Annie y a Leny el siguiente día, así que iba a tomarse esas próximas veinticuatro horas para descansar. En su escritorio la esperaban varios pedidos de posibles clientes a los que tenía que responder si podía hacerse cargo o no de sus requerimientos. Elegiría alguno que le causara alegría, porque —aunque el dinero era un aliciente maravilloso— nada se comparaba con el entusiasmo de trabajar por algo en lo que creía y la apasionaba, aún cuando la paga no fuese tan cuantiosa. Siempre exigía una remuneración justa, eso sí, porque ella no se conformaba con menos de lo que su trabajo valía.

—¡Dex! —llamó Bea cuando logró ver a su amigo camino al salón.

Él se giró al mismo tiempo que su acompañante, en esta ocasión se trataba de una pelinegra. La figura de Clem distaba de los cánones de mujeres curvilíneas que Dex solía buscar. Ella parecía más bien una delicada muñeca de porcelana, y llevaba un elegante vestido azul.

Dexter estaba imponente, como siempre, lucía un esmoquin a medida y su innata elegancia lo hacía destacar. Bea se preguntaba por qué no podía enamorarse de él. «Otro de los misterios de tu vida», se dijo mientras Dex avanzaba para saludarla.

—Tu helicóptero es más rápido que una llamada telefónica —bromeó.

—Ya lo sabes tú —replicó él con una sonrisa genuina—. Hola, tesoro —le dio un beso en la mejilla— es bueno verte. Estás guapa.

—Lo mismo digo de ti.

Además de los zapatos de tacón de aguja y punta, Beatriz llevaba un cómodo vestido en corte palabra de honor que destacaba su figura «reloj de arena», como solía decirle Ordella, de color cereza. Beatriz medía un metro con setenta centímetros de estatura. Con el cabello recogido en un moño en un estilo descuidado y sexy lucía más estilizada de lo que en realidad le gustaba arreglarse.

Dexter colocó la mano en la espalda baja de su pareja de esa noche.

—Bea, te presento a Clem. Ella es experta en filología inglesa y está de paso por la ciudad un par de semanas —dijo mirando a la chica.

«Si viviese cerca de ti, te hubieras espantado», pensó Bea con una gran sonrisa. Conocía muy bien a ese truhan.

—Encantada, Clem, será bueno tener compañía adicional en estas veladas que son aburridas —le extendió la mano a la muchacha.

La pelinegra la miró con desconfianza, pero estrechó los dedos de Bea al notar el poco interés de esta hacia Dex y viceversa.

—Igualmente —dijo observándola con sus intensos ojos del color del chocolate—. Este sitio está precioso —miró alrededor— ¿de qué conoces a Dex?

—Bea es mi mejor amiga desde la secundaria —contestó él.

Beatriz rio.

—Él suele responder por mí cuando está nervioso —le hizo un guiño a Clem— lo cual es un signo de que le gustas mucho.

—Espero que no intentes avergonzarme contando mis puntos flacos —replicó él, riéndose.

—Jamás haría semejante cosa.

La tensión inicial de Clem desapareció por completo, y pronto empezó a charla con fluida naturalidad.

Ya eran las ocho de la noche y el maestro de ceremonia iba a dar paso a un par de discursos de ciertos patrocinadores, según el breve programa que se les había extendido a los invitados. El Tarnuk Room, donde tenía lugar la celebración, se encontraba en medio de la naturaleza y lucía bellamente decorado al abrigo de un cielo de media luna y chispas de estrellas.

El escenario causaba una impresión casi mágica. Era un sitio perfectamente acogedor para una velada tan privada y selecta como la de esa noche. Todos los profesionales que habían colaborado en el amplio proyecto de restructuración y readecuación eran muy reconocidos en su campo. Beatriz era la más joven del grupo, y había ganado su plaza en base a un concurso de méritos.

La música suave que sonaba causaba una agradable sensación de placidez en el ambiente y le otorgaba al mismo tiempo un toque «chic».

Beatriz suspiró. Algo en el entorno le parecía distinto. «Tiene que ver con el hecho de que hace un tiempo no asistes a una reunión tan pija.» Con ese pensamiento decidió disfrutar de la velada, así como de la compañía de su mejor amigo, y claro, conocer un poco más a Clem.

Después de conocer a las novias o citas de Dexter, este siempre solía llamarla para preguntarle sus sinceras impresiones. Esto último la hacía reír porque no entendía cómo un chico tan atractivo y exitoso como él necesitaba su opinión con respecto a una mujer.

—Señorita Fisher —llamó alguien mientras Bea tomaba un trago de champán.

Ella se giró con una sonrisa. Tanto Clem como Dexter estaban saludando a unos conocidos a varios pasos de distancia.

—¿Sí?

El rostro de ese hombre no se le hacía conocido.

—Mi nombre es Irvin Creekon, y he estado indagando quién era la consultora externa tan creativa que ha logrado que el proyecto de mejoras haya quedado espléndido. Al fin la conozco.

Alto, de intensos ojos negros y barba perfectamente recortada, el hombre era pura masculinidad. No era guapo, pero atraía la mirada porque parecía prometer peligro. Vestía un traje azul oscuro y, al igual que ella, sostenía una copa de champán en la mano derecha. Una mano que Bea notó que tenía algunas cicatrices muy feas. Sin embargo, él no le causaba ni temor ni miedo. Curioso asunto.

—Gracias por sus palabras, señor Creekon…

—Irvin, por favor —pidió.

—Irvin, claro, y usted llámeme Bea. —El hombre asintió—. No he sido solo yo la involucrada en este trabajo de los jardines y alrededores, sino un equipo de veinticinco personas. ¿Es usted uno de los varios patrocinadores, supongo?

El hombre sonrió. Y ese gesto lo hizo parecer menos severo.

—Por esta noche —replicó sin responder en realidad—. Me gustaría saber si está usted disponible para hacer un trabajo importante en una casa en el estado de Queensland. —Beatriz frunció el ceño—. El trabajo está muy bien pagado.

—No comprendo, ¿por qué yo? ¿Queensland, dice? —miró al salón que ya estaba lleno. Nunca había ido a ese estado—. Mis compañeros pueden…

—El señor Larrent me sugirió que usted podría ayudarme —interrumpió con suavidad y sin dejar su sonrisa— y como una persona instruida para obtener resultados, un «no» me causaría graves problemas.

—¿Con quién? ¿Con su ego? —preguntó sin poder evitarlo.

La risa fuerte de Irvin la tomó por sorpresa.

—La paga es muy generosa. Necesito trabajar en readecuar las áreas externas y algunas internas. Requiero algo que aporte la sensación de estar en un paraíso dentro de otro paraíso.

—Queensland es muy grande —murmuró.

—Port Douglas. Allí está ubicada la propiedad. Usted no tendría que gastar en traslado ni transporte, Bea. Todo está cubierto para el experto en diseño y gestión del paisaje a contratar. Incluso proveemos un seguro médico internacional especial y una cobertura para ropa de trabajo.

Las propiedades en Port Douglas podían llegar a costar más de cinco millones de dólares. Era una locura, y quizá la oportunidad de algo entretenido fuera de Melbourne que había estado buscando. Un sitio nuevo, y un proyecto con buena paga. Sin embargo, sentía que algo faltaba en ese rompecabezas.

—¿Quién es usted? —indagó con el ceño fruncido y tratando de buscar con disimulo a Dexter.

—El dueño de la propiedad.

—No sé si yo tenga tiempo. Tampoco sé si acaso el señor Larrent le habrá comentado que soy mi propia jefa y que tengo personas que dependen de que mi negocio funcione…

—No hay problema. Lo que usted gana habitualmente con cada día de trabajo se lo triplicará durante el tiempo que esté en Queensland trabajando para este amigo. Estará cómodamente instalada en una de las seis habitaciones de la mansión. La tendrá sola para usted. Solo debe hacer el trabajo y luego puede regresar a Melbourne. No necesitaría estar todos los días, aunque sería lo ideal para que se dedicase al ciento por ciento a terminar el trabajo lo más pronto posible.

—¿Cuál es la trampa?

El hombre sonrió y le entregó una tarjeta de presentación.

—No hay trampa. Usted es una profesional con carácter y eso es lo que necesito. Entiendo que se graduó muy joven y tiene un coeficiente intelectual más que sobresaliente. —Bea iba a protestar, pero cerró la boca. Probablemente Anthon le habría comentado detalles de su currículo, y él constaba un informe de su IQ—. Por favor, llámeme, para compartirle todos los pormenores. Es una excelente oportunidad laboral, se lo aseguro.

Sin más, Irvin se alejó dejándola con la tarjeta en la mano y un montón de preguntas sobre lo que acababa de suceder. ¿Anthon recomendándola a ella? ¿A *ella*? Una de dos. O se había fumado un porro al revés o tenía un proyecto en el que no quería que ella participase y la prefería lejos de Melbourne.

—Bea —dijo Dexter.

Ella levantó la cabeza. No se había dado cuenta que estaba en el salón con la vista fija en el champán que quedaba en su copa.

—Yo… —sonrió— te estaba buscando.

—¿Todo bien? —preguntó él.

—¿Conoces a un tal Irvin Creekon?

Él frunció el ceño.

—Me suena de algo, pero no recuerdo exactamente. Un empresario como todos los que están aquí, asumo. Cuéntame, ¿qué ocurrió?

Ella se lo dijo en pocas palabras.

—Deberías considerar llamarlo. De todo el equipo, y que se haya fijado en ti. Es un gran paso.

—¿Y si es un asesino?

Dexter soltó una carcajada.

—Tu imaginación es demasiado alocada a veces. Si quieres puedo hablar con Zeus Max, el investigador privado de la empresa de mi padre, para que haga unas averiguaciones sencillas y rápidas, pero no creo que dejen entrar aquí a potenciales asesinos, en especial cuando está el ministro de ambiente.

—Qué exageración pensar en un detective —dijo ella riéndose de sus preocupaciones— imagino que como nunca me habían hecho una propuesta de esta magnitud… —suspiró—. Es lo que tiene que tu negocio sea nuevo —agitó la tarjeta con los datos de Irvin— lo llamaré mañana y veré exactamente de qué se trata. Después de todo, si no funciona, siempre puedo contar con servir mesas.

Dexter le dio un cálido apretón en el hombro. Le sonrió.

Clem, que regresaba del aseo de damas, se acercó y enganchó su brazo al de Dexter con una expresión animada. La música, los bocaditos y el entorno invitaban a estar de buen humor.

—Servir mesas es la alternativa —dijo Dexter, riéndose—. Ahora vamos al centro del salón que el maestro de ceremonia va a dar inicio al evento.

—Este lugar es fantástico —intervino Clem.

—Y todavía quedan los bailes —murmuró Bea, antes de guardar la tarjeta de Irvin en su pequeño bolso de mano. Se dispuso a disfrutar de la velada a pesar de que los tacones empezaban a hacerla desear tener puestos unos zapatos deportivos.

\*\*\*

Tahír estaba sentado en una de las tumbonas de la piscina del palacio y el agua recorría en ángulos irregulares su esculpido cuerpo. De espalda ancha, abdominales de acero y poderosas piernas, Tahír era un espectáculo para los sentidos femeninos, y un adversario de cuidado para los hombres. Irradiaba hermetismo y autoconfianza, él lo sabía. Siempre y cuando se lo percibiera como un príncipe que estaba preocupado por la seguridad de su pueblo, el resto no le importaba. Los años habían hecho su trabajo, y las experiencias de vida le enseñaron a madurar con rapidez.

Acababa de terminar de hacer ocho largos bajo el incandescente sol desértico.

Durante el tiempo que estaba sumergido en el agua solía olvidarse de lo que ocurría a su alrededor. Entre esas cosas, Freya.

Después de la junta en el Salón Obsidiana, Tahír no esperó para llamar a Bashah, que estaba en Londres. Lo último que le interesaba a él era conocer los motivos de los viajes de su hermano mayor. Solo buscaba que resolviera un problema del que no quería hacerse cargo. Podría delegarle a Karim la tarea, pero sobre ese tema pasado ya había echado tierra de por medio. Solo aceptaba la exigencia de esa bruja de Freya porque no quería que las consecuencias de sus imprudencias juveniles continuaran teniendo repercusiones, y porque no era justo embarrar de lodo el arduo trabajo de su padre en el afán de mantener el orden ante las drásticas circunstancias financieras que atravesaban los países del desierto. El precio internacional del petróleo estaba en sus puntos mínimos, y aquello encarecía la situación.

—¿Y dónde pretendes que la ponga a trabajar, Tahír? —le había preguntado Bashah con impaciencia. Al parecer estaba en alguna fiesta—. No soy un gerente de recursos humanos de una empresa.

—Pues donde te dé la gana, Bash, pero lejos de mi vista. Tienes más sentido común para saber en dónde ubicar a las mujeres que causan líos y perderlas de vista.

Había escuchado a su hermano resoplar del otro lado de la línea.

—Me encargaré. Y hazme un favor, Tahír.

—Escucho.

—Deja de meterte en líos de faldas que puedan causar estragos.

—Mira quién habla. Si me pusiera a contar las veces en que te salvé el pellejo…

—Pufff. Nos hablamos pronto, hermano.

—Así será.

Esa había sido su breve conversación con Bash, como le decían de cariño los más allegados del futuro rey, y no necesitaban más palabras. A pesar de que las muestras de respeto hacia los miembros de la familia real eran estrictas, no se aplicaba entre hermanos lejos del ojo público. Si algo apreciaba Tahír de sus hermanos, indistintamente de las heridas de cada uno, era que siempre podían ayudarse.

El lazo de la hermandad era indestructible, aunque no lo consideraba un estímulo para impulsarlo a hablar de sus humillaciones personales o días oscuros. Y con eso se refería específicamente a su secuestro.

—Tahír… ¿me aplicas protector solar?

Él reaccionó al darse cuenta de que había estado contemplando el infinito desde el borde de la tumbona, perdido en sus pensamientos.

Giró la cabeza y se encontró con la dueña de esa voz melosa que lo acababa de regresar al presente. Lianna, su amante. Llevaba los pechos descubiertos, y solo utilizaba la parte inferior del bikini rosado.

Él asintió con media sonrisa.

Le gustaba esa mujer, al igual que muchas otras. Perfectas físicamente en todos los sentidos. Un maní en la cabeza como cerebro, una conversación hueca basada en gustos superficiales a la espera de grandes muestras de generosidad material. Todo ese pack creaba la atmósfera ideal para mantener a raya la dura muralla de piedra que rodeaba su corazón desde hacía doce años. ¿Qué le importaba el cerebro de esas mujeres cuando apenas le duraban un par de noches en la cama? ¿Por qué iba a interesarse demasiado si sabían complacerlo de la forma que necesitaba para satisfacer su libido? No le importaban.

Tahír estiró la mano y acarició un pezón erecto de la mujer de piel canela. Ella emitió un ronroneo. «Era tan fácil seducirla», pensó antes de incorporarse para complacer la petición de Lianna.

—Después nos daremos un baño…

—Hacer el amor en el agua me parece muy decadente —susurró la mujer mientras sentía las manos del príncipe recorrer sus curvas—. Me encanta el modo en que tocas mi piel.

—Entonces creo que esto está de más —dijo deshaciéndole los lazos laterales del bikini que se sostenían a las caderas femeninas.

Ella soltó una risita y lo miró con coquetería. Tahír la tomó de las manos para impulsarla hacia arriba y poder tocarla más a gusto.

—Nos pueden ver —susurró mirando a un lado y otro como si sintiera vergüenza alguna.

—Quizá eso le puede añadir un poco más de excitación al momento —dijo acariciando los labios íntimos de Lianna. Estaba húmeda.

Nadie iba a verlos. Era el espacio privado del príncipe.

Él no tardó en quedarse como el universo lo puso en el mundo al nacer. Sin perder más el tiempo tomó a Lianna y se sumergió con ella en la piscina. Cuando salieron a flote, riéndose, Tahír —tan excitado como estaba— la apoyó contra la pared interior y se dio un festín con ella.

Horas más tarde, cuando el sol había desaparecido, y también su amante, Tahír estaba terminando de cenar. Todos los documentos del día estaban despachados. No quedaban pendientes en su agenda. Sin embargo, pensaba revisar el protocolo de seguridad de la coronación para el momento en que su padre decidiera abdicar a favor de Bashah. No dudaba que aquello fuese a ocurrir más pronto que tarde y pasando dos días se ensayaban las medidas de seguridad acordadas para el evento.

Mientras iba de un lado a otro en su suntuosa habitación se preguntaba en qué momento de su vida podría tener un espacio para estar a solas. Por lo general solía estar rodeado de personas, muchas de ellas indeseadas, pero debido a sus actividades reales le tocaba tolerar. El palacio le debía unas vacaciones que no se había tomado desde que podía recordar.

Sí, disfrutaba de fiestas y salidas, pero aquello no eran vacaciones. Tenía en mente España, un país que su hermano Amir visitaba de forma continua por temas de trabajo de la corona. Disfrutar un poco en los Alpes Suizos tampoco era mala idea.

Su última misión de trabajo era encontrarse con Amir en Berlín. Irían con una pequeña comitiva de los altos mandos militares para reunirse con representantes de empresas de armamento tanto de Alemania como del Reino Unido. No había una guerra inminente, pero se requerían nuevos y modernos equipos de defensa aérea principalmente. Era un gasto a realizarse cada cierto número de años para mantener siempre a Azhat con la última tecnología de defensa. En tierra estaban perfectos, en mar de igual forma, pues tenían una base prestada —Azhat no tenía salida al mar— en territorio aliado.

Días más tarde, camino al hangar privado de la familia real, Tahír sacó el teléfono y marcó a uno de sus buenos amigos. Quizá después de la negociación en Berlín podrían encontrarse en Suiza. Podía hospedarse como lo hacían sus pares reales en The Kulm Hotel St Moritz.

—Alteza, buenas noches, ¿le sirvo algo? —preguntó una azafata.

El jet privado había despegado quince minutos atrás.

—No, gracias —dijo con aburrimiento a la atractiva mujer.

—Por supuesto. Cualquier requerimiento…

—Trabajas para mí, ya sé que cualquier requerimiento estás para cumplirlo.

La muchacha solamente asintió, pero Tahír se sintió como un cretino. Era la primera vez que le hablaba de aquel modo a alguien del staff de servicio. Eso solo tenía una explicación que ya conocía. Aún quedaba esa negociación antes de que pudiera alejarse de Azhat y de la congestión que implicaba la agenda de trabajo.

—Karim —llamó.

Su consejero y asistente, que había presenciado la escena, acudió. Karim solía viajar junto al príncipe en el área privada destinada solo a la familia real, un claro indicio de la alta estima que le prodigaba el príncipe Tahír.

El avión era amplio y tenían tres salas. Una para la tripulación. Otra para los altos mandos que podían o no viajar con la familia real. La última sala era solo para la familia real e incluía dos suites completas disponibles, baño y jacuzzi, servicio de masajes y un guardarropa especial.

—Alteza.

—Cuando lleguemos a tierra dale una semana de descanso a la azafata que acaba de irse. Dile que es para compensar sus esfuerzos por mantener atendidos a los miembros de casa real de forma tan eficiente.

Karim se aclaró la garganta.

—¿Incluyo una tarjeta de disculpa por el exabrupto?

A nadie le permitía que, aunque fuese sutilmente, lo reprendiese. Karim era una excepción. Y se había ganado esa excepción con creces años atrás.

—Sí, hazlo.

Sorprendiéndose por su irritación, Tahír se quitó el cinturón de seguridad y se dirigió a la suite del jet privado. Iba a ser un viaje bastante largo hasta Alemania. No quería aparecer con el cerebro turbado por falta de sueño. Viajaba con Karim y una delegación militar. Ellos se encargarían de facilitarle un brief con los pormenores técnicos, pues el líder de la negociación era Amir.

Cerró la puerta de su suite tras de sí, y se desnudó.

Encendió una pequeña lámpara de luz tenue y se acomodó entre las sábanas.

# CAPÍTULO 3

Desde la terraza, Bea podía observar el reflejo del sol sobre el mar en el horizonte. Las vacaciones para Annie y Leny iban a postergarse, pues Bea no podía dejar de abrir al público. Esa era la verdad, por más de que sus intenciones fuesen diferentes. Solo les podía dar el día libre prometido y nada más. Esperaba poder compensarlos en un futuro a sus dos colaboradores. Eran leales, y tenían entusiasmo a pesar de que el salario no era tan competitivo.

Bea iba a permanecer en Port Douglas dos semanas trabajando en la mansión de Irvin. Al final, resultó que era un respetable constructor y corredor de bienes raíces, y la oferta de trabajo que le había hecho en la cena de los jardines reales era muy seria.

Ella ya llevaba dos días en el estado de Queensland, y estaba enamorada de la propiedad en la que trabajaba. Era un proyecto de ensueño. El primer gran proyecto. A veces, más que crear, le gustaba la idea de renovar, darle otro aspecto al entorno y recobrar el brillo que tenía antes o mejorarla.

En la casa trabajaba una amable señora puertas afuera, Candice, que se encargaba de cocinar y hacer las funciones de ama de llaves. También estaba Seymour, el chofer y encargado de la limpieza, que trabajaba en jornada de seis de la mañana a cuatro de la tarde. Ambos estaban a disposición de Beatriz.

Encumbrada en una zona exclusiva, la casa tenía un diseño acogedor, era evidente que se habían esmerado para tornarla acogedora, elegante y a la vez silvestre. Era una mezcla de ideas única.

Construida en tres niveles, la decoración básica estaba regida por el agua a través de cascadas y estanques bellamente organizados, una mezcla de naturaleza y exquisitos acabados arquitectónicos. El trabajo de Beatriz estaba ligado a renovar las plantas que rodeaban esos espacios acuáticos, así como los caminos de piedra que llevaban desde la entrada hasta el área principal de la residencia. La cascada más grande era exterior y cubría una pared entera; el agua caía simétricamente en una piscina de borde infinito creando la sensación de topar el océano con solo moverse un poco dentro de la piscina. El interior exponía un impresionante salón de dos ambientes con techo de catedral abovedado de madera, suelos de mármol, y un comedor elevado con vistas al horizonte. Una escalera corta de caracol llevaba al piso superior.

Todas las habitaciones tenían las más modernas comodidades. La pieza principal, Beatriz imaginaba que era de Irvin y su esposa, Malena —a quien había conocido durante la reunión que sostuvo antes de aceptar firmar el contrato de trabajo— y tenía acceso a un hermoso spa privado. Era un sueño. La cocina era amplia y tenía tres habitaciones contiguas para empleados que, ciertamente, no pedía favores a las de los dueños de casa o la de invitados; aunque el tamaño era algo más pequeño.

El patio contaba con un comedor sobre piso de madera. Un gimnasio y un área para hacer barbacoa estaban ubicados en los alrededores. A pesar de que gran parte de la mansión tenía ventanales de vidrio, en las noches —había notado Beatriz— se oscurecían automáticamente a través del mando inteligente. El área del estudio principal, que ocupaba toda la última planta, tenía una fascinante biblioteca cuyas partes —organizadas por géneros literarios— se movían de izquierda a derecha con control remoto para facilitar la búsqueda. Una maravilla.

A Beatriz le quedaba un arduo trabajo por delante y tenía solo dos semanas para terminarlo, de las cuales ya había empleado dos días.

Los planos estaban bosquejados y aprobados por Irvin. Se había amanecido dos días trabajando en ellos con el arquitecto de confianza de su empleador para ese proyecto. Su profesión era ingeniera agrónoma especializada en diseño de jardines y áreas externas, pero también había tomado una capacitación en arquitectura. Se alegraba de haberlo hecho, pues le facilitaba enormemente comprender otros aspectos que, siendo solo ingeniera agrónoma, no hubiera logrado vislumbrar.

—Es una hermosa vista, ¿verdad? —preguntó la voz suave de Candice. Bordeaba los cuarenta años de edad y era muy jovial en su trato.

—Espectacular —dijo Bea contemplando el amanecer, mientras los rayos del sol empezaban a darle un color especial al cielo. Luego de unos breves segundos de silencio se giró hacia la mujer de cabellos dorados. Había descubierto que a Candice le gustaba distraerse leyendo novelas románticas y revistas de cotilleo internacional. Era una señora muy entretenida con su conversación.

—Su desayuno está listo —dijo la mujer con una sonrisa—. Pensé que estaría dormida, pero veo que es madrugadora como yo. Me alegro que disfrute de los alrededores. Si va a estar aquí dos semanas entonces es preciso que le saque provecho.

—No puedo desaprovechar el tiempo sacándole provecho personal, aunque nada me gustaría más —dijo con sinceridad— sin embargo, espero tener todo resuelto a tiempo. La empresa que contraté para que me ayude a gestionar todos los cambios llegará a las ocho de la mañana. Así que será mejor que me dé prisa. ¿Avisó al señor Seymour para que abra las puertas?

—Claro que sí, no se preocupe por nada, Bea. Trabaje,

pero también aproveche para que conozca los alrededores. Le puede decir a Seymour, al terminar su jornada, que la lleve a las boutiques, hay unos restaurantes sencillos y otros costosos...

—Seguro no superan su comida.

—Oh, niña, me alabas. Procura degustar la comida de este lado de Australia. ¿Juegas al golf?

Beatriz soltó una carcajada.

—No, qué locura, mi puntería es una completa desgracia.

—Una pena, porque hay unos campos de golf impresionantes —dijo con una sonrisa—. Los señores Creekon me dejaron un pase para que usted vaya al resort que queda a unos kilómetros de aquí. Se lo voy a llevar a la mesa mientras desayuna.

—Vaya... —dijo sorprendida— no debieron molestarse.

—Los dueños de casa son muy generosos.

—Pues a ver si entre una cosa y otra logro tener todo listo a tiempo...

—Seguro y sí. Su desayuno la espera.

Bea ya había reclutado una empresa que proveía servicios de jardinería.

Ella contaba con un ilimitado presupuesto para comprar implementos, materiales, tierra, bulbos, pagar a los obreros y así tener listo el encargo. Al parecer Irvin iba a dar una importante cena de negocios y por eso le era imperioso que Bea diera todo de sí. No iba a defraudarlo.

Los siguientes días apenas tuvo tiempo de respirar.

Cuando llegaba la noche subía las escaleras como un zombie. Se bañaba y luego perdía el conocimiento hasta las seis de la mañana del otro día. Había conseguido grandes mejoras, y necesitaba tomar un pequeño break.

Su cuerpo le pedía ir a surfear, y su lado femenino entretenerse en las tiendas de los alrededores. Ya tenía avanzado el setenta por ciento del encargo. Las áreas exteriores estaban terminadas, y ahora solo trabajaba en el interior de la casa.

Tenía una semana trabajando sin descansar. No era

saludable para su creatividad. Más le valía equilibrar.

—Seymour, ¿qué tal todo? —dijo Bea cuando lo vio en el garaje—. ¿Me puede llevar a algún sitio para rentar un automóvil?

El hombre, delgado y alto, la miró con sorpresa. Luego le sonrió.

—Por aquí todo en orden, señorita. Yo puedo llevarla donde desee. Ese es mi trabajo —replicó con amabilidad.

Ella asintió.

—Creo que ha hecho más que su trabajo ayudando a la empresa que envía día a día a sus empleados para ayudarme en el jardín, Seymour. No se preocupe. Tampoco se ofenda. Le agradezco todo el apoyo, pero me gustaría movilizarme a mis anchas sin interrumpir su trabajo de limpieza diaria —dijo conciliadora—. Además, tengo su número y el de Candice registrados —agitó su iPhone como evidencia y luego lo volvió a guardar en el bolsillo del short celeste— rentaré el automóvil para los próximos siete días que me quedan. Entonces, ¿me lleva?

—Claro que sí —replicó caminando hacia un Mercedes Benz blanco. Le abrió la puerta de pasajeros y ella se acomodó.

Mientras descendían por la carretera, Bea se sorprendió con la hermosa vista una vez más. Observó los comercios, los transeúntes y el ambiente. Con las gafas de sol y un optimismo renovado se bajó del automóvil una vez que llegaron a la agencia más cercana de Avis. Cuando Seymour estuvo seguro de que había rentado un vehículo confortable se marchó de regreso hacia la mansión.

Una vez que realizó el pago, Beatriz caminó hasta el parqueo y se acomodó detrás del volante del Jeep azul. Encendió el GPS, y puso la dirección de la famosa panadería que la recepcionista del Avis le había sugerido. «El mejor sitio para bollería y tienen un pan recién salido del horno que la hará suspirar», le había dicho. Con los antojos que tenía Bea de tomar un té fresco en la noche con un dulce antes de dormir, no lo pensó dos veces y puso rumbo hacia el local, que se llamaba Coralinne.

Después de perderse, porque pobre Bea tenía una ubicación espacial que daba pena, siempre se perdía cuando tenía que encontrar un sitio, y no coordinaba con su IQ, finalmente entró en la panadería. Estaba en una calle poco transitada y pudo conseguir un parqueadero ideal sin problema.

Charló un poco con la dependienta. Se comió un par de galletas de avena con chispas de chocolate, le dio un pellizco a un trozo de tarta de caramelo con nueces, y después salió con una sonrisa en el rostro. Llevaba un poco de cada cosa que había probado, multiplicado por tres, en varias bolsas de papel.

Su panorama era prometedor, pensó entusiasmada.

Caminó en la acera con la bolsa de galletas y tartas, además de una extra con cruasanes, en una mano, mientras con la otra mano intentaba encontrar las llaves del automóvil en su cartera. Tenía que concentrarse en no volcar el contenido de las bolsas de papel, y no darse de bruces contra el pavimento. Había exagerado un poco porque también llevaba un cortadito de café en un dispensador portátil. Era pequeño y por eso se atrevió a comprarlo.

Haciendo malabares logró su cometido, y también guardó la comida dentro del automóvil en el espacio destinado al copiloto. Se acomodó en el asiento de cuero blanco del conductor, no sin antes ajustarse el cinturón de seguridad, y encendió el motor con suavidad.

En medio de su entusiasmo cometió una gran equivocación. En lugar de mover la palanca de cambios para ir hacia delante, al presionar el acelerador, lo hizo para retroceder. Un fuerte golpe la impulsó hacia delante y el airbag se activó.

Del impacto apenas registró que el contenido de las bolsas de comida se acababa de esparcir por el asiento de cuero, y que el pequeño café estaba goteando la alfombra. Dio un manotazo al airbag hasta que logró apartarse reclinando el asiento hacia atrás. Maldijo por lo bajo.

Estaba en un gran lío.

«Ay, no», gimió en voz alta cuando se dio cuenta, al mirar por el retrovisor, del tipo de automóvil que acababa de golpear. Un Bugatti Veyron. Ese modelo costaba más de tres millones de dólares. «¿Dónde estás clarividencia cuando se te necesita para advertirme?», se preguntó dándose una palmada en la frente.

Observando el desastre que eran ahora los asientos blancos no pudo evitar pensar en la cuenta por pagar. «Bien hecho, Miss Independencia.»

Con renuencia abrió la puerta y salió del Jeep con el rostro preocupado.

∗∗∗

Las vacaciones de Tahír en Tailandia estaban arruinadas porque la negociación de compra de armamento en Berlín había tomado más tiempo del necesario. El príncipe tuvo que llamar a su amigo Davros para decirle que tendría que postergar su visita a Bangkok.

Con la ilusión que le hacía olvidarse de todos y dedicarse a vivir la vida bohemia que solía disfrutar gracias a su soltería. Aún le quedaba una carta para aprovechar los días que tenía libre por derecho. No pensaba cancelar su tiempo de descanso.

Ya le había pedido a Karim que enviara un comunicado oficial al palacio sobre su decisión de utilizar una semana para sí mismo. Una vez que la comitiva con la que viajó —para encontrarse con su hermano en Berlín— regresó a Azhat, él se quedó en territorio alemán con sus dos guardaespaldas que solían acompañarlo cuando buscaba privacidad o estaba de vacaciones. Eran sigilosos y se habían entrenado juntos durante sus años adolescentes en las fuerzas armadas y también en las fuerzas especiales de seguridad del palacio. Se trataba de los mejores amigos del príncipe: Sufyan Tajal y Mawaj Bami. Ambos eran descendientes de un linaje de intachables guerreros y poseían una vasta fortuna. Habían optado por la vida militar.

—¿Estás seguro de que quieres ir a Melbourne? —

preguntó Sufyan. Con el cabello muy corto y unos penetrantes ojos color cafés, inspiraba temor. Era fornido y muy rápido con las armas y el cuchillo—. Podrías delegar en Karim. No creo que Davros se incomode si llamas para decirle que has cambiado de opinión. Además, ya sabes que las mujeres tailandesas siempre están muy dispuestas a complacer a los extranjeros.

—Las mujeres que conozco están dispuestas a complacer a cualquiera que les agite enfrente la posibilidad de un buen nivel de vida —replicó el príncipe con aquel tono ácido.

—Eso es muy cínico de tu parte —dijo Sufyan.

—Experiencias de la vida.

—No todas son Freya, ¿sabes?

Sus mejores amigos conocían la verdad de aquellos horrendos días de su pasado. A su manera, ambos lo ayudaron a salir del hueco depresivo en que se encontró durante varios días. Lo invitaban a carreras de caballo y se encargaban de organizar juergas cuando no tenían turno o misión de entrenamiento.

—A lo largo de los años no he encontrado diferencia... —se acomodó el kuffiya— en todo caso, sobre el tema de Australia, pues ya le dije a Karim que aceptara la invitación de Estado y que yo la atendería. Entonces, ¿juerga de viejos amigos?

—Es trabajo, Tahír, en especial si decides que quieres perderte con alguna o algunas mujeres y nos pones en apuros tratando de dar contigo —dijo Mawaj riéndose. Estaban todavía en el hotel de Berlín a punto de ir al hangar privado.

—Y eso si es que no nos causas un dolor de cabeza al no contestar el teléfono —dijo Mawaj. Él era el más cauto de los dos amigos. Tenía un parecido muy curioso al actor británico James McAvoy, con la diferencia de que el militar de Azhat era moreno de ojos miel y fornido.

—Ventajas de la realeza —dijo bromeando—. Si nos agrada la ciudad a la que vamos podríamos considerar pasar en ella varios días. Si acaso no es tan variopinta, pues me gustaría mucho ir a bucear a la Gran Barrera de Coral.

—Eso suena prometedor, en especial porque no tienes destrezas óptimas en el agua —dijo Sufyan encogiéndose de hombros.

—¿Para qué los tengo a ustedes, si no para que me salven el pellejo?

—Tendremos que exigir una paga extra —terció Mawaj mientras los tres caminaban alejándose ya de la recepción.

Los esperaba una limusina aparcada en la entrada principal del hotel.

—O quizá nos dejes elegir primero a la mujer más guapa, en lugar de utilizar tu posición monárquica para encandilarla y quedártela —dijo Sufyan con disimulada seriedad. La respuesta de Tahír fue una carcajada.

El príncipe era un hombre reservado desde el incidente con Freya, y tan solo con sus hermanos o este par de amigos podía ser más abierto. Porque ellos conocían su verdadera naturaleza orientada a la aventura, y el hecho de que amaba desafiar las normas y experimentar la adrenalina recorriéndole las venas. La restricción que su cargo implicaba se asimilaba al encierro de un tigre de bengala en una jaula diminuta, y por eso el desfogue de Tahír eran los entrenamientos en el gimnasio, la esgrima, las cabalgatas en el desierto a caballo o las visitas a camello a los bereberes, y claro, también una hermosa mujer que calentara sus sábanas.

Su objetivo como príncipe era claro ahora, a sus veintiocho años de edad. Ya no era el adolescente perdido y en busca de aprobación. Se había curtido lo suficiente para solo depender de su propia opinión. Estaba trabajando con fiereza para mejorar el sistema de seguridad fronterizo de Azhat, a la par de crear más oportunidades para los niños de escasos recursos en el área educativa, a través de la fundación Reina Dhalilah llegar a más infantes, y también generar proyectos de inclusión social.

—¿Tú crees? —preguntó Tahír con una sonrisa engreída.

Los tres amigos habían sido en la adolescencia unos diablillos con las mujeres... y lo seguían siendo. No porque las trataran mal, sino porque no formalizaban ninguna relación ni prometían cosas que no podían, ni querían, cumplir.

Sufyan y Mawaj eran los únicos a quienes les era permitido bromear de «tú a tú» con Tahír. Y era una gran deferencia. Pero cuando se trataba de proteger la integridad del príncipe, no dudaban en sus métodos para conseguirlo aún a pesar de la renuencia de Tahír de tener que escuchar las reglas de sus amigos para mantenerlo a salvo.

—Aquí vamos —dijo Mawaj cuando estuvieron cómodamente sentados en el jet privado de Azhat—. Vacaciones a la vista. —Miró a Tahír y le dijo—: Ponte el cinturón de seguridad, no vaya a ser que el ego se te desborde.

Tahír y Sufyan se echaron una carcajada, antes de pedirle a la azafata que les llevara un whisky.

El vuelo hacia Melbourne fue agotador. Hicieron una larga parada para recargar gasolina en París. Ni bien aterrizaron en suelo australiano los esperaba una comitiva de bienvenida del alcalde de Melbourne.

Tahír no tuvo tiempo de descansar. Hizo visitas a algunos lugares emblemáticos de la localidad, almorzó con el alcalde y su esposa. Había conocido Sídney, Brisbane y Gold Coast en otros viajes de trabajo, muchos años atrás, pero era la primera ocasión que estaba en Melbourne. Se sintió gratamente impresionado con la urbe y la amabilidad de su gente.

Pasó la noche en un lujoso hotel y al siguiente partió hacia Queensland. El estado era bellísimo, según las averiguaciones de Karim y lo que el mismo príncipe había investigado, y podría contratar una excursión privada para bucear en la Gran Barrera de Coral. No era de todos los días que tenía la oportunidad de tomarse un tiempo para sí mismo y disfrutar de las maravillas del mundo, en privado.

—Este lugar está muy bien —dijo Mawaj cuando llegaron a la mansión en la que iban a hospedarse.

—Por eso la compré —replicó Tahír, observando los alrededores de la propiedad ubicada en Port Douglas.

El palacio, a través de Karim, se encargó de organizar todo en una transacción ágil, y el título de propiedad iba a ser expedido en los próximos días, antes de que Tahír abandonara Australia. El precio del mercado de la mansión era de diez millones de dólares, y aunque quizá no regresaría en un largo tiempo, a Tahír le parecía que era una excelente inversión para los Al-Muhabitti. Un sitio de descanso privado y cómodo. Era ideal para perder de vista a los paparazzi, los políticos entrometidos o los contratiempos habituales.

La casa tenía una piscina central, cancha de tenis, tres pisos en los que se distribuían diez habitaciones, ocho baños, un cuarto de sauna, un salón de juegos, dos cocinas y un estudio grande. Las vistas del tercer piso daban a las montañas y al mar.

—Realmente es espectacular —dijo Sufyan una vez que el equipo de empleados se encargó de atenderlos y mostrarles las dependencias.

El dinero lo movía todo con más agilidad. Cuatro horas después de haber llegado, no solo tenían empleados dispuestos a servirles, sino todas las provisiones que pudieran necesitar. Una vez más, Karim —desde Tobrath— lo había coordinado todo con extraordinaria presteza.

—¿Salimos a comer algo alrededor? —preguntó Sufyan girando el cuello de un lado a otro. El jet-lag iba a resultar insufrible.

Los tres vestían ropa deportiva. Habían dejado los atuendos de Oriente Medio a buen recaudo en una cajonera de la casa. Hacía calor y, aunque estaban habituados a ellos, no pensaban deambular llamando la atención cuando lo que más deseaba Tahír era pasar desapercibido.

—Podríamos tomar algo que los lugareños recomienden. ¿Te encargas de hacer la pesquisa? —le preguntó Tahír a Mawaj.

—Sin problema —respondió el doble de James McAvoy—. Te seguimos en el automóvil que rentamos para nosotros. Podríamos dejarte solo, pero ya sabes que las normas de seguridad no debemos dejarlas al azar.

—¿Revisaron los alrededores? Creo que es un lugar bastante seguro.

Sufyan asintió.

—Mientras terminabas de darte una ducha, aprovechamos para recorrer el entorno. No encontramos ningún aspecto que se pudiera considerar sospechoso. La casa está a varios kilómetros de la próxima vivienda. Vas a tener suficiente privacidad y creo que finalmente podremos también relajarnos un poco.

—Magnífico —sonrió.

Tahír disfrutaba sus vacaciones porque podía hacer con su tiempo lo que se le viniese en gana, sin agenda, sin protocolos. Además, podía disfrutar de un automóvil y conducirlo serpenteando las calles a velocidad.

Salieron de la casa y pusieron rumbo hacia la panadería que le habían sugerido a Mawaj las personas del servicio de la mansión. Coralinne. Aquel era el nombre de la tienda que estaba ubicada en una calle discreta.

Tahír aparcó detrás de un Jeep azul y agradeció que hubiera poca gente.

Estaba presto a bajarse de su Bugatti cuando vio salir de la tienda a una mujer que apenas lograba mantener el equilibrio con la cantidad de compras que llevaba. Imposible evitar mirarla. Definitivamente era una mujer guapa. No de aquellas bellezas artificiales y arregladas como si fueran a presentarse en un evento importante.

Daba la impresión de que no tenía reparos en ensuciarse las manos si acaso debía hacer algún trabajo por sí misma. Llevaba un short que dejaba a la vista unas piernas torneadas, mientras la blusa de tirantes que la brisa pegaba a su piel daba cuenta de su cintura estrecha. El cabello recogido en una coleta lucía castaño claro a la luz del sol. Poseía unas curvas de infarto. En pocas palabras, robaba el aliento.

Algo vibró en el pecho de Tahír; algo más que la lujuria repentina y sorpresiva, y eso lo llevó a fruncir el ceño. No solía reaccionar de ese modo por ninguna mujer. Era como si de repente ella hubiera despertado en su interior algo que se expandía y contraía con intensidad. Abrió y cerró los ojos.

Se quitó las gafas de sol, y se frotó los párpados con los dedos. Desabrochó su cinturón de seguridad para bajarse. Iría a la tienda, y mientras la mujer salía del parqueadero quizá él podría echarle un vistazo más de cerca.

Tahír prácticamente dio un brinco en la acerca cuando, una vez que hubo cerrado la puerta del Bugatti, vio con estupor que el Jeep azul en lugar de ir hacia delante, retrocedía con un contumaz impulso y se precipitaba contra su Bugatti. El príncipe maldijo en voz alta. ¿Cómo podía alguien conducir tan mal como para chocar en una zona despejada, con pleno espacio y con el sol radiante iluminando todos los sitios? Todo un misterio o la mujer era una novata aficionada.

Si algo había aprendido era que nadie pasaba por su vida causando estragos sin recibir una buena regañina. Y pensaba dársela a esa mujer.

# CAPÍTULO 4

—¿Qué demonios cree que hace? —le preguntó el desconocido.

Bea se quedó por un instante sin nada que decir. El hombre le causó un extraño escalofrío en la piel. Sentía como si lo hubiera visto antes, en algún sitio. Pero eso no era posible. Se masajeó las sienes tratando de calmar el súbito dolor de cabeza que empezó a atormentarla; se sintió ansiosa porque era el tipo de dolor que solía ser la antesala de una premonición. Aquello no le sucedía desde hacía varios años.

Cerró los ojos.

Esperó a que su cuerpo empezara a sentirse cansado. Esperó a que la necesidad de recostarse fuese tan intensa que apenas pudiera ver nada alrededor. El dolor de cabeza permaneció, y ninguna premonición llegó hasta ella durante los segundos en que mantuvo los ojos cerrados.

—¿Está sorda? —volvió a insistir el hombre.

Ella abrió los párpados y lo observó concienzudamente en esta ocasión.

Él estaba cruzado de brazos. Unos brazos muy fuertes, notó Bea sin poder evitarlo. Tampoco pudo dejar de fijarse en que llevaba pantalones blancos y que estos se ajustaban a unas piernas poderosas; vestía una camisa con tres botones sueltos en la parte superior y le armaba como un guante; se había remangado las mangas de la camisa celeste hasta el codo. Los mocasines deportivos, con una costosa insignia de la marca a la que pertenecía en la punta del calzado, iban a juego con la camisa. Llevaba el cabello oscuro peinado hacia atrás, y el mentón estaba salpicado por una barba que parecía no haber sido afeitada desde hacía tres días.

—¿Terminó de inspeccionar mi atuendo? ¿Es de su agrado? —preguntó en tono burlón sin descruzar los brazos.

—Yo... —murmuró ella a duras penas recuperando la compostura.

Era la primera vez que sentía una suerte de burbujeante emoción, y aquello carecía de sentido. ¡Acababa de chocar un Bugatti! ¿Con qué dinero iba a pagar lo que costaba arreglar el mega rayón de ese modelo de automóvil?

Tahír acortó la distancia entre ambos en pocos pasos. Una brisa ligera llevó hasta Beatriz el aroma masculino, un perfume caro y exótico, que llenó sus sentidos.

—Parece que solo sabe decir monosílabos, señorita —dijo inclinando la cabeza ligeramente hacia un lado—. Tendrá que aprender a hablar con más fluidez porque tiene que explicar el daño ocasionado.

—Lo siento, de verdad —murmuró cuando su cerebro pareció tener compasión de ella y empezó a funcionar. Observó que no solo se trataba de un rayón, sino que había hundido la esquina delantera en donde se alojaba el faro izquierdo—. Ay, Dios, de verdad. Qué pena. Es la primera vez que...

—¿Conduce? Ya lo creo que sí.

En ese instante aparecieron dos hombres fornidos y se acercaron con intención de rodearla. Un gesto casi imperceptible del dueño del Bugatti los detuvo.

—Es inofensiva. Salvo por su falta de talento frente al volante —dijo mirándola a ella—. No pasa nada.

—Pero...—empezó a objetar Sufyan, aunque de inmediato cambió de opinión— como quieras. Por cierto, iba en serio lo de la primera mujer guapa, eh.

—Venga, Sufyan, no lo provoques que luego no podemos irnos de juerga en la noche —dijo Mawaj con una sonrisa ignorando por completo a Tahír, quien les dedicó una mirada furiosa antes de volver su atención a la preciosa conductora.

—Imagino que es usted una persona con mucho dinero —susurró Bea con alivio al ver que esos intimidantes hombres se habían retirado—. Tengo un pequeño negocio, pero no me puedo permitir un Bugatti —intentó sonreír, pero falló estrepitosamente— en todo caso, ¿me puede dar su nombre y datos comerciales? Le aseguro que le iré pagando poco a poco lo que sea que cueste enmendar el daño de su automóvil. Mi empresa tiene un abogado externo, eso sí, por lo que puedo contactarlo con los suyos para limar asperezas —dijo con nerviosismo.

—¿No me reconoce? —preguntó él frunciendo el ceño.

Ella soltó un bufido.

—Si es una estrella de cine, lo dudo. Me gusta un montón Henry Cavill y usted no se le parece ni por asomo; para mí esa es la única celebridad que… —soltó un suspiro, ¿qué le importaba a ese hombre sus fantasías con Henry? —Si es usted modelo o alguna cosa, pues tendrá que iluminarme al respecto porque mi tiempo está dividido entre trabajar y tratar de tener una vida.

—Y además habla por cuatro —musitó Tahír.

Bea se encogió de hombros.

—Si usted lo dice. —No era novedad. Ella ya sabía que ese era uno de sus principales "atributos" cuando se ponía nerviosa. Hablaba más de la cuenta.

—Soy Tahír —dijo. La idea de que no lo hubiera reconocido era alentadora. O quizá estaba mintiéndole. Iba a probar lo que decía de algún modo. Todas las mujeres sabían perfectamente quién era él, y conocían los millones que poseía su familia, las propiedades y yates de los que podía hacer uso cuando deseara—. ¿Y usted es…?

—Beatriz Fisher, pero mis amigos me dicen Bea.

—No somos amigos, así que la llamaré Beatriz.

«Gruñón.»

—Claro… —Bea sacó del bolsillo trasero de su pantalón el recibo de la panadería— ¿me puede dar sus datos?

Él la miró de arriba abajo. De cerca era todavía más guapa. Tenía algunas pecas en la nariz esparcidas de forma adorable, y sus ojos parecían tener unas motitas verdes. Era imposible no reparar en la boca provocativa, sonrosada, y que parecía clamar ser poseída. Por él. Beatriz exudaba una sutil sensualidad, y el príncipe deseó poder acercarse y probar esa boca.

Parecía que el depredador que existía en él hubiese sido de pronto despertado con más brío que nunca. Deseó experimentar la sensación de esos labios generosos alrededor de su miembro, probándolo, tocándolo íntimamente… Se preguntaba si acaso sería ella una amante cauta o aventurera.

—Haré algo mejor —dijo Tahír aclarándose la garganta. Le iba a decir que olvidara el asunto, porque no quería líos. El susto que al parecer le había provocado a ella la idea de pagar la reparación, que de seguro sería alta para alguien que decía tener un negocio modesto, lo consideraba suficiente para que tomara conciencia.

—¿Sí? —preguntó esperanzada ante la idea de que quizá no era tan desalmado—. ¿Me dará su tarjeta de presentación? Así me ahorro la vergüenza de ir a pedirle un bolígrafo a la dependienta, con todo el revuelto que…

—Cene conmigo esta noche —pidió Tahír sorprendiéndose a sí mismo.

—¿Qué?

—Cenar. Comer. ¿No come acaso?

Ella abrió y cerró la boca. Lo quedó mirando. Los ojos verdes de Tahír eran luminosos y contrarrestaban la evidente tozudez de su dueño, así como la palpable tendencia a ser demasiado serio. Aunque, viéndolo bien, ella tampoco se hubiera sentido particularmente alegre con alguien que hubiese abollado su automóvil.

—Creo que el golpe le afectó a usted más que a mí.

—¿Ese es un sí o un no, Beatriz?

Bea sintió un cosquilleo en la piel por el modo en que él pronunció su nombre. Tenía un acento cuyo origen no podía descifrar, sonaba exótico, sensual. Como el ronroneo de un tigre listo para conseguir sus deseos.

No le resultaría nada raro que él le pidiese pagar una cena absurdamente costosa como reparación… Y con lo caro que era todo en Port Douglas, lo más probable era que ella se quedase bastante corta de dinero. Una cena de lujo era algo que no se podía permitir con frecuencia, pero eso era mejor que lo que costaría reparar el Bugatti. Sí. Esa comida podría costar muchísimo.

—Claro. Creo que puedo costearle una excelente cena en algún sitio de lujo que desee con su novia o su esposa —sonrió con timidez. El dolor de cabeza no remitía. Extrañó más que nunca los tés especiales que solía tener en su casa de Melbourne y que preparaba su madre para el dolor de cabeza—. De hecho, acabo de empezar en este nuevo proyecto, y bueno, sí que preferiré pagarle en cuotas, y claro que lo haré, pero en este momento…

—¡No estoy pidiéndole que me pague una maldita cena, Beatriz! Ni que haga de auspiciante de una cita con una mujer, demonios —exclamó Tahír molesto por la interpretación errónea. La mujer hablaba por los codos cuando le daban vía libre—. Le estoy pidiendo que cene *usted* conmigo. Y si resulta una buena compañía, quizá piense en olvidar este desperfecto en el Bugatti.

—¿Esa es una demostración de su "encanto" de cómo suele ligar con una mujer? —preguntó ella cruzándose de brazos y ajena a la mirada interesada de Tahír por sus atributos físicos que acababa de realzar, sin darse cuenta, en exclusiva para él—. Porque se ve a kilómetros que —se señaló a sí misma y luego a Tahír— usted y yo no tenemos los mismos gustos.

Él esbozó una media sonrisa, y Beatriz procuró no apretar las piernas debido al súbito calorcito que se anidó en su parte más privada.

—Hay muchas maneras de conquistar a una mujer, Beatriz, pero hoy solo quiero que me acompañe a cenar.

Ella estaba segura de que se había sonrojado. La voz de Tahír era un pecado en sí misma, baja y ronca. Tenía la tonalidad perfecta para invitarla a pensar en sábanas de seda negra, cuerpos desnudos y enredados en posiciones ardientes. Su imaginación sobrepasaba a la práctica, sin duda.

—Si esa es la forma que considera que paga este incidente…

—He dicho que, si es que resulta usted una agradable compañía, lo consideraré.

—¿Y qué parámetros utilizará? ¿Las porciones de comida? ¿Cuántos dulces soy capaz de comerme? ¿Si acaso no sueno la boca? ¿O…?

Él elevó una mano, con su habitual gesto mayestático con el que pedía silencio, y ella cerró la boca.

—Cene conmigo y lo averiguará.

—Yo…

—¿Sí o no? Elija entre la cuenta de reparación del Bugatti o una cena que podría evitarle una cuenta abultada del mecánico.

—Yo…

Beatriz no se veía a sí misma cenando con él. La ponía nerviosa. Necesitaba apartarse, pero tenía que prevalecer su sentido de supervivencia económica. Luego analizaría el porqué de las emociones tan sorpresivas que salían a la superficie con Tahír delante.

—¿Volvemos a los monosílabos? —preguntó él, enarcando una ceja.

Ella lo miró con renuencia.

—No es que me dé precisamente las mejores opciones, pero de los males, el menos dañino —suspiró— de acuerdo, cenaré con usted. —Le dictó la dirección, y Tahír tomó nota en el teléfono—. A las ocho, porque antes estoy terminando mi jornada de trabajo...

A él nadie le decía la hora o el sitio en que debía reunirse. Al contrario, los horarios e imposiciones siempre corrían por su lado. Pero como Beatriz ignoraba su estatus real, o lo fingía muy bien, lo dejó pasar.

—Hasta la noche, Beatriz.

\*\*\*

Su primera cita en... ¿cinco años?

No, no era una cita. Se trataba de una reparación de daños. Bajó las escaleras de la mansión que era su hogar hasta que terminara el trabajo para los Creekon.

Esa noche había optado por un vestido sin tirantes, blanco con estampados floreados celestes, y un cinturón rojo de hebilla angosta. Llevaba unas sandalias rojas de tiras que hacían lucir su piel blanca. Siempre llevaba su reloj de pulsera y los pendientes de oro en forma de lágrima que su padre le había regalado cuando cumplió quince años. Eran sus pendientes predilectos.

Ese vestido era el único atuendo más o menos elegante que había llevado en su maleta. Siempre tenía ropa «por si acaso», y solía hacerle caso a esa costumbre. Tomó una respiración profunda y recogió su pequeño bolso en el que guardaba el móvil y las llaves. No quería ni pensar en la cuenta de esa noche. El timbre del interfono de la puerta principal que daba paso a la mansión sonó.

—¿Sí?

—Beatriz —dijo la voz grave que ella reconocía con total claridad.

Ella presionó el botón que abría la verja plateada. Toda la parte frontal de los jardines de la casa estaban terminados. Estaba muy emocionada. Había reemplazado unos viejos cactus y flores por unas frondosas veraneras en tono fucsia. El césped estaba recortado y ella había adicionado una pileta grande de dos querubines. También consideró crear un arco de césped que condujese desde la puerta lateral de la casa hasta el gimnasio; una forma de dar más privacidad. Si todo iba tan rápido como había sido hasta ahora, quizá terminaría tres días antes de lo esperado.

Cuando abrió la puerta principal, al segundo timbrazo, Bea se quedó en blanco. Madre mía. Si esa mañana Tahír lucía arrebatadoramente guapo, en esta ocasión parecía salido de un anuncio de fantasías prohibidas.

—Yo... Hola —saludó ella.

La miró con apreciación masculina. En conjunto estaba preciosa. No había artificio, pues apenas llevaba maquillaje. Los labios, que en la mañana estaban sonrosados al natural, ahora estaban pintados de rojo. Tahír se imaginó desnudándola para descubrir cada centímetro de piel. Se preguntaba cómo quedaría el cabello castaño esparcido en su almohada y ella expuesta ante él. Su miembro vibró dentro del pantalón café oscuro que llevaba esa noche.

—Estás muy guapa —le dijo tuteándola—. ¿Vamos? —preguntó con media sonrisa y extendiendo el brazo para que ella lo tomara.

—Gracias... —murmuró, sonrojándose.

Debería haber experimentado alguna suerte de chispazo, pensó Bea. Y por chispazo implicaba algún indicio que le diera pie a saber más sobre él por el simple hecho de haberlo tocado, tal como le solía ocurrir con otras personas. No hizo el intento tampoco de abrirse mentalmente a Tahír. Prefería no tentar su suerte. Ya había tenido suficiente esa mañana sobre sus capacidades como malabarista multifunciones.

Él la guio hasta el automóvil y abrió la puerta del acompañante hasta que Bea estuvo cómodamente sentada. Después, Tahír se dirigió al otro lado del automóvil, y se instaló detrás del volante. El Bugatti era un claro recordatorio para Bea del motivo real por el cual estaban saliendo a cenar esa noche.

—¿Tus guardaespaldas vienen contigo? —le preguntó,

tuteándolo también, ya que era ridículo continuar con el tono tan formal de la mañana.

—Están discretamente a mi alrededor.

Él puso rumbo al número 17 de la Murphy Street. Nautilus Restaurant. Tenía buenas reseñas y su paladar no consideraba probar cualquier tipo de comida. Disfrutaba de los mariscos e iba a aprovechar los excelentes comentarios que había leído del sitio.

—No me dijiste de qué país eres… Tú acento es distinto. No logro ubicarlo —dijo observando el perfil masculino. Las manos elegantes de Tahír estaban sobre el volante y daban ligeros golpecitos al ritmo de la música de fondo. Bea pensó en esos dedos acariciando su piel. El contraste de la piel bronceada con la de ella tan blanca, resultaba exótico y tentador.

Él la miró brevemente. Sonrió.

—Mi país se llama Azhat. Un reino pequeño de Oriente Medio. La ciudad principal es Tobrath.

—Debe ser muy caluroso si es un desierto.

—Si estás habituada al calor de Australia, en Azhat no te sentirías tan diferente.

Ella apretó los dedos que tenía entrelazados entre sí sobre el regazo. Sentía ganas de tocarlo. Acariciar la fuerte barbilla y perderse en las promesas ocultas de aquella mirada de un verde sin igual. Sacudió la cabeza ligeramente.

—¿Por qué necesitas guardaespaldas? —indagó cuando empezaban a bordear el camino que llevaba al restaurante—. Mi país es un sitio muy seguro.

Tahír se quedó en silencio un largo rato hasta que aparcaron. Se quitó el cinturón de seguridad, y ella hizo lo propio. Bea iba a abrir la puerta, pero la firmeza de la mano masculina se posó sobre su muñeca, impidiéndoselo.

Permaneció quieta. El aroma exótico y personal de cada uno se entremezclaba con la marca de perfume que llevaban. Era una combinación envolvente. El aire burbujeaba con primitiva tensión.

—Soy un príncipe.

Ella lo miró un segundo, y luego la risa salió con facilidad de sus labios.

—Pensé que eras un estirado, pero ahora me doy cuenta de que sabes hacer las bromas más graciosas…

—No es una broma —dijo con seriedad, y poco a poco la risa en ella se fue desvaneciendo—. Me llamo Tahír Al-Muhabitti, y soy segundo en la línea de sucesión al trono de mi país.

Sintió la piel arder donde él estaba tocándola. Un agarre firme y suave. Los ojos verdes no tenían ninguna pincelada de duda en ellos. Él estaba diciendo la verdad. «Un príncipe, por todos los cielos. No podía estar más fuera de su elemento.»

—Entonces, ¿no necesitas en realidad decidir si debo o no pagarte el arreglo del Bugatti, verdad? —preguntó con un susurro, conmocionada por la noticia. No es que los príncipes abundaran a su alrededor. Vamos, ni alrededor de los comunes mortales.

Tahír la soltó, muy a su pesar.

—Antes de que chocaras mi automóvil, ya me había fijado en ti —confesó.

La reacción de ella era genuina sobre el desconocimiento de su identidad, notó Tahír. Lo cierto es que quería acostarse con ella. Quemar bajo las sábanas aquella extraña necesidad de tenerla como no le había ocurrido desde… Como no le había ocurrido nunca. Serían solo unos días de diversión, y él volvería a su entorno natural. Se olvidaría de ella como lo hacía con todas las mujeres que conocía. Ninguna era material duradero.

—No sé qué decirte…

—Vamos a cenar, y así me dejas conocer un poco más de ti.

—Y quizá yo conozca más de ti también —murmuró por lo bajo.

Con todas las mujeres que de seguro estaban detrás de él, ¿por qué se fijaba en ella?, pensó Bea. Claro, no iba a preguntárselo a Tahír porque aquello implicaría que necesitaba reafirmar su atractivo con el sexo opuesto, y tenía una autoestima bastante saludable como para caer en esa tontería.

Para llegar hasta el restaurante había que caminar desde el parqueadero hasta un pequeño sendero bordeado de altos árboles. Lo recorrieron en silencio.

Una vez que estuvieron en el local, los recibieron con diligencia, y les dieron una mesa central. Para sorpresa de Beatriz el restaurante estaba vacío. Con el rabillo del ojo notó que dos hombres, suponía que los mismos que estuvieron en la mañana a punto de increparla, estaban hablando con un pequeño grupo de personas. No cualquier tipo de personas, sino personal del lugar.

—¿Es así siempre? —le preguntó ella. No necesitaba explicarle a qué se refería.

Tahír se relajó contra el respaldo de la silla de mimbre. Era cómoda y acolchada. Además de la buena cocina, Sufyan y Mawaj le dijeron que el Nautilus Restaurant era discreto y mantener su seguridad sería más ágil que si iban a la Macrossan Street, la arteria más concurrida de Port Douglas con varios restaurantes y boutiques.

—Generalmente. Los dos guardaespaldas en realidad son mis mejores amigos —comentó mientras el sumiller servía un exquisito vino francés de 2007, Château Malescot St. Exupéry—. ¿Prefieres otro tipo de vino o algo diferente para beber, Beatriz? —preguntó Tahír.

Ella negó.

—El vino rojo está bien por mí, gracias —dijo mirando al sumiller.

El sumiller asintió, y luego de servirle se apartó dejándolos solos.

—Imaginaba que un príncipe tendría toda una comitiva a su disposición —comentó girando el contenido dentro de su copa.

—La tengo —comentó él con una sonrisa—. En este

momento estoy de vacaciones. No necesito tanto personal. Me sé cuidar solo.

«Apuesto a que sí.»

—¿Por qué elegiste Port Douglas?

Tahír esbozó una sonrisa. Tenía una dentadura perfecta. Por un segundo Bea se fijó con intensidad en esa boca sensual. Él pareció notarlo, pero no dijo nada.

—Estoy cerca de la Gran Barrera de Coral. Un destino interesante e imperdible. Hace tiempo estoy interesado en conocerla. Y tú, ¿desde hace cuánto vives aquí?

A medida que continuaba dando sorbitos a la copa de vino, Bea empezaba a relajarse. La tensión que la había invadido desde la mañana fue desapareciendo. Quizá tenía que ver con el sonido del mar a lo lejos, la voz cautivadora de Tahír y, claro, para qué negarlo, la virilidad tan potente que irradiaba.

—Soy de Melbourne. El sitio en el que me recogiste esta noche es la mansión en la cual trabajo…

—¿Eres ama de llaves? —indagó con curiosidad, pero no alteró su tono de voz.

Bea dejó escapar una suave risa. Fue música para los oídos de Tahír, y le sonrió de regreso. Le gustaba lo poco que empezaba a ver en esa mujer. A ratos la notaba tímida, y luego podía ponerse seria o incluso reír de repente.

—Soy ingeniera agrónoma, y tengo una especialidad en diseño de jardines. Los dueños de casa me contrataron para un proyecto. Lo tengo que entregar dentro de los próximos días.

—Comprendo —sonrió—. Entonces, ¿no tienes compromisos? ¿Un novio quizá interesado en visitarte? —le preguntó haciéndole un gesto al mesero para que se acercara y pudiesen ordenar.

Ella pidió el plato clásico de la casa, una especialidad de trucha de coral cuya receta remontaba al año 1980. Tahír pidió un menú de degustación de cinco platos con sus respectivos vinos.

—Lo único que me interesa ahora es mi carrera —le dijo

con simpleza.

Todavía palpitaba en ella la necesidad de llamar a Ordella. Quizá el dolor de cabeza había remitido horas atrás, pero su corazón bombeaba como si hubiese corrido una carrera. Tahír daba respuestas herméticas. Y a pesar de esa certeza, ella se encontraba esa noche dispuesta a contarle todo lo que quisiera saber. Como si fuese importante ganarse su confianza. ¡Qué tontería más grande!

—Todos tenemos momentos dedicados al placer, Beatriz —comentó mirándola con el fuego ardiendo en sus ojos de pestañas tupidas—. Es saludable.

—Puedes llamarme Bea, en lugar de Beatriz. Mi nombre completo lo usan mis padres cuando están enfadados conmigo —dijo tratando de sonar casual. La forma en que la observaba la ponía inquieta. Se removió en el asiento.

—Dijiste que tus amigos te llamaban con ese diminutivo, y yo te dejé claro que no somos amigos…—expresó con media sonrisa—. Pero puedo llamarte así en otra circunstancia, por supuesto.

Muy a pesar de que sabía que no era prudente morder el anzuelo, ella se encontró presionando sus propios límites.

—¿Cuál sería esa circunstancia? —preguntó con voz queda.

—Cuando seamos amantes.

—Vaya… —dijo Beatriz tratando de contener las ganas de mandarlo al infierno. No le iba a dar la satisfacción de reaccionar ante él. No se lo merecía, y no iba a perder su tiempo. Colocó el tenedor en el plato y se inclinó hacia un lado, apoyando el peso de su cuerpo en el brazo izquierdo, y lo miró—. ¿Ninguna mujer te ha dicho que «no», verdad…?

# CAPÍTULO 5

Tahír estaba muy seguro de sí mismo como hombre. Tenía que ver mucho más allá del dinero y su estatus. Sabía que era guapo y también que era bueno, muy bueno, en la cama. Así que no, jamás le habían dicho que «no».

—No han tenido motivos para hacerlo.

Bea hizo una negación con la cabeza, decepcionada, luego dejó escapar una risa irónica. Tomó la servilleta de papel que yacía en su regazo y la dejó a un lado de la copa de vino sin terminar.

—Dame un momento. Iré al aseo de damas.

Él frunció el ceño, pero se incorporó al tiempo que ella lo hacía.

—Claro.

Mientras esperaba, Tahír reconsideró lo que acababa de decirle a Beatriz.

Solía ser muy confiado sobre lo que él deseaba y quería. Lo habían criado de ese modo. Aunque él había obtenido su reputación como buen estratega en seguridad a pulso, y no por ser un príncipe, lo cierto es que debía aceptar que acababa de actuar como un patán. Algo en esa mujer parecía desequilibrarlo y aquello le molestaba. No se justificaba el dar por sentado que ella se quisiera acostar con él.

Todo había ido perfectamente si no hubiera abierto su bocaza sobre lo que su miembro pedía a gritos, porque Beatriz lo excitaba y no podía parar de imaginársela desnuda en su cama. La química entre ambos era palpable; la veía en la forma en que los ojos cafés de Beatriz lo estudiaban, y en cómo sus mejillas se sonrojaban.

Podía ser mujeriego o descarado, pero jamás faltaba el respeto a las mujeres. Así que, aunque no era su estilo disculparse, lo haría.

Pasaron varios minutos más, y Beatriz no regresaba.

«Ninguna mujer se tardaba quince minutos en el lavabo a menos que le sucediera algo.» Tahír se apartó de la mesa y fue a buscarla.

—¿Dónde queda el aseo de damas? —preguntó al hombre detrás del counter.

El cajero había visto a la joven que estaba con el príncipe. Los empleados de todo el restaurante tenían prohibido dar información sobre Tahír.

—Alteza, ¿está buscando a la señorita que llegó con usted?

—Sí.

—Lo siento, pero acaba de marcharse hace diez minutos.

Tahír abrió y cerró la boca. Desconcertado por completo.

—¿Qué dice? ¿Cómo que se marchó? No la vi pasar en ningún momento —dijo pensando en que todo el tiempo había estado pendiente de que ella volviera. De hecho, mentalmente tenía calculado lo que podía decirle a modo de disculpas.

El hombre se aclaró la garganta, evidentemente incómodo, y esbozó una sonrisa amable. No es que enfadar a un príncipe le resultara agradable.

—El restaurante tiene dos salidas, alteza. La principal —señaló el sitio— y una de emergencia. Ella me preguntó por esta última, no vi ningún motivo para ignorar la petición. Lo lamento.

—No es su culpa. Aquí tiene —dijo Tahír extendiéndole la tarjeta de crédito.

El pelirrojo de ojos celeste le mostró una sonrisa apenada. De nuevo.

—Ehhh, me temo, alteza, que no puedo cobrar dos veces. La señorita, antes de salir, canceló la cuenta. Parecía estar apurada y no pensé que fuese ningún problema. De hecho, insistió.

«¿Qué rayos?», pensó Tahír, cada vez más enojado.

—¿Y no se le ocurrió pensar que es de mal gusto que una mujer pague la cena en una cita?

El cajero se quedó sin palabras. ¿Acaso no era lo normal que la mujer pagara al igual que también lo hacía el hombre?, pensó. O al menos lo era en Australia. Se dispuso a responder.

—Alteza...

—Caballerosidad, señor. *Caballerosidad.*

—Lo lamento, de verdad...

—Deje de disculparse —dijo de mal humor.

La paciencia de Tahír se agotó.

Sin mediar otra palabra salió, como si lo persiguieran mil demonios, hacia el parqueadero. Sufyan y Mawaj se miraron intrigados al verlo pasar, lo siguieron.

—¿Qué ocurre? —preguntó Mawaj una vez que llegaron al parqueadero. Con la mano en el bolsillo bajo su chaqueta de lino. Llevaba una 9mm.

—Me dejó plantado. Tomó su bolsa. Se fue hacia el lavabo de señoras, y luego simplemente agarró la salida de emergencia del restaurante y se fue. ¡Se fue! —dijo con asombro en su voz.

—Ups —murmuró Sufyan, mientras Mawaj guardaba el arma—. ¿Se supone que debíamos de vigilarla?

—No —interrumpió Tahír. Ellos estaban por él, no por ella, y tampoco es que les hubiera pedido algún tipo de seguridad especial. La culpa era suya.

—Habrá tomado un taxi —expresó Mawaj con las manos en los bolsillos.

—Tengo que arreglar este asunto —dijo el príncipe.

—No creo que... —empezó Sufyan.

—Tengo el mismo entrenamiento que ustedes. Los únicos que conocen en dónde estoy son mi padre, mis hermanos y Karim. Estaré bien.

—Tienes el botón de emergencia activado en el teléfono, y aún así no sería suficiente en caso de una necesidad, amigo —dijo Sufyan—. No podemos dejarte solo aunque quieras, ya lo sabes, nos acusarían de negligencia.

—¡Es una orden real!

Suyan soltó una carcajada. Sabía que Tahír estaba frustrado. Aquello era muy curioso porque generalmente tenía los nervios templados, y rara vez dejaba escapar sus verdaderas emociones. Era la primera vez que una mujer desairaba a su amigo.

—Tenemos órdenes del rey de no perderte de vista. ¿A quién crees que vamos a obedecer? Los que perdemos somos nosotros, no tú —replicó.

—Resuelve lo que tengas que resolver que nosotros nos encargamos de cuidarte las espaldas, aunque no lo necesites —comentó Mawaj en su habitual tono conciliador—. Nos mantendremos alrededor con discreción.

Tahír se pasó los dedos entre los cabellos. Tenían razón.

—De acuerdo, muchachos… De acuerdo.

Sacó las llaves del Bugatti y abrió la puerta del automóvil. No había tenido tiempo de ir al concesionario para cambiarlo.

***

No le importaba el monto que su tarjeta de crédito iba a reflejar a fin de mes por el consumo en el restaurante. Lo mejor que pudo hacer fue abandonar a Tahír, aunque sintió pesar por la exquisita comida que había empezado a disfrutar y tuvo que dejar de lado.

Lanzó las sandalias a un lado y fue hasta el baño para cepillarse los dientes. Al terminar dejó el vestido detrás de la puerta del baño. Fue hasta la cajonera que estaba junto a la ventana y sacó un short celeste con una blusa de algodón color negro.

Solía dormir con un vaso de agua junto al velador, así que bajó las escaleras, descalza, hasta la cocina principal. Odiaba merodear por la casa en plena madrugada.

Mientras caminaba se preguntó cómo se atrevía Tahír a hacer una suposición semejante sobre ella. ¿Acaso pensaba que era igual que todas las mujeres con las que salía y que iba a caer rendida a sus pies?

Ahora que sabía su procedencia y su apellido, no tendría ningún problema en pedirle a Dexter que le prestara los servicios de su investigador privado para hacerle llegar los pagos mensuales —tendría ella misma que hacer una cotización en un taller automotriz— de lo que costaría reparar el daño del Bugatti. Aunque si se ponía exquisita y quisquillosa con los detalles, después de la grosería que acababa de soltarle él, pues se tenía merecida la abolladura del automóvil.

Sí. Asunto resuelto. No iba a pagarle nada. Deuda saldada.

Sirvió el vaso de agua, y bebió varios sorbos. Volvió a llenarlo. Apagó la luz de la cocina, y empezó a subir las escaleras de regreso a su habitación. Acababa de dejar el vaso sobre la mesita de noche cuando escuchó sonar su teléfono.

Vio el identificador de llamadas. Su madre.

—Hola, Ordella —dijo con una sonrisa. Su madre conseguía siempre hacerla sonreír—. Ya extrañaba que me llamaras.

—Acabamos de regresar de Sídney con tu padre. Dice que te echa de menos, y claro, yo también, tesoro.

—Yo a ustedes, ¿todo fue bien con la tía Elvira?

—Sí, claro. Ya sabes que tu tía es un poquito melodramática, así que tu padre extendió varios días la visita. En todo caso, ¿cómo va todo por Queensland?

—Sueles tener un timing excelente para encontrarme —dijo Bea riéndose.

La tía Elvira era hipocondríaca. Solía llamar a su padre cada tanto diciéndole que estaba desahuciada o que ese día creía que moriría y quería despedirse. Así que sus padres tomaban el primer vuelo disponible de Melbourne a Sídney para irla a visitar, pues eran conscientes de que tía Elvira necesitaba ver de vez en cuando a su único hermano.

—Son solo facultades especiales.

Ambas dejaron escapar una risa. Y eso dejó libre a Bea de cualquier enfado.

—Lo cierto es que iba a llamarte. Quería hacerte una consulta.

—Eso es novedoso, por lo general no te gustan mis predicciones.

—No se trata de eso —dijo con una sonrisa mientras se acostaba sobre su espalda, el colchón era muy suave y confortable—. Hoy me ocurrió algo extraño.

Le habló del choque, el dolor de cabeza repentino. La súbita ansiedad y excesiva inquietud. La sensación de conocer a Tahír desde siempre. Le contó sobre las ganas irrefrenables de acercarse y alejarse de él en una contradicción que la había dejado estresada luego del encuentro. Posteriormente le habló sobre la cena. Estuvo divagando durante unos cinco minutos más con su madre, mientras esta la escuchaba atentamente.

—Mmm…—dijo Ordella cuando su hija terminó de hablar.

—¿Eso es habitual? Hace tanto tiempo de la última premonición que tuve, pero recuerdo muy bien que ninguno de los síntomas que me ocurrieron hoy los tuve con otras personas. Incluso con Dexter, todo fue muy diferente.

A los padres de Beatriz les gustaba Dex, y el aprecio era mutuo. En el caso de Surka, su amiga disfrutaba escuchando todas las predicciones de Ordella, y además de su puesto como enfermera poseía una titulación en astrología; podía pasar horas conversando y entremezclando la ciencia de los astros con los arquetipos del Tarot cada que visitaba a Ordella.

—No, no es habitual. Solo ocurre una vez en la vida en la rama síquica femenina de nuestra familia.

—Creo que no quiero saber…—susurró.

—Le ocurrió a tu tatarabuela, a tu bisabuela, a tu abuela, y a mí. Estoy segura que si buscas el árbol genealógico y su historia las predecesoras también formaron parte de esa línea con capacidades extrasensoriales —continuó sin hacerle caso al comentario de su única hija.

—¿En qué circunstancia? —preguntó Bea sosteniendo con fuerza el teléfono.

—El día en que conocimos al hombre que iba a marcar nuestro destino para siempre. Una vez que entra en nuestra vida, nada vuelve a ser igual. ¿Recuerdas el papel que te pedí que depositaras en la caja con la estrellita dorada en la que guardabas los sueños cuando eras pequeña?

—Sí…

—Lo que tenga que suceder, sucederá de una u otra forma. A veces tratamos de cambiar la dirección de nuestro destino, pero cuando algo está dispuesto para ocurrir de un modo, pues todos los caminos nos llevan hacia ello.

Beatriz se pasó la mano entre los cabellos, frustrada.

—¡Tahír es un príncipe! Y es tan presumido que lo último que puede enseñarme él es amar otra cosa que no sea su propio ego. Dios.

Ordella rio.

—No importa cuál es la envoltura o el título, pequeña. Solo es cuestión de tiempo para que las piezas empiecen a encajar. Como en un rompecabezas. Indistintamente de cuánto lo postergues o lo que hagas para poner espacio entre ambos, lo que está escrito, sucederá.

—Vive en un país lejano… —empezó, y se dio cuenta de que estaba repitiendo la predicción que le hizo madre cuando solo tenía ocho años de edad. Soltó un quejido de frustración.

—Así viene dictado tu destino del corazón, Bea, tal como te dije aquella tarde. Tahír es el hombre que va a cambiar tu vida, y tú cambiarás la suya.

Bea iba a argumentar algo más, pero el timbre de la entrada principal sonó.

—Mamá, tengo que dejarte. Alguien está llamando. Creo

que por primera vez te vas a equivocar. Mi destino lo marcaré yo.

Ordella suspiró desde su cómoda posición en la mecedora de madera.

—Bea, siempre eres tan testaruda —dijo con afecto—. Te espero para cenar una de estas noches con tu padre. Disfruta Queensland.

—Seguro que sí —dijo con la incertidumbre vibrando en su alma—. Te quiero. Saludos a papá.

—Nosotros te queremos a ti. Besos, cariño.

Dejó el teléfono a un lado.

El taxi la había dejado al pie de la puerta cuando llegó, así que… Diablos. Olvidó cerrar la verja que daba paso al camino de gravilla de la entrada. Lo que estaba sonando era la puerta principal de la mansión y no el interfono.

Menos mal vivía en un país muy seguro. Bajó las escaleras con rapidez.

Abrió la puerta y se encontró con Tahír.

—Primero pensé que podría ir a la policía para decir que un extraterrestre pudo haberte abducido. Después lo reconsideré, ¿qué extraterrestre querría llevarse a una mujer tan peculiar?

—Qué encantador tu comentario.

Él tenía las dos manos apoyadas una a cada lado del marco de la puerta, y la observaba con una mezcla de furia y desconcierto.

Ante las palabras tan presumidas de Tahír, lo que menos Bea hubiera esperado es que fuera a buscarla. ¿No tendría acaso una horda de mujeres esperando por él? «Orgullo herido. Por eso estaba ahí», se dijo.

—¿Puedo pasar? —indagó con una sonrisa devastadoramente sexy—. Después de desperdiciar tan deliciosa cena, al menos podrías invitarme un café.

Las piernas de Bea parecían de pronto demasiado frágiles y al ver esa boca, inconscientemente, se humedeció los labios. Menos mal el hombre no tenía la misma capacidad suya para leer la mente. La idea de tratar de penetrar los pensamientos de Tahír era tentadora, pero no iba a hacerlo. Claro que no.

—La cena la pagué yo —dijo— así que, después de tu ameno comentario sobre los motivos por los cuales me llamarías "Bea" en lugar de "Beatriz", considero que no te debo nada.

—Sobre la cena hablaremos después… Y, por supuesto, el tema de mi automóvil está olvidado —acordó—. Entonces, ¿me piensas tener aquí de pie el resto de la noche o vas a tener la cortesía de invitarme a pasar?

Así que olvidado, ¿eh? De acuerdo. Un café y luego lo mandaría con viento fresco para que siguiera disfrutando las vacaciones.

—Los australianos tenemos fama de ser muy amables —dijo dándose la vuelta y dejándolo con la puerta abierta. Un indicio claro de que podía pasar, pero no porque a ella le agradase demasiado la idea.

Tahír no solía ir tras ninguna mujer. Siempre ocurría lo contrario. Encontrarse en un escenario como este, le parecía por completo inaudito. No se sentía en su elemento, pero su conciencia —que raras veces aparecía en el panorama— le decía que estaba haciendo lo correcto.

Siguió a Beatriz, y su mirada se posó en el tentador trasero, así como en la forma en que las curvilíneas caderas se movían al caminar. Se imaginó quitándole ese short y descubriendo sus espacios erógenos. Tocando su sexo húmedo y penetrando en su cuerpo. «Joder, ya empezaba a sentir su erección creciendo contra el pantalón».

—¿Cómo prefieres el café? —preguntó ella, indiferente ante la idea de que la viera sin maquillaje y sin zapatos. Si se espantaba y se iba pronto, pues mejor. Lo cierto es que no sabía cómo lidiar con un hombre como ese. Tahír parecía una fuerza de la naturaleza controlada con mano de hierro, al mismo tiempo poderosa e impregnada de una potencia fiera. El panorama de esa impresión la perturbaba, aunque también la excitaba a partes iguales.

Tahír se sentó en un taburete en el mesón mármol que estaba en el centro de la estancia recubierta de madera y modernos electrodomésticos. Era evidente que el dueño poseía una gran visión del diseño de interiores o bien, sabía contratar a los profesionales adecuados. Sintió curiosidad por conocer los trabajos que ya había realizado Beatriz.

—Fuerte y sin azúcar.

«Debí imaginarlo.»

—De acuerdo.

Preparó el recipiente con el café para filtrar y lo puso en la cafetera. Si se quedaba dándole la espalda parecería ridícula, y tampoco es que fuese ingenua para no sentir la mirada de tupidas pestañas en su trasero. Se giró y avanzó hasta acomodarse en las sillas altas color caoba y de respaldo bajo.

—Te debo una disculpa —empezó Tahír.

—¿Ah, si…?

Tahír rio.

—No me la vas a poner fácil, ¿verdad?

Ella se encogió de hombros a modo de contestación.

—Me comporté como un patán asumiendo que querrías acostarte conmigo. Siento si eso te ofendió. Ninguna mujer antes…

—Te había negado algo, y solo aceptaba lo que le decías porque les interesaba lo que podías ofrecerle. ¿Eso?

Tahír la quedó mirando tres largos segundos. Nadie solía tener las agallas para hablarle como ella estaba haciéndolo. Se sentía como una refrescante mañana después de haber estado atrapado entre las arenas del desierto. Sabía que la idea de que ella lo hubiese desafiado incrementaba sus ganas de seducirla, pero no estaba seguro de que eso fuera todo. Tal vez todo radicaba en ser un asunto novedoso, nada más.

—Tú lo has dicho. Sin embargo, no voy a mentir y decirte que no te deseo. Lo hago. Tengo fantasías sobre cómo sería besarte y hacerte mía. —Beatriz lo miró con los ojos abiertos de par en par—. ¿Tú también me deseas?

Bea escuchó la cafetera sonar. «Justo a tiempo.» Se apartó de la silla, y fue hasta el mesón que estaba bajo los anaqueles y sirvió una taza humeante. Ella no quería beber nada. Regresó y dejó la taza frente a Tahír, antes de volver a sentarse.

—No sé para qué crees que te serviría esa respuesta.

—Para saber que estamos en la misma página.

—Bueno, príncipe Tahír, no estamos en la misma página. Tú volverás a tu país en unos días y yo a mi realidad. Y no me acuesto con extraños.

«Ni me he acostado con nadie», le hubiera querido decir. Seguro se burlaría de ella cuando supiera que era virgen y huiría como la peste. Era más que evidente que él tenía una larga carrera bajo las sábanas con las mujeres y creía que ella podría asemejar sus habilidades.

Él inclinó la cabeza hacia un lado. Bebió con calma del café. Estaba delicioso, aunque nunca como el café que servían en su natal Azhat.

—Comprendo —dijo con voz sedosa—. Me quedaré varios días en los alrededores, como ya te comenté, entonces, ¿aceptarías salir conmigo mañana? Quizá si me conocieras un poco más, y dejaría de parecerte un extraño.

—¿Por qué crees que yo estaría interesada en compartir mi tiempo contigo?

—Creo que podríamos llevarnos bien —replicó Tahír, sin inmutarse por el tono cortante de Beatriz.

Ella soltó un bufido.

—Tengo que trabajar. No tengo tiempo para flirtear ni salir. Ya no te debo nada, según tus propias palabras hace un rato.

—Antes de llegar aquí hice que cancelen tu pago y te reembolsen el dinero de la cena. Así que, en teoría, la cena la pagué yo. Como debe ser.

—¡No harás tal cosa! No quiero deberte nada.

—No lo haces. Solo quería dejar claro. Jamás una mujer va a pagar una cena mientras esté conmigo.

—Esa es una actitud machista. Las mujeres podemos costear la comida, las salidas, lo que queramos. ¡Para eso somos independientes!

—No se trata de independencia —dijo con voz firme—. Ignoro la clase de hombres con las que has salido —ni quería imaginárselo por algún raro motivo— pero en este caso, para mí al menos, es un acto de caballerosidad.

—Rehúso discutir al respecto.

Él se incorporó y Beatriz quiso retroceder, pero eso solo daría pie a que pensara que era una cobarde. No lo era, claro que no.

—Beatriz —dijo rodeando el mesón hasta que quedó frente a ella— no luches contra lo inevitable. Ah, ah, no protestes antes de que termine de hablar. Solo escucha. Tengo muy pocas amigas. Menos que pocas, ninguna. ¿Al menos puedes darme la oportunidad de conocerme un poco mejor, y que yo también te conozca a ti?

«Golpe bajo», pensó Beatriz, mirándolo y aspirando el aroma del café impregnado en el ambiente. Se preguntaba a qué sabría ese delicioso brebaje en la boca de Tahír. «O tienes falta de sueño o el hombre es un quemador de neuronas femeninas.»

—Si te digo que «no», ¿continuarás presentándote aquí cada día que dure tu estancia en Port Douglas y continuarás dándome argumentos tras argumentos?

—Puedes apostarlo.

En un gesto de resignación, ella puso los ojos en blanco, se hizo a un lado. Él no hizo ningún intento por tocarla, ignorando que era Beatriz quien deseaba que esos dedos elegantes y con uñas perfectamente limpias se pusieran en contacto con su piel. Estaba loca. No había otra explicación.

—De acuerdo… Podemos llegar a conocernos mejor… Ser amigos, supongo.

—Entonces quizá pueda llamarte Bea —dijo haciéndole un guiño.

Eso la hizo soltar una carcajada.

—Quizá.

Tahír se sintió triunfante. Le gustaba escucharla reír. Solía siempre preocuparse de sus propias necesidades, aunque en la cama se consideraba un amante generoso. Le gustaba dar placer a sus compañeras de alcoba, pero en el caso de Beatriz sentía un inexplicable cosquilleo ante la idea de estimular en ella otras emociones.

Se inclinó y besó la suave mejilla femenina. Se demoró un poco más de lo debido, pero ella no se apartó. Un buen signo, juzgó Tahír, aunque no iba a tentar la tregua que existía en esos momentos. Iba a ganarse la voluntad de Beatriz, y seducirla hasta saciarse de ella; hasta que en cada orgasmo gritase su nombre.

—Hasta pronto, Beatriz —le dijo acariciándole el suave mentón.

Ella se aclaró la garganta.

—Que descanses —susurró ella.

Sin más, Tahír giró para dirigirse hacia la salida. Segundos después, Bea escuchó el rugir de un motor alejándose.

En medio del silencio de la cocina, Beatriz se encontró deseando algo más que solo el contacto fugaz de la mano cálida de Tahír. De pronto se sentía ávida de probar la sensualidad que veía en su mirada, en hacer realidad las promesas que no ocultaban las gemas verdes, y en las posibilidades de aprender lo que era experimentar el placer en los brazos de un hombre como él. Tahír la llevaba a imaginar sábanas de seda con sus cuerpos desnudos durante una sesión de sexo ardiente, intensa, húmeda….

Él se mostraba frío e indolente ratos, pero la forma en que la había mirado antes de irse no tuvo nada de indiferente. Al contrario. Esos luminosos ojos verdes parecían haber ardido con chispas capaces de consumirla por completo con promesas de algo ardiente y apasionado detrás de una máscara de estoicismo. En sincronía con esos pensamientos sus pezones se pusieron duros, y sus bragas incómodamente mojadas. Solo por pensar en Tahír y sexo al mismo tiempo. Las contradicciones en ese príncipe la descolocaban. Apenas lo acababa de conocer y ya parecía haber conseguido poner su mundo de cabeza.

Beatriz permaneció de pie un largo rato, con la mano apoyada en el mármol del mesón central, antes de decidirse a apagar la luz y subir las escaleras. No sabía exactamente a qué había accedido cuando le dijo a Tahír que podrían conocerse mejor, si acaso había aceptado ser su amiga o su amante después de ser su amiga.

# CAPÍTULO 6

Tahír había salido muy temprano a trotar. El aire yodado de la playa lo ayudó a despejar la mente. La arena bajo sus pies y el viento golpeando su pecho desnudo, al compás de sus movimientos calculados, generó una agradable sensación de bienestar durante los tres kilómetros de ida y regreso.

Mientras desayunaba, Mawaj y Sufyan no comentaron sobre el hecho de que él hubiera regresado tan pronto a la casa la noche anterior. Ellos sabían que si encontraba una mujer que le gustara, Tahír solía quedarse con ella hasta la siguiente mañana y después ya no volvían a mencionar su existencia.

Tahír sabía que sus amigos sentían curiosidad por conocer qué había ocurrido con Beatriz la noche anterior. La verdad es que ni siquiera él tenía definida la respuesta. No podía decir que estaba confuso, porque no era el caso. Lo único que era capaz de aseverar era que esa peculiar mujer había logrado captar su atención por completo y tenía pensado descubrir todos los secretos que pudiese ocultar.

Se encontró deseando conocerlo todo de ella. En la superficie parecía igual que todas las demás de su género, pero él entendía mejor que nadie lo que era construir capas y capas para protegerse, y nadie podía negarle que Beatriz tenía una barrera muy fuerte erigida. Al igual que él. Tahír se consideraba un experto descifrando a otros, pero no podía descifrar a Beatriz. Aquello era un detalle más que agregar al interés que ella había suscitado.

Ahora, recién salido de la ducha y con los músculos relajados después del ejercicio, el príncipe contemplaba cómo el cielo empezaba a teñirse de varios matices de luz. Recordaba siempre que el amanecer era imponente en Oriente Medio, y era también su hora favorita del día por el silencio, la claridad con que su cabeza podía pensar y por la calma que invadía los alrededores. Australia era sobrecogedora, pero él no cambiaba los amaneceres de Azhat.

Se apartó de la ventana y bajó para buscar a sus amigos.

Iba a tener que utilizar otro automóvil durante el tiempo que le quedaba en Port Douglas. Fue con Mawaj a la empresa de renta de vehículos de lujo.

—¿Crees que puedas arreglar el tour para zarpar mañana? —le preguntó Tahír a Sufyan, mientras elegía un Porsche blanco, refiriéndose a sus deseos de ir a la Gran Barrera de Coral.

—Seguro. Hay muchos servicios de tour para hacer inmersiones en los arrecifes.

—Un día completo creo que es idóneo. Dos inmersiones o puede ser bucear solamente. Dependiendo de lo que apetezca en esos momentos.

—Anotado. ¿Y si te ahogas con qué cara vamos a ver al rey? —preguntó Sufyan en tono burlón.

—Pues seguro que te gustará recibir el castigo ancestral que le aplicaban a las personas que hacían brujería —dijo abriendo la puerta del Porsche. Podía llegar a los sesenta kilómetros por hora en tres segundos y medios. Una máquina hermosa.

—¿Latigazos? —indagó Sufyan con una carcajada.

—Lapidación. Qué mala memoria histórica tienes —dijo el príncipe.

—Anoche salí un rato a disfrutar de la vida nocturna del

área —empezó Mawaj ante la mirada de sorpresa de Sufyan y Tahír, porque de los tres era el menos inclinado a disfrutar de las fiestas en solitario, pero al parecer habían estado equivocados todo este tiempo—. Conocí un local muy bueno y lujoso. Las meseras son preciosas... Creo que deberíamos almorzar allí para conocer la gastronomía local.

Se miraron con una sonrisa cómplice masculina.

—Por supuesto —dijo Sufyan dándole una palmada fuerte en el hombre—. Una gran idea. ¿Qué opinas, Tahír?

—Conforme —replicó antes de abrir la puerta del automóvil para ponerlo a prueba por las calles de la ciudad, aunque tenía otros planes en mente.

***

Beatriz bebió de su botella de agua helada.

La piscina, bajo el brillo del sol, parecía seducirla para que entrara en ella. Se negaba a hacerlo. No mientras estuviera trabajando. Había cambiado las plantas interiores por unas más vívidas y coloridas. Pensó en rosas, pero consideró que el carácter de la casa de prestaba más para unos hermosos girasoles. Continuó con la renovación en el área del primer piso. Sacó todas las plantas que estaban algo marchitas, le pidió al equipo de trabajo que las plantara en el exterior para que tuvieran más contacto con el sol, les puso abono, y aprovechó el espacio interior para recolocar algunos adornos.

Estaba bien tener una casa con naturaleza, pero no demasiada. Solo esperaba que los Creekon estuviesen conformes con su decisión.

—Chicos, gracias —dijo Bea a los empleados de Tribecca, mientras los observaba guardar sus implementos de trabajo en una cuatro por cuatro. El sol golpeaba su rostro, y se cubrió los ojos con la mano simulando una sombrilla para poder verlos—. ¿Los espero mañana para los toques finales?

El jefe del equipo, Joseph Levitt, se quitó los guantes y se acercó a Bea. Llevaban trabajando toda la mañana. Desde las siete. Y ya era pasado el mediodía. Moría de hambre.

—No, señorita Fisher, pensé que le habían informado —se rascó la cabeza— lo siento, mañana tenemos una junta con el jefe de la compañía. Creía que la habían llamado o enviado algún correo. Qué pesar con usted.

—Oh…, está bien, señor Levitt. Nos puede ocurrir a todos. Quizá nos haga falta un día de respiro —dijo para calmar la ansiedad que percibía en él—. De todas maneras estamos ya muy avanzados. Tiempo récord. Qué lástima que no tengan sucursales en Melbourne. Si supieran la cantidad de dolores de cabeza que a veces me causa encontrar personas tan eficientes.

—Gracias —expresó sonriendo el hombre de barba entrecana y prominente abdomen—. Ya nos queda solo cambiar la tierra de sembrado del área exterior del gimnasio, en donde pusimos lo geranios ayer, y poder colocar unos bulbos de tulipán como quería la señora Creekon. Un día más de trabajo y tendremos todo listo.

Que Beatriz pudiera decidir algunos cambios, no implicaba que podía dejar de lado los gustos o deseos de los propietarios. Los tulipanes eran un capricho de la dueña de casa, y Bea no insistió para hacerla cambiar de opinión.

—¿En el interior de la casa ya estamos casi listos?

—Queda limpiar un poco, pero creo que eso ya lo hacemos pasado mañana —miró al cielo— el sol está endemoniado. ¿Algo más, señorita Fisher?

—Creo que es todo —comentó—. Gracias de nuevo y suerte en su reunión.

Joseph hizo un asentimiento y se dirigió hacia donde estaban sus compañeros. Bea miró a los trabajadores que estaban sentados en el balde de la cuatro por cuatro.

—¡Gracias! —exclamó haciéndoles de la mano mientras el conductor arrancaba la máquina del vehículo.

La parte que Bea más disfrutaba de su habitación era la bañera. Blanca, amplia y con la vista al horizonte. Dejó que el agua helada refrescara su piel. Suspiró con alivio mientras aspiraba el aroma de vainilla de la esencia que estaba disolviéndose en forma de burbujas.

Salió con renuencia del agua un rato después y se secó.

Dejó el cabello húmedo para que se secara a su propio aire poco a poco. Le gustaba utilizar ropa interior que combinara entre sí; eligió una tanga blanca a juego con un sujetador de algodón cuyas copas tenían un corte ligeramente bajo. Tomó un short rojo y luego tomó del armario una blusa beige que había traído.

Moría de hambre.

Bajó las escaleras canturreando. Ya eran las dos de la tarde.

—Bea, tienes una visita —anunció Candice cuando la vio.

—¿Eh?

Candice se acercó con una sonrisa.

—Es el príncipe Tahír Al-Muhabitti. A veces sale en las revistas que leo. ¡Qué escondido te lo tenías! —dijo en un susurro emocionado—. Cuando me di cuenta quién era el que llamaba al interfono casi me da un desmayo —hizo el gesto de soplarse el rostro como si sus manos fuesen abanicos— y cuando preguntó por ti. ¡Mira qué manera de guardarte secretos! Ese príncipe es muy guapo. Todo misterioso…

Beatriz no pudo evitar reírse, aunque por dentro la invadió un súbito estremecimiento. ¿Qué hacía Tahír a esa hora? Debería estar haciendo turismo o quizá encontrándose con alguna mujer guapa de los alrededores. No. Eso no le hubiese agradado a Bea. ¿Por qué motivos? Pues sabría el extraño universo que había puesto a ese tentador e inalcanzable hombre en su camino. O más bien en el camino del Jeep que acababa de costarle varios cientos de dólares australianos. Todo el dinero que iba a recibir como pago de los Creekon iría directo a pagar la tarjeta de crédito que estaba utilizando en Queensland. «Vaya suerte», pensó con amargura.

—No creo que te interese conocer la historia —comentó

Bea ante la mirada expectante de Candice— pero te puedo decir que involucra un choque que me ha salido costoso, y una alta factura en un restaurante local… Ese hombre que está en algún sitio de esta casa, pues es solo un recordatorio de todo ello.

—Oh, pero si es encantador. Le dije que pasara al saloncito de cristal que tiene vistas a la piscina. En la parte trasera de la casa —indicó como si Bea no estuviera del todo familiarizada con la mansión. A ratos se confundía de corredor, sí, eso era cierto, y debía darle las gracias a su nefasta ubicación espacial que no compensaba en absoluto tu coeficiente intelectual. Era una verdadera suerte que al menos pudiera hallarse a sí misma.

—No te preocupes por nada. Me desocupo pronto para almorzar…

Candice se aclaró la garganta y esbozó una sonrisa culpable.

—Él trajo algunas bolsas de comida… Me preguntó si habrías comido, le dije que no, no iba a mentirle. Se mostró tan amable que, me vas a perdonar, le aseguré que guardaría la comida que hice para la noche y así tú pudieras almorzar lo que él tan amablemente había traído.

Beatriz puso los ojos en blanco. Candice parecía una adolescente que hubiera conocido a su estrella favorita de rock. No la culpaba. La perspectiva de ver a Tahír le erizó la piel. Pensó que quizá la llamaría, no que volvería a aparecerse en la casa.

—Veré qué quiere…

—Siento mucho si me excedí —murmuró Candice—. No siempre se ve un príncipe por estos lados. Menos uno tan guapo.

Beatriz solo se echó a reír y le dio un apretón suave a Candice en el hombro.

—No te preocupes. Veré qué lo trae por aquí a Tahír.

Candice asintió, y luego se marchó hacia la cocina.

Una vez más, no tener maquillaje y vestir casualmente no

le importó en absoluto a Beatriz. Ese príncipe parecía tener tatuada la palabra «peligroso» en la frente. No le hacían falta tatuajes ni cinturones con púas o el cabello rapado a los lados ni piercings. El peligro en Tahír era posible percibirlo con facilidad. O quizá ella empezaba a dejarse llevar por sus intuiciones que, en este caso, no tenían nada que ver con lo paranormal, y sí con el sexto sentido femenino. O quizá también tenía que ver con las ganas de conocer los secretos del erotismo que, sin ningún esfuerzo, ella podía imaginar que Tahír podría revelarle.

Bea se detuvo cerca del saloncito.

Lo observó desde su posición. Un metro de distancia. Solo alcanzaba a divisar el perfil aristocrático. Inhaló profundamente y soltó el aire poco a poco. Era su modo de tomar fuerzas.

—Hola, Tahír, qué sorpresa verte.

Él se apartó de la ventana y la miró con una sonrisa. Bea había notado que las sonrisas no eran muy recurrentes en Tahír, sin embargo, cuando decidía sonreír genuinamente podía deslumbrarla.

—Pensé que podrías tener ganas de comer esa trucha de coral que dejaste anoche —le mostró con la mano un plato que, era evidente, procedía del Nautilus— y así conversamos.

—Eso es… muy amable de tu parte —murmuró.

Tahír pasó a su lado y le abrió la silla del *petite* comedor del saloncito para que se acomodara. Luego él hizo lo propio. Al parecer, notó Bea, durante el tiempo en que ella terminaba de bañarse, Candice había ayudado colocando la comida en la vajilla de la casa al príncipe. «Lo que lograba el encanto estudiado de un hombre guapo y famoso», pensó Bea guardándose una sonrisa para sí misma.

—Mañana he reservado un crucero hacia los arrecifes. ¿Te gustaría acompañarme? Seremos tú y yo, además de mis dos amigos, Mawaj y Sufyan. Creo que ya los conociste ayer en la mañana.

—Tahír, no estoy segura de lo que estamos haciendo aquí —comentó observando cómo él colocaba los cubiertos a un lado con presteza. Incluso en algo tan simple se notaban sus gestos elegantes. Gestos de una persona acostumbrada a todo tipo de lujos y con exquisitos modales.

—Siendo amigos —replicó él con una media sonrisa. La de un depredador, pensó ella, y no pudo evitar reír—. ¿Qué es lo gracioso? —indagó frunciendo el ceño.

—Que no logro comprender por qué te interesa estar en mi compañía. Y no te equivoques, no busco cumplidos, tengo una autoestima muy sana. A lo que me refiero es que tengo el tiempo contado, así como tú, en Queensland. ¿Por qué querrías ser amigo de una mujer que no volverás a ver nunca?

Era una buena pregunta, pensó Tahír, pero en ese momento no quería pensar en la respuesta. La perspectiva de no volverla a ver le causaba un ligero tirón en el pecho. Una emoción extraña. Él siempre frenaba a raya cualquier emoción que saliera del círculo vinculado al placer, y así pretendía mantenerlo. Porque era más seguro.

—Vamos a comer primero —dijo con suavidad—. Después quiero saber cuáles son tus argumentos para no aprovechar los siguientes días sin pensar en el futuro. ¿Acaso es peligroso dejarse llevar solo por el presente?

—Comeremos entonces…

Ella no tenía intención de argumentar o elaborar comentarios para responderle. Claro que era peligroso dejarse llevar… por él. No importaba si era en el presente o en el futuro. Beatriz se temía que, aunque luchara con todas sus fuerzas, el nivel de atracción que existía entre ambos era innegable.

¿Cuánto más podría resistirse y mantener sus fantasías a raya, así como su capacidad de rehusar cualquier avance que Tahír pudiera hacer? El simple roce de sus dedos ya parecía dejar la impronta en su piel. Le había dejado claro que la deseaba, y Beatriz no consideraba a ese hombre capaz de abandonar intenciones cuando ya tenía una meta trazada. Y era evidente que la meta de Tahír era seducirla.

—Que disfrutes tu comida —dijo él, interrumpiendo sus pensamientos, antes de acomodarse en el asiento frente a ella.

\*\*\*

El catamarán zarpó a la hora exacta: nueve de la mañana.

Bea tuvo que despertarse muy temprano. Tenían el mapa trazado para dirigirse hacia los arrecifes al norte de la ciudad de Cairns, a más de cuarenta minutos en automóvil desde Port Douglas. La corriente suave del área era propicia para novatos en buceo o inmersiones, y se habían decidido por Steve's Bommie.

Después del almuerzo, Beatriz no encontró una razón lógica de peso para rehusar acompañar a Tahír a los arrecifes. Tampoco tenía trabajo porque el equipo de Tribecca estaba en una junta empresarial. La verdad era que, después de haber almorzado, salieron al patio y ella le explicó los arreglos que había estado haciendo todo ese tiempo. En ningún momento hizo intento de tocarla. Mantenía la distancia, mostraba interés genuino en su profesión y charlaba, tan escueto como siempre, de sus impresiones sobre la vida en el desierto.

—¿Alguna vez has pensado en cómo sería tu vida si no hubieses nacido príncipe? —le había preguntado cuando estaban caminando alrededor de la piscina.

—No puedo cambiar mis orígenes, aunque supongo que, de ser diferente mi origen dinástico, las personas se acercarían a mí por quién soy, y no por lo que poseo en bienes o influencias.

Esa respuesta le había parecido a Bea impregnada de amargura. Pero no continuó indagando, porque después de eso él le dijo que tenía que irse. Ella no lo detuvo. Al final, la terminó convenciendo de acompañarlo a los arrecifes. Tahír la intrigaba. ¿Cuándo había ella huido de un misterio o de algo que le causara curiosidad?

Así que ahí estaba Bea en alta mar.

Se encontraba muy cómoda, sentada sobre un acolchado asiento, surcando el agua cristalina del océano mientras miraba cómo el viento agitaba la tela de la camisa blanca de Tahír, y dejaba a la vista la piel bronceada de su torso. Le era posible atisbar los definidos pectorales, pues él tenía desabrochados cuatro botones de la camisa, y también podía ver el principio de un abdomen marcado por abdominales de acero.

Él estaba descalzo y llevaba una pantaloneta corta para bañarse. El cabello se movía al compás del aire, y Bea sintió ganas de enterrar sus dedos y palpar su textura, aspirar su aroma. ¡Y esas gafas de sol! Madre mía, ¿era consciente de la sensualidad que irradiaba y las ganas locas que sentía ella de tocarlo?

Apartó la mirada. Estaban a la sombra en el catamarán, pero ella tenía una tendencia inesperada a sonrojarse. No quería que alguien lo notase, pues no podría atribuírselo a los rayos del sol. Además de que se había echado crema protectora.

Ella había elegido un bikini celeste para la ocasión. Ya con el paso de los años, aprendió a aceptar su figura curvilínea y se sentía orgullosa de ella. Llevaba un vestido playero en tono azul marino para cubrirse la piel, un sombrero de paja toquilla —que compró por un precio de locura en unas rebajas— para protegerse la cabeza del sol, y unas sandalias blancas de tiras suaves para que no le hicieran ampollas con el roce del agua o la arena al caminar. Sus gafas de sol eran el complemento que la salvaba de ser pillada infraganti devorando a Tahír con la mirada.

***

Podía sentir la mirada femenina a través del oscuro color de las gafas de sol que ella llevaba. Quizá por ese mismo motivo, él tenía puestas las suyas. Beatriz era la mujer más sexy que conocía. Y su falta de artificio conseguían intensificar ese efecto.

Cuando la había visto salir de la casa con ese vestido corto casi se arrodilla a sus pies para pedirle que le permitiese besarla. ¡Estaba demente! Un príncipe jamás se arrodillaba. Peor ante una mujer.

Durante el trayecto hasta Cairns habían mantenido una conversación ligera sobre política. El aire del automóvil estuvo marcado por una evidente tensión sexual, y que se rompió una vez que llegaron al muelle y, junto con Sufyan y Mawaj, abordaron el lujoso catamarán.

Aunque Tahír no quería privarse de la compañía de Beatriz, al mismo tiempo pensaba que habría deseado no estar constantemente en un estado de excitación ante la imposibilidad de acercarse más a ella cuando estaban rodeados de otros.

Estaba hecho un lío, y eso lo ponía de mal humor. «Una vez en tu cama será suficiente», se dijo. Se acomodó las gafas de sol. Impasible.

—¿Estás cómoda? —le preguntó Sufyan a Beatriz.

Tahír había escuchado a los dos charlando animadamente un largo rato. Varias ocasiones estuvo a punto de decirle a su amigo que se callara la boca como si Beatriz solo pudiese hablar con él. Si hubieran estado en Azhat o en algún evento real, jamás se le hubiese permitido a los guardaespaldas hablar con los acompañantes de un miembro de la casa real, menos si se trataba de una mujer. Pero Mawaj y Sufyan estaban sobre cualquier categoría de guardaespaldas, pues eran sus mejores amigos. Tahír iba a tener que tragarse sus insólitas emociones y dedicarse a disfrutar de lo que lo rodeaba, aunque algunas partes de ese hermoso paisaje todavía le estuviera prohibido…

—Sí, gracias —respondió Bea—. Este lugar es simplemente maravilloso. He escuchado que la Gran Barrera de Coral es la estructura viva más fácilmente visible desde el espacio. ¿No es acaso increíble?

—Tu país es muy hermoso y estoy sorprendido. Quizá algún día puedas venir al desierto y te mostraría todo con mucho gusto —dijo haciéndole un guiño con aquellos ojos del tono del café más exquisito.

Bea se rio. Al inicio del viaje Sufyan le pareció muy serio, pero ahora que había podido conversar más con él, notaba que tenía un carácter muy jovial. Mawaj parecía bastante reservado. Eran dos tipos amables.

Tahír, por el contrario, parecía indiferente a ella. No entendía entonces para qué la había invitado. Con su expresión fría bien podría haberse quedado en tierra, así ella disfrutaba el clima, la brisa y la maravilla que era la Gran Barrera de Coral sin sentirse que sobraba o que quizá él se arrepentía de haberla llevado.

—Eso sería interesante —dijo con buen ánimo. Esa mañana había recogido su espeso cabello en una suerte de forma de cebolla a la altura de la nuca—. Aunque prefiero surfear a estar en un yate o un catamarán.

—¿Sí? Sería genial si nos enseñaras a surfear —dijo Sufyan, y luego miró a Mawaj—: ¿Qué te parece?

—Pues…

—No hay tiempo —zanjó Tahír ya sin poder aguantarse.

Beatriz lo miró, sorprendida. Era la primera vez en el largo trayecto que hablaba. Y ahora lo hacía con un tono duro.

—Tú trabajas y nosotros tenemos también otros planes, no hace falta que dediques tu tiempo a enseñarle surfeo o alguna otra cosa a este par —aclaró Tahír con voz calmada al darse cuenta de su exabrupto—. ¿Has buceado otras ocasiones?

Bea hizo una negación suave con la cabeza.

—Aquí paramos —intervino el jefe del grupo guía, un tipo llamado Bob Salemson, interrumpiendo el hilo de la conversación. Con su traje especial daba la impresión de conocerlo todo bien y eso creaba un clima de seguridad en sus pasajeros—. Todo esto, como les dije en un inicio, es Ribbon Reef. Haremos la primera inmersión. Esta área es Steve´s Bommie. Nos tomará alrededor de veinte minutos nadar alrededor de la base. Podemos extendernos un poco más, pero quizá eso vaya en perjuicio de la posibilidad de llegar a otro punto.

—¿Podemos llevar cámaras fotográficas? —preguntó Bea, entusiasmada.

Todos se pusieron de pie. Tahír contuvo las ganas de cubrir el cuerpo de Bea de la mirada de los hombres que estaban a bordo. Requirió de toda su fuerza de voluntad para no hacerlo. Lo que necesitaba era dejar de hacer idioteces y buscar una mujer que no implicara romperse la cabeza tratando de entenderla o seducirla.

—Forman parte de los equipos que rentaron, así que claro que pueden hacerlo —intervino Misty, la chica que iba a guiar la inmersión. El catamarán tenía cinco camarotes y cuatro baños. Uno de los camarotes era para la tripulación masculina y otro para la femenina. Los tres restantes estaban destinados, uno para Tahír, otro para Bea, y otro para Sufyan y Mawaj. Todos habían llevado una pequeña maleta con ropa para cambiarse y ducharse, pues así regresaban frescos a tierra—. Esta zona del arrecife número tres tiene diez metros cuadrados en la parte superior y unos veintisiete en la inferior.

—¿Es muy profundo? —preguntó Mawaj.

—Entre tres y treinta metros más o menos —respondió Bob. Él, dos asistentes, el encargado de los equipos, Misty y el capitán del catamarán eran la tripulación—. La corriente marina aquí es muy baja, así que no hay ese tipo de peligro, aunque de todos modos siempre hay que estar alertas. Tendrán una visibilidad de hasta treinta metros. Vale realmente la pena disfrutar este espacio.

—Después de todo han sido montón de horas hasta llegar aquí —murmuró Bea. Y no creía que tuviera ganas de regresar tan tarde. Había inmersiones nocturnas, aunque no le apetecían principalmente. Eran un poco miedosa. ¿Qué si salía un tiburón de la nada y adiós existencia? No, gracias.

—¿Qué clase de vida marina veremos? —inquirió Tahír, ya sin la camisa, lucía tan exuberante al sol como solo podía una criatura hecha para el pecado.

Bea apartó la mirada de él, y prefirió concentrarse en la

naturaleza tan imponente y sobrecogedora que la rodeaba. Era impresionante.

—Pargos, fusileros y también agujas de mar. Hay tiburones de punta blanca y de arrecife. Nada que temer. Les iré mostrando cuáles son las especies con las que iremos cruzándonos, si es que entienden el lenguaje de señas —dijo con humor—. Ahora Bob les comentará sobre cómo ponerse los equipos. Deben imitarnos. ¿De acuerdo? —Todos asintieron—. Perfecto.

Mientras Bob iba instruyéndolos se pusieron los equipos. Tardaron un rato, pero con la ayuda de la tripulación encargada pronto estuvieron listos con todos los implementos a cuestas: aletas, visor, snorkel, botella, chaleco hidrostático, regulador con profundímetro, laste y manómetro, un pequeño cuchillo, linterna, guantes y gorros. Aunque sobre este último implemento tenían la opción de dejarlo a bordo.

Tahír se acercó a Bea, quien tenía el visor sobre la cabeza, estuvo lista antes que todos. La tomó de la mano para llamar su atención, ella lo miró.

—¿Todo en orden? ¿Te va gustando hasta ahora el tour? Esta es la primera ocasión que tengo de bucear. Quizá mañana me lance en parapente.

El traje de neopreno se ajustaba a la forma atlética de Tahír, y en Beatriz marcaba sus curvas. Estaban protegidos para no lastimarse en el agua, ni tampoco irrumpir en el curso de la naturaleza marina.

—Es todo sobrecogedor —replicó contemplando su alrededor. Le molestaban un poco las aletas que llevaba en los pies, pero sabía que era normal—. Y estás loco, Tahír, yo ni así me dijeran que me he ganado el billete de la lotería me lanzo en parapente, ufff. Eso no es para mí.

Él rio y Bea lo imitó. Eso rompió el hielo que Tahír había instaurado entre ambos innecesariamente.

—Siento haber estado... distante —le dijo inclinando la cabeza hacia un lado de una forma que a ella le pareció adorable—. Me haces sentir cosas que…

—Pudiste no invitarme, y disfrutar a solas con tus amigos, Tahír —expresó con sinceridad e interrumpiendo lo que fuera que él hubiese querido decir—. No era necesario que te tomaras la molestia. Podíamos haber quedado otro día o simplemente no volver a vernos.

Él sonrió y le acarició el mentón para elevar el rostro de Beatriz.

—Tu compañía es un placer, no una molestia —dijo mirándola con sus penetrantes ojos verdes.

—Demuéstralo —lo retó.

Se inclinó para susurrarle al oído.

—Luego lo haré muy concienzudamente. Me gustan los retos.

—¿Y yo soy uno?

—Eres más que solo un reto, Beatriz.

Ella iba a replicar, pero la mujer que hacía de guía pidió la atención con unas palmadas sonoras.

—¿Listos? —preguntó Misty, y con eso rompió la conexión entre Tahír y Bea.

—Sí —dijeron Mawaj y Sufyan al unísono, los dos muy conscientes de que su amigo Tahír estaba en un gran lío. Ambos estaban seguros de que volverían a ver a Beatriz Fisher más ocasiones de las que su aristocrático mejor amigo creía.

—Al menos en el agua no hay peligro de que le disparen a Tahír —bromeó Sufyan— aunque quién sabe si acaso algún tiburón nos arruine el día.

Eso causó una carcajada grupal.

—No se pierdan de mi vista —continuó Misty con una sonrisa— dos de ustedes irán con Bob y los otros dos, conmigo. Por favor, recuerden que el coral es un organismo vivo. No lo toquen. No se apoyen en él. Las aletas de los pies tienen que mantenerse por encima o al lado del coral para evitar dañarlo. La distancia ideal es la equivalente a dos veces el largo de los brazos de cada uno. No toquen a los peces u otras especies.

Tampoco se agiten. Relájense y vivan esta oportunidad.

—Ahora que ya lo tienen todo claro, ¡vamos a disfrutar la experiencia! —dijo Bob, antes de señalar a Sufyan y Mawaj como sus dos pupilos del día.

Beatriz observó a los dos amigos de Tahír lanzarse al agua con total naturalidad. Ella estaba un poco nerviosa, y miró algo inquieta a Misty, esta le sonrió y le dijo que todo iría bien.

—Me olvidé de dejar mi anillo de compromiso en el camarote —dijo Misty. Con las máscaras todavía sobre la cabeza, la boquilla del oxígeno a un lado del hombro, Tahír y Bea asintieron—. Regreso y nos alistamos para saltar. Bea, no te pasará nada. Este es uno de los mejores grupos de buceo y turismo en Cairns.

Tahír tomó de la mano a Bea, al ver el debate interior de ella entre quedarse en la cubierta blanca —cuando Misty regresara— o lanzarse al agua.

—Si nos lanzamos juntos al agua —dijo mirando las manos de ambos juntos—cuando regrese Misty, ¿te sentirás menos tensa o inquieta?

—Errr…

—No sé cómo logras sortear las olas que se avecinan cuando estás surfeando, y sientes temor del agua calma del mar abierto —le dijo acariciándole la mejilla con la mano libre.

Bea se pasó la lengua por el labio inferior.

—Es… es diferente —dijo observando alrededor. Claro, una cosa era sortear las olas, la superficie y luego caer al agua profunda y salir. Otra cosa era lanzarse y quedarse bajo el agua un largo rato—. No creo que me ahogue, y en todo caso…

En un impulso impropio en él, la atrajo contra su cuerpo, bajó la cabeza y capturó los labios de Beatriz. Antes de que ella pudiera hablar, el contacto de la boca de Tahír la hizo olvidar por completo de sus miedos o sus ideas de que podría quedarse atrapada en el agua o que quizá no fuese capaz de respirar a través de la boquilla conectada al tanque de oxígeno.

Él tomó el rostro de Bea entre las manos y poco a poco

fue sintiéndola relajarse lo suficiente para dejarlo penetrar su boca con la lengua. El poder de ese beso dejó a Bea sin aliento. El calor entre sus muslos se transformó en un ardiente espacio que parecía ser solo capaz de calmarse si la palpitante erección de Tahír se anidaba en su húmedo canal íntimo. Podía sentir la dureza del deseo masculino a través del traje de neopreno contra el suyo, presionándose tentadoramente contra su suave monte de Venus que anhelaba estar al descubierto y expuesto a él.

Solo fue consciente de que estaba aferrada con intensidad a los hombros de Tahír, cuando sintió a través del traje de neopreno los músculos de él contrayéndose contra sus dedos. Fue consciente del gemido que escapó de sus labios cuando los dientes de Tahír mordisquearon sus labios, y luego volvió a sentir la lengua experta entrelazada con la suya en un baile silencioso y rodeado por la salvaje naturaleza, el sonido del mar, el aire yodado…

Tahír había besado a muchas mujeres hermosas, sensuales, y ninguna de ellas había conseguido empujarlo a experimentar un estado de embriaguez sin haber bebido una gota de alcohol. Sintió el momento exacto en que Beatriz se abrió por completo a la pasión que vibraba entre ambos como el rugido de un volcán a punto de entrar en erupción, con toda la lava ardiente y deseando desfogar toda la fuerza contenida. Ella lo rodeó con los brazos y arqueó el cuerpo mientras él posaba ambas manos sobre los turgentes pechos. Sintió los pezones de Beatriz ponerse más duros contra la yema de sus dedos, él los aprisionó entre el índice y el pulgar con fuerza, y ella soltó un gemido.

La respuesta de Beatriz lo incitó a dejar escapar un sonido sensual de aprobación masculina. Recorrió las curvas femeninas marcadas por el traje. Era perfecta. Deslizó las manos hasta posarlas sobre los glúteos, justo bajo el tanque de oxígeno. La sintió ponerse de puntillas tratando de buscar la ubicación perfecta entre sus brazos para tener más acceso a él, y al placer que podría ofrecerle.

Tahír gruñó con frustración porque no podía tocarla como deseaba, y porque el sitio en el que se encontraban era el menos indicado. Demonios, nada quería más que todos desaparecieran del catamarán para así poder desnudar a Beatriz y probar su cuerpo tentador de todas las formas imaginables. A regañadientes, poco a poco fue bajando la intensidad del beso.

Se apartó y colocó su frente contra la de Bea.

—Tahír... —susurró— es... esto no debería haber sucedido. Acepté venir, pero no creo que tú y yo. Esto... Somos de mundos distintos.

Él sonrió, ambos respiraban con dificultad, y sus miradas parecían incandescentes. Sí que eran de mundos diferentes, sin duda, y aún así, Tahír no quería perderla de vista. ¿Qué tenía ella que otras mujeres no?, se preguntaba, mirándola. Quizá era la mezcla de inocencia e independencia con aquel toque de sensual erotismo contenido que él empezaba a dejar fluir poco a poco. Quería escucharla gemir su nombre, desnuda, bajo el más crudo y primitivo deseo.

—Lo sé, pero es mejor enfrentarse al destino tarde o temprano —murmuró refiriéndose a la química que existía entre los dos.

Beatriz no lo comprendió de esa manera, aunque fue un claro recordatorio de la predicción de Ordella. Sin embargo, acababa de sentir algo derritiéndose en su interior en el instante en que sus labios se unieron. ¿Dónde estaba su resistencia? ¿Dónde estaba su fuerza de voluntad para marcar un destino ajeno al predicho por Ordella? Si acaso alguna vez habían existido, tanto su resistencia como su fuerza de voluntad, se habían perdido en el preciso instante en que conoció el sabor de los besos de ese príncipe tentador y peligroso para su cordura. «Todos los caminos me llevan a Tahír», pensó, ante la innegable química y la arrasadora sensación de plenitud que la llenaba cuando él estaba cerca.

Quizá podría disfrutar ese día, y luego negarse a verlo. Ignorarlo para así poder seguir su camino a salvo. Estaba hecha un mar de confusiones porque, sin importar cuántos razonamientos lógicos intentara hacer prevalecer, la posibilidad de no volver a verlo le causaba una absurda aflicción. Y ese beso... ¡Qué forma de besar! Había parecido sutil en un inicio para luego invadir sus sentidos por completo. El ardor podría haberse triplicado con menos ropa... en otro espacio.

Lo más sorprendente de todo para Bea fue que, a pesar de haberlo besado, había sido incapaz de ver la vida pasada o el futuro de Tahír. Eso la desconcertó y asustó al mismo tiempo, porque implicaba que la mente de él era tan o más fuerte que la de ella; que él era distinto a cualquier otro hombre que hubiera conocido. ¿Tendría quizá que ver con el hecho de que, tal como él le había contado, tenía la mente entrenada por una disciplina militar, para no quebrarse ante las adversidades?

—Tahír... —susurró con las mejillas sonrojadas.

Él se inclinó para darle un beso rápido, pero no por eso menos concienzudo.

—Después hablaremos —dijo contra la boca de Bea, antes de apartarse cuando vio que la guía de inmersión se acercaba.

—¿Listos? —preguntó Misty ubicándose junto a ellos con una sonrisa antes de poner su vista en el mar. Les dio un par de indicaciones adicionales—. Si tienen alguna pregunta, por favor, háganla ahora.

—Todo claro —replicó el príncipe de físico imponente.

—Vamos entonces a conocer la Gran Barrera de Coral, en vivo y en directo.

Tahír miró a Bea. Ambos se colocaron la boquilla de oxígeno.

Segundos después saltaron al agua.

***

Horas más tarde, el soleado firmamento se cubrió de nubes durante el ocaso. Los nubarrones oscuros iban acompañados de un ventarrón que hicieron que el catamarán se balanceara más de lo habitual antes de llegar al muelle.

Tahír se había quedado dormido, y solo el llamado a la puerta de Majaw consiguió despertarlo. Hacía mucho tiempo que no dormía sin la preocupación de encontrarse con un cuchillo en la garganta o sentir una patada en las costillas. Las repercusiones del secuestro lo perseguían ocasionalmente. Menos que antes, sí, pero de todos modos el efecto de malestar y angustia permanecía.

Caminó descalzo y sin camisa hasta el lavabo. El agua fría que se echó en el rostro lo ayudó a espabilar. El inmediato recuerdo que acudió a él, cuando se abrochó la camisa que había dejado detrás de la puerta, fue el sabor de los besos de Beatriz. Podría volverse adicto a un sabor tan dulce y tentador.

Bucear con especies marinas, ver la maravilla que escondía el fondo del océano, no podría compararse con la sensación de júbilo que experimentó al saberse correspondido por el ímpetu con que Beatriz le había devuelto el beso. Tahír sabía cuándo una mujer lo deseaba, y ahora tenía la certeza de que Beatriz Fisher correspondía la atracción que él sentía por ella.

Había notado ese deseo en el ardor de su mirada cauta, en el sonrojo de sus mejillas, y por aquellos labios ligeramente hinchados después de haberla besado. Bea tenía unos labios deliciosos y habían estado tan inflamados como Tahír esperaba que estuviesen también los labios que yacían entre sus torneadas piernas. Las duras bayas excitadas en que se habían convertido sus pezones cuando él los apretó entre los dedos, le demostraron que así era…

Nada deseaba más que saborear la esencia de Beatriz y quitarse de una vez por todas el tormento de no tenerla.

—Llegamos dentro de diez minutos —dijo Mawaj desde la puerta.

Tahír se acercó a abrirla.

—¿Están todos en la cubierta?

—No —replicó el habitualmente cauto militar— está lloviendo mucho, así que cada cual está resguardado en su camarote. Este tiempo no es propicio para regresar a Port Douglas. Dijo el capitán que hemos tenido suerte de que la lluvia haya empezado ahora que estamos a punto de llegar al muelle.

—¿Tan malo es?

Mawaj se encogió de hombros. Se lo veía completamente distinto con sus zapatillas de playa, una pantaloneta estampada y una camisa negra. Aún así, lucía intimidante. Quizá tenía que ver con su corpulencia, muy al estilo de un jugador de fútbol americano de la NFL.

—Una de esas lluvias de temporada en la zona. Mejor estar prevenidos. Me aconsejó considerar quedarnos en Cairns.

Tahír asintió.

—¿Habrá un hotel disponible cinco estrellas con tan poco tiempo de antelación? —preguntó con el ceño fruncido—. Podríamos contratar un chofer o incluso manejar yo mismo sin problemas, pero no es solo mi seguridad, sino también la de Beatriz.

Mawaj asintió. Tanto él como Sufyan habían visto a lo largo del viaje, al terminar la larga jornada de buceo, cómo su amigo prácticamente babeaba por Beatriz. Cuando ella, de forma natural e inocente, se quitó el traje de neopreno y quedó en bikini, Sufyan le dio un codazo para que viera la expresión de absoluto arrobo de Tahír.

Después, tratando de ocultar una sonrisa, Mawaj vio al príncipe apresurarse a buscar una toalla para Beatriz, cubriéndola como si ella se fuera a resfriar bajo el sol candente y sucumbir a la lujuria ante las miradas amistosas de los tripulantes del catamarán. Mawaj no quería especular, pero tanto él como Sufyan tenían la certeza de que los próximos meses iban a ser bastante entretenidos.

—Oh, qué dulce, gracias por pensar en la seguridad de tus mejores amigos —dijo Mawaj poniéndose una mano en pecho y fingiendo haber sido atravesado por un dolor indescriptible.

—Idiota.

Mawaj dejó escapar una risa.

—Lo más probable es que, cuando se enteren que estás dispuesto a derrochar tu dinero en ellos, vacíen el hotel solo por ti —dijo con una sonrisa burlona.

—Encárgate de tener el hotel disponible, ¿puede ser?

—Dejemos que Sufyan tenga la oportunidad de sentirse útil.

Con una carcajada y dándole una palmada amistosa en el hombro, Tahír se puso los mocasines y fue a buscar a Beatriz. ¿Cómo podía haberse quedado dormido? Era inaudito, y de paso una grosería hacia ella. Se suponía que estaba empezando a conseguir grandes progresos entre ambos. ¿Y qué terminaba haciendo él? ¡Dormido, nada menos!, pensó con incredulidad.

# CAPÍTULO 7

Un error de juicio.

¿De qué otra forma podría catalogar el haberse dejado llevar por el beso apasionado de Tahír? No volvería a repetirse, resolvió ella. Se había cambiado el bikini, y bajo el vestido corto de playa llevaba ropa interior blanca de seda. Le gustaba comprarse ropa interior costosa. Aquel era uno de los lujos que solía disfrutar, al igual que el café de las mañanas en la cafetería de Melbourne.

Se inclinó para recoger la liga con la que iba a recogerse el cabello cuando sintió que ya no estaba sola. Evitó dejar la puerta cerrada, pues no le gustaban especialmente los espacios cerrados. Le causaban claustrofobia. No en vano prefería trabajar con la naturaleza, al aire libre, y respirar la libertad que le obsequiaba su profesión.

No necesitaba que hablara. Su cuerpo parecía haber ejercido una conexión con el de Tahír a partir de ese beso horas atrás.

—¿Está todo bien por aquí? —le preguntó él apoyando el hombro contra el marco de la puerta, cruzándose de brazos.

—Sí… Ha sido un día interesante —dijo desde la pequeña butaca roja en la que se encontraba.

—Me quedé dormido. Siento haberte dejado sola.

Beatriz se rio.

—Soy bastante grandecita para cuidarme, pero gracias. No estuve sola, Bob me hizo compañía un rato y estuvimos charlando hasta que se desató la lluvia.

Él apretó la mandíbula. Tenso.

—¿Bob te hizo compañía, eh? —preguntó con un tono que ella no pudo descifrar, ni tampoco intentó hacerlo. Tahír miró el reloj. Quedaban a lo mucho cuatro minutos para llegar al muelle—. No te tenía por exhibicionista —murmuró mirándola de arriba abajo. Desnudándola con los ojos. Haciéndola sentir un cosquilleo intenso mientras su cuerpo rehusaba a recobrar la cordura. Sus pechos empezaron a sentirse pesados, los pezones pujaban contra la seda del sujetador como si quisieran llamar la atención de Tahír a toda costa, y su íntimo canal estaba mojado. Vergonzosamente mojado solo porque él la miraba de un modo posesivo, como si quisiera devorarla en ese preciso instante. Y quizá, porque la parte menos civilizada y cerebral de ella, también lo deseaba.

Beatriz lo miró, incrédula por el comentario. Se miró a sí misma.

—Esta es la ropa que todas las mujeres usamos cuando vamos a la playa. No sé si te has enterado, pero incluso hay playas nudistas. Y si te parezco exhibicionista, la verdad es que me importa muy poco lo que hagas o dejes de hacer, al igual que tu opinión sobre cualquier asunto que me concierna. —Dios, ¿por qué le latía tan rápido el corazón?

Tahír no se dio cuenta que su cuerpo se había movido hasta que las puntas de sus mocasines rozaron las sandalias de Beatriz. Ella elevó el mentón, desafiante.

—Es decir, ¿si en este momento decido desnudarte y deslizar mi boca hasta tu sexo para probarlo, lamerlo y succionarlo hasta que explotes de placer, no te importaría?

Beatriz no pudo evitar imaginar la escena. Que careciera de experiencia física no implicaba que sus conocimientos sobre las actividades en la cama no estuvieran registrados en su cerebro.

Apartó la mirada.

Tahír se inclinó y afianzó las manos sobre los reposabrazos de la butaca, una a cada lado de Beatriz, encerrándola con su fuerza, aroma y territorialidad. Ella se vio obligada a mirarlo.

—Lo que hagas con otras personas o lo que pienses sobre ellas; lo que pienses sobre mí o mis acciones, es asunto tuyo. Pero lo más importante, presumido, es que para que puedas darme placer con tu boca yo debo acceder a ello, ¿y sabes qué?

Él tan solo enarcó una ceja a la espera de que Beatriz continuara.

—No me interesa.

Tahír se acercó al lóbulo de la oreja de Beatriz, y lo mordió. Ella sintió un cosquilleó recorriéndolo cada pequeño recodo de su cuerpo al sentir los dientes y el cálido aliento en su piel.

—Mentirosa —le susurró al oído antes dejar un reguero de besos hasta llegar a la boca y mordisquearle el labio inferior. Ella lo miró con los ojos abiertos de par en par—. Con ese beso de la tarde sellaste tu destino.

Eran tan alejado de su estilo el comportarse de esa manera ante una mujer, pensó Tahír. No tenía idea de cómo refrenar la sensación de que debía quedar claro que Beatriz era suya. Pero no dijo nada.

—No volverá a suceder —afirmó, temblorosa, perdida en la expresión confiada y embargada de deseo de Tahír—. Te recomiendo que vayas a tomarte una dosis fuerte de Xanax, porque ese beso no significa nada.

Aún con los labios apenas separados de los de ella, sonrió. La bravuconada de Beatriz era la respuesta a la vulnerabilidad y consiguió reafirmar el interés de ella. No por eso dejaba de molestarle la idea de que esos labios fuesen probados por otro hombre. La conocía apenas dos días. Dos malditos días y él parecía un adolescente sin control hormonal.

Beatriz intentó empujarlo con sus manos, para apartarlo, pero era como tratar de mover una roca de varios metros.

Resopló.

—Fue solo un maldito beso —continuó ella— y yo regresaré a Port Douglas a trabajar, y tú te irás a disfrutar de tus vacaciones por donde el sol caliente o por donde la luna juegue a las escondidas.

Él inclinó la cabeza hacia un lado. Sin exaltarse.

—Todo tiene un principio. —le dijo con la voz ronca al notar cómo palpitaba el pulso del delicado cuello— y ese beso, en el que tan activamente participaste, es el nuestro…

—Bea, ya vamos a… ¡Ups! Lo siento… No sabía que estabas aquí —dijo Sufyan al ver a su mejor amigo inclinado sobre Beatriz, quien tenía las mejillas sonrosadas.

Tahír se apartó con una calma incomprensible para Bea. Ah, pero él no se alejó sin antes hacerle un guiño bastante elocuente. Ella se incorporó tratando se alisar las arrugas inexistentes del vestido.

—¿Qué ocurre? —preguntó Tahír fijando su atención en su amigo.

En ese momento hubo un remesón y el catamarán se movió con fuerza impulsando a Beatriz sobre la cama y a Tahír contra Mawaj.

—Rayos —murmuró Bea en voz baja, antes de ponerse en pie.

Tahír se movió con rapidez.

—¿Estás bien? —le preguntó sosteniéndola de los brazos y ayudándola a estabilizarse. El movimiento fue bastante fuerte y el catamarán continuaba balanceándose mientras el capitán ataba los cabos y lanzaba el ancla en el exterior.

—Sí… —murmuró, y se apartó— iré a recoger mi ropa. —Sin más, entró al baño y cerró la puerta.

Majaw enarcó una ceja, pero Tahír no comentó nada ante la pregunta silenciosa de qué era lo que estaba ocurriendo.

—Venía a decirle a Beatriz que íbamos a pasar la noche en un hotel, y si estaba de acuerdo. Así no se regresaba sola.

—¿Y eso te incumbe a ti de qué manera…?

Majaw no se alteró. Empezaba a divertirle ver a Tahír tan alterado en la búsqueda del autocontrol cuando era evidente que carecía, por primera vez en muchos años, de él.

—Supongo que no tiene sentido que Sufyan continúe buscándote —replicó a cambio e ignorando a propósito el comentario fuera de tono de Tahír—. Ya arreglé el asunto de la estancia en un hotel. Quizá deberías preguntarle a ella —señaló con la mano la puerta cerrada del baño— si está de acuerdo. Caso contrario habrá que intentar hacer el viaje.

—Es una mujer inteligente, seguro sabrá lo que le conviene más a su integridad física en estos casos. Y si acaso prefiere regresar a Port Douglas, la llevaré yo.

—No lo dudo —murmuró Mawaj por lo bajo, encogiéndose de hombros, antes de salir del camarote de Beatriz.

Con el ceño fruncido, Tahír pensó que de repente empezaba a necesitar aire. Un simple deseo sexual parecía haberse transformado en la frustración que ponía su humor ácido. Tenía que retomar las riendas.

✳✳✳

Lo último que hubiera esperado Bea era terminar en un hotel cuando lo que más deseaba era poner distancia con ese príncipe presumido y arrogante. Aquellos eran dos adjetivos que le quedaban cortos a Tahír.

Si continuaba permitiéndose el placer de tenerlo cerca iba a tener que aceptar el caos que empezaba a fraguarse en sus emociones, porque, ¿a quién quería engañar? Era placentero mirarlo, y había sido más que delicioso besarlo. Pero tenía que enfocarse en lo que era estable y duradero: su vida en Melbourne. Empezaba a abrirse camino profesionalmente, y sería un error grave ponerlo en riesgo al distraerse con una persona que desaparecería de su vida en unos días más…

Mientras escuchaba cómo las gotas de agua prácticamente parecían ser capaces de penetrar el vidrio de las ventanas, pensó en que hubiera podido tomar un taxi horas atrás, en lugar de aceptar la suite privada en un hotel cinco estrellas que Tahír estaba ofreciéndole, sin embargo, el sentido común había hecho gala de una coherencia desaparecida durante la tarde: no era seguro por la tormenta eléctrica. De todas maneras era solo una noche. Habitaciones separadas.

Se habían registrado en el hotel alrededor de las nueve de la noche. Luego se habían dirigido hasta el restaurante del hotel para cenar, y justo cuando empezaban a ordenar le entró una llamada a Tahír. Con una disculpa se había apartado de la mesa, y ella no volvió a verlo.

Aprovechó la cena para conocer un poco más a Mawaj y Sufyan. Le gustó escuchar las anécdotas jocosas sobre algunas situaciones en Azhat. Y ella se mostró curiosa sobre las tradiciones de ese país de Oriente Medio. Saber que era un país cuyas políticas arcaicas empezaban a transformarse en unas progresistas, le pareció fuera de lo común. Por lo general los países de Oriente Medio tendían a ser represivos e incoherentes con los derechos humanos, en especial de las mujeres.

—¿Así que pueden usar ropa occidental? —le había preguntado ella a Sufyan. A pesar de su apariencia seria, cuando sonreía sus ojos brillaban con calidez. Parecía la clase de hombre que no querrías tener de enemigo.

—Sí, hace casi dos décadas. De hecho, el hiyab de las mujeres es más bien utilizado para protegerse de los fuertes rayos solares del desierto que por las estupideces de que es tentación o qué se yo qué otras teorías sin sentido. En nuestro país las mujeres son respetadas.

—Quizá algún día visite Azhat —había dicho mirando a uno y otro lado. Tahír no aparecía por ninguna parte.

—Cuando recibe llamadas a su teléfono celular es generalmente Karim, el asistente y consejero. No siempre trae buenas noticias, y Tahír no puede dejar de responder, incluso cuando está de vacaciones —había intervenido Mawaj cuando la encontró buscando al príncipe con la mirada.

—Entiendo —había comentado—. Ha sido una tarde entretenida, y ustedes una amena compañía en la mesa. Por favor, denle las gracias al príncipe de mi parte. Estoy agotada y voy a descansar.

—Claro —habían respondido ellos al unísono.

Un trueno sobresaltó a Beatriz, regresándola a la habitación en la que se encontraba. Giró la cabeza para ver la hora en el reloj luminoso de la mesilla de noche. Eran las once y media. Sabía que la habitación de Tahír estaba justo al lado de la suya. ¿Acaso era esperanza o deseo lo que hacía palpitar su corazón ante la posibilidad de que él tocara la puerta de su suite, pidiéndole entrar…?

Necesitaba hablar con Dexter. El consejo de un hombre era siempre necesario cuando la perspectiva femenina parecía sesgada. ¿Le diría que se dejara llevar por sus instintos o que se retirara del escenario por completo? Nadie la conocía mejor que él.

Surka la entendía, y era su confidente para situaciones que no podría confiarle a Dexter por el mero hecho de que había temas que prefería discutir entre chicas. Además, si le decía a Surka quién era el hombre en cuestión, lo más probable era que la instara a lanzarse sin medida en una aventura sexual.

Dexter solía ser más cauto en los consejos que le daba y necesitaba escuchar sus opiniones. No consideraba la virginidad el tesoro más preciado ni un signo de pureza. No creía en esas paparruchadas propias de las sociedades prejuiciosas. Nadie estaba jorobando a los hombres con la dichosa virginidad. Que ella siguiera siendo virgen tenía solo que ver con precaución, y falta de oportunidades.

Para Beatriz era su corazón el más importante, y ese estaba muy resguardado bajo siete llaves. Aceptaba que el deseo era mutuo; casi parecía consumir sus pensamientos desde que lo conoció. ¿Y si Tahír se convertía tan solo en la persona que le enseñara el placer por primera vez? Así podrían ambos obtener lo que buscaban. Él, tenerla en su cama. Y ella, aprender en práctica lo que era tener sexo. ¿No era acaso un intercambio justo? Después cada cual podría ir por su lado. ¿No?

Necesitaba a Dexter.

La tormenta se desató con fuerza. No le gustaba quedarse sola cuando llovía tan fuerte como en esos momentos.

Surka solía burlarse de ella y le decía que debería conseguirse una mascota para abrazar en los días de tormentas. Beatriz prefería pedirle que le diera alguna píldora para dormir, ¿para qué era enfermera si no podía ayudarla?

\*\*\*

La inesperada situación había sido lo mejor, pensó Tahír, mientras contemplaba el cielo azul desde la ventana de su jet privado. Llevaban seis horas de vuelo, y solo quedaban tres para llegar a París.

Sentía que había recuperado nuevamente el control de sí mismo al abandonar el hotel en Cairns en la madrugada. Dejó pagado todo. Después se marchó. Al llegar a la mansión en Port Douglas, el ama de llaves tenía la instrucción de encargarse de devolver los automóviles al concesionario de lujo.

Organizar las maletas para abandonar Australia fue algo rápido. El personal de servicio de la mansión estaba contratado de forma perenne, así que él no tenía que preocuparse de nada salvo de llegar a tiempo al hangar. Como debía ser.

Durante la cena de la noche anterior había recibido la llamada de su padre, y esa maldita llamada era el motivo de haber dejado de lado su preciado tiempo libre.

—Los príncipes no se toman vacaciones. No me decepciones, Tahír —le había dicho en tono cortante cuando le informó que tenía que partir hacia Francia de inmediato—. Si pudiera levantarme hoy de esta maldita cama, yo iría personalmente a atender mis deberes reales. Pero estoy enfermo, maldición, y tus hermanos no pueden reemplazarme, así que debes hacerlo tú. Llama a Karim después de cerrar conmigo, y pídele un brief sobre la junta. Vas a representarme y por ende a Azhat.

—Qué bueno saber de tu interés por mi bienestar, padre —dijo con sarcasmo.

—No tengo tiempo para tonterías. Si eres experto en seguridad debes saber cuidarte las espaldas. Así que ahora ve y haz tu trabajo. Sé un príncipe cabal.

Y luego, le había cerrado el teléfono.

Su padre era el más acérrimo crítico sobre su proceder. ¿Acaso no le había dado a entender, años atrás, que quizá hubiera preferido que no fuese su hijo? Todavía llevada clavada esa daga en el pecho.

Si hubiera sido Karim el que llamaba, Tahír le habría exigido que se comunicara con Amir para que acudiera a la reunión en París o incluso a Bashah. Pero la llamada de su padre no admitía regateos. Jamás había podido estar en la misma habitación sin discutir con su padre. Solían tener puntos encontrados. Una relación ácida. Y ahora que estaba enfermo, la brecha distante entre ambos se había ampliado en lugar de que ocurriese lo opuesto.

Enfadado y ya sin apetito para volver a la mesa en la que había estado cenando, Tahír llamó a su consejero. Al segundo timbrazo, este le respondió con la misma voz ceremonial y amable de siempre.

Karim le informó que la junta en París era con los líderes mundiales para tratar sobre el cambio climático. Buscaban un compromiso para mejorar la calidad de vida de los países miembros a través del cuidado de recursos naturales. También iban a tratar sobre las energías renovables, así como el modo de controlar la polución.

—Debiste despertarla y decirle que ibas a ausentarte —dijo Sufyan.

Estaban sentados uno frente a otro en los confortables asientos de cuero café.

—¿Qué? —preguntó Tahír apartando la vista de la ventana. Tampoco es que hubiera un paisaje cambiante precisamente. Solo nubes y más nubes.

—Beatriz. La dejaste sin una palabra.

—Soy un prín…

—Sí, sí, ya sé lo que vas a decir, Tahír. Estamos entre amigos, y ya me harté de ver cómo las mujeres entran y salen de tu vida, pero en realidad ninguna merece la pena. Beatriz no es igual a tus habituales ligues ni modelos de una noche.

—Es mejor así. Ella no pertenece a mi mundo. Hubiera sido solo un revolcón de vacaciones. No necesito ese tipo de distracciones ahora que mi padre está más delicado que antes.

Sufyan lo miró un largo rato.

—¿Y eso implica que debas portarte como un cretino con una persona que, en realidad, no pidió tu atención? —suspiró—. Es una mujer preciosa. Seguro no le faltarán pretendientes… —se encogió de hombros—. En todo caso me alegra que la dejaras libre si consideras que puede ser solo un ligue.

Tahír apretó los puños hasta que los nudillos se pusieron blancos. Beatriz nublaba su juicio. Estaba seguro de que era el tipo de mujer que esperaría una relación a largo plazo y no unas noches bajo el influjo de la lujuria. Él solo quería llevársela a la cama. Desahogar su deseo y después dejarla ir. Pero como ella, podía encontrar muchas, claro que sí. Ahora tenía el cerebro más despejado. No iba a atarse a nadie. ¿No era París la ciudad del amor? Pues iba a aprovecharla concienzudamente.

—¿Qué eres ahora, la versión de Doctor Phill en Oriente Medio?

Su amigo, muy dado a contestarle o seguirle la corriente, se limitó a inclinarse y retomar el libro que había estado leyendo.

Tahír se pasó la mano sobre el rostro cansado.

Había muchas mujeres disponibles y esperando por él. No pensaba complicarse su existencia por el simple hecho de no haberse acostado con una en especial.

# CAPÍTULO 8

—Lo siento, Bea, de verdad. Llegué hace pocos minutos y cuando abrí la puerta estaba todo hecho un desastre —dijo Annie con tristeza, y mirándose los zapatos llenos ahora de tierra y agua—. Intenté limpiar, pero necesitaremos muchas manos para lograrlo. Hay que contratar una compañía de limpieza.

Eran las nueve de la mañana en Melbourne.

—Yo vine un poco antes —intervino Leny ante el silencio de Beatriz— y me fui a asegurar de que el agua no hubiera llegado hasta la parte trasera en donde guardas los planos de tus proyectos.

—¿Se salvaron?

—Me gustaría decirte que sí...

Aún con las maletas del viaje de regreso desde Queensland, ella observó con una expresión derrotada lo que había ocurrido en Bea's Tulip. Todas las semillas exóticas, los pocos implementos de jardinería que vendía y algunos sacos de abono especial que solía entregar bajo pedido estaban echados a perder. Y ahora, Leny le decía que los planos que guardaba en su oficina también. Tenía ganas de llorar. Las pérdidas podía cuantificarlas con facilidad. Eran más de diez mil dólares australianos. Estaba en la ruina.

Miró hacia el techo de madera. El agua continuaba goteando. La madera estaba evidentemente hinchada.

—¿Cómo pasó esto? ¿Cómo se reventaron las cañerías de mi departamento? Dejé todo en orden antes de marcharme —se dijo a sí misma en un susurro, tapándose la boca con las manos con estupor. Estaba segura de que no había dejado abierta ninguna llave—. Tengo que ir a ver el estado de mi departamento. Lo que me va tomar reconstruir todo esto...— Miró alrededor con la sensación de desolación.

—Ya he cerrado la llave que da paso al agua. Era imposible haber controlado algo así. Habrá sucedido durante la noche o el fin de semana —dijo Leny—. Quizá sea mejor que llamemos pronto a los fontaneros para que hagan una revisión exhaustiva. Así hacen un presupuesto de lo que costará arreglar esto.

—Supongo...—murmuró Beatriz.

—Es probable que esto haya sido más caótico porque seguro que empezó desde el fin de semana. Si hubiera sido solo una tarde de filtración de agua o quizá mediodía, Annie y yo hubiésemos contenido la situación a tiempo.

«El fin de semana». Bea ni siquiera tenía ganas de pensar en sus últimos dos días de trabajo en Port Douglas desde que había sido abandonada en un hotel como si no mereciera la pena o la consideración de una mísera comunicación de Tahír explicándole por qué se había largado sin despedirse en persona. Pudo haberla incluso llamado a la habitación. Ella lo hubiese aceptado sin problemas. Al menos ahora sabía que ese príncipe no era diferente a otros. ¿Que él había marcado su destino? Claro que no. Tahír había sido solo un lapsus en su existencia. Punto.

Había sido humillante bajar a desayunar, y que la recepcionista de turno le dijera que todo estaba pagado y que la comitiva del príncipe Tahír Al-Muhabitti había partido al amanecer. Sin embargo, se dejó instruido que un chofer la llevara cuando ella quisiera a Port Douglas. La amable recepcionista le aseguró que no había ninguna nota ni tampoco explicación adicional a lo que ya le estaba informando. Tampoco un número telefónico para comunicarse.

«Estás mejor así.»

—Gracias —murmuró, y Annie se acercó para darle un abrazo.

—Saldremos de esta, jefa —dijo tratando de sonar optimista, a pesar de que ambas sabían que el negocio estaba arruinado.

Leny le quitó las maletas de las manos y sorteó el camino hasta llegar a la parte trasera en donde estaba la discreta puerta que llevaba al piso superior. El departamento en que ella vivía.

Abrió la puerta y se encontró todo empapado. Las alfombras. Suspiró con fuerza. Fue hasta el baño. La manguera que iba conectada al inodoro, y la otra que estaba ligada al lavabo, estaban rotas. ¿Cómo demonios se habían zafado los conectores de que estaban enchufados a las tuberías? El resultado de ese accidente era un lodazal en toda la tienda, y un caos acuático en su departamento. Iba a esperar a que los fontaneros dieran su versión.

Beatriz se giró hacia sus empleados.

—Estamos fuera de servicio, muchachos. Tendré que poner de mi dinero para cumplir con las órdenes que ya están pagadas, pero me temo que no podré continuar pagándoles el próximo mes. Voy a cerrar la tienda un tiempo, al menos hasta encontrar la forma de sacarlo a flote de nuevo. Tengo que hacer nuevas proyecciones —suspiró— me toca empezar de cero.

—No vamos a dejarte, Bea —intervino Leny— nos quedaremos para sacar adelante esto.

Beatriz esbozó una sonrisa triste.

—Tienes una esposa y un bebé en camino. El sueldo que te pago cubre para dos, seguro, pero un bebé va a necesitar que hagas muchos gastos. —Le dio una palmadita en el hombro—. Hablaré con mi padre. Seguro él puede recomendarte o encontrarte un nuevo puesto. Tiene excelentes conexiones con asuntos de medioambiente, y él ya sabe que trabajas muy diligentemente.

—No hace falta, Bea.

—No tienes que hacer esto sola —dijo Annie—. Además, la tienda está asegurada. Solo es cuestión de rellenar el papeleo, y evaluar cuánto pueden cubrir de los arreglos. El resto llegará poco a poco.

No discutió. Estaba demasiado agotada incluso para eso.

Necesitaba las fuerzas para empezar de cero, en especial porque se temía que el seguro contra daños no iba a funcionar. Solía ir al banco a pagar mensualmente las cuentas a la aseguradora porque disfrutaba ese tiempo para despejar un poco la mente y también para pasarse por el hospital en el que Surka trabajaba, y que le quedaba de camino. El problema era que se había olvidado por completo de automatizar los cobros a su tarjeta de crédito —como estilaba cuando salía de viaje— y con todo lo ocurrido con cierto príncipe, las neuronas habían colapsado.

Ahora estaba arruinada. ¿A eso se había referido Ordella cuando le dijo que él iba a marcar su destino? ¡Já! Pues qué manera de cumplirse las predicciones de su madre, pensó con acidez contemplando su departamento.

—Gracias por vuestro apoyo —dijo mirando a Annie y a Leny—. De momento nos quedan unos días para llegar a fin de mes y trabajaremos juntos arreglando lo que más podamos en temas contables y de clientes. No me mal interpreten, aprecio mucho la intención de ustedes de quedarse a pesar de que no les pueda pagar durante un tiempo, pero no me parece justo. Todo ocurre por alguna razón. Quizá es preciso hacer un cierre breve de Bea´s Tulip, y reorganizar —sonrió— de pronto surgen nuevas ideas para innovar y volveremos a trabajar a toda máquina.

—De acuerdo, Bea. Entonces haremos nuestro mejor esfuerzo los últimos días para dejar ajustado todo, hasta que puedas reabrir la tienda —concluyó Leny dándole un ligero apretón en el brazo.

Al caer la noche, exhausta después de haber logrado limpiar todo el desastre y una vez que los fontaneros ajustaron las mangueras del baño, Leny y Annie organizaron temas contables de clientes, Beatriz al fin pudo respirar. La gente detestaba los días Lunes, pero ella más que ninguna persona en esos momentos.

Tenía un dolor de espalda que estaba matándola. Los pies parecían palpitarle. Y el estómago rugía de hambre. De mala gana fue hasta el refrigerador y lo abrió. Botellas de agua. Una pizza congelada. Litros de leche. Yogurt. Abrió el cajón de las verduras, pero no había ninguna. Llevaba dos semanas fuera de casa, así que todos los productos que podrían quitarle el hambre no existían.

Tomó el teléfono y llamó a un restaurante italiano que llevaba comida a domicilio. No tenía fuerzas para vestirse y salir al supermercado. Ya lo haría al siguiente día. Fue hasta el teléfono de la casa e hizo el pedido. Tendría que esperar alrededor de cuarenta minutos. Eran las ocho de la noche.

Fue a darse una ducha. No tenía intención de bajar a revisar nada en su tienda. De momento había logrado lo más importante: limpiar el desastre. Ya tenía arregladas las mangueras de agua que se habían zafado. «Los anillos que protegen la boquilla y que conectan al tubo de agua estaban flojos. Quizá por el uso o el movimiento constante. Las cañerías, como esta casa, son antiguas así que le recomiendo una revisión periódica del sistema de agua del departamento para que no vuelva a suceder un accidente de esta magnitud, señorita», le había dicho uno de los fontaneros.

Antes de entrar al baño, su teléfono vibró con un mensaje de texto. Se había olvidado por completo de su celular. Deslizó el dedo sobre la pantalla. Sonrió al ver de quién se trataba.

**Bea:** ¡Hola! Estaba justo por entrar a darme una ducha. Han pasado siglos sin saber de tu existencia.

**Dexter:** Lo mismo digo, señorita, ¿quieres tomar un café

conmigo? Hoy es el único día que cierran los bares de mi cadena, así que soy todo orejas. ¿Todo bien en Queensland?

**Bea:** Han sido unos días del demonio.

**Dexter:** Weeepa. ¿Literal?

**Bea:** Sip.

**Dexter:** ¿Cenamos? Ya sabes que no puedes decirme que "no".

**Bea:** Debo empezar a ejercer el poder del "no" entonces =) Pedí a domicilio. Estás invitado si te apetece una cena en platillos plásticos y cubiertos de igual categoría de lujo. Aunque probablemente me quede dormida antes de empezar a comer.

**Dexter:** ¿Pediste al italiano?

**Bea:** Mi debilidad, ya sabes.

**Dexter:** Toda una amenaza a tu figura. LOL. Estoy dentro de veinte minutos en tu departamento. Hay cosas que quiero contarte.

**Bea:** Eso suena prometedor.

**Dexter:** ¿Sarcasmo? =/

**Bea:** Te contaré cuando vengas…

**Dexter:** Llevaré vino. Presiento que lo necesitas.

**Bea:** Y yo que creía que era la síquica en la ecuación ;)

Dejó el celular de lado y se metió a la ducha.

Lo bueno de tener a sus amigos era que siempre podía contar con que podían sacarle una sonrisa. Antes de que Dexter llegara, ella iba a llamar a Surka. Así tendría que contar una sola vez su tiempo fuera de Melbourne, y de paso disfrutaba con sus dos mejores amigos en unos momentos en que su vida parecía deshacerse en pequeños trocitos de un rompecabezas.

*** * ***

Durante su estancia en Francia, Tahír había aprovechado para visitar la Riviera Francesa después de la convención climática. Estuvo con algunos amigos que tenía en Cannes y luego pasó por Montecarlo para disfrutar de la vida nocturna, y aprovechar también para saludar a sus pares reales en el Palacio

Grimaldi. Alberto era un buen amigo, y Tahír no había tenido oportunidad de saludar personalmente a los gemelos del príncipe de Mónaco, así que aprovechó su paso por Montecarlo para hacerlo. Por otra parte, apostar no era algo que Tahír disfrutara particularmente, pero dado que era parte del pack de entretenimiento se aventuró a ello. Perdió el equivalente a quince mil euros en la ruleta. Pensaba hacer su última jugada esa noche. No para recuperar el dinero, pues sabía que era imposible, sino para entretenerse con algunos conocidos que solían frecuentar los casinos tan famosos del principado.

Karim había volado desde Azhat para acompañarlo en las reuniones de Francia. Y junto a su consejero llegó el habitual equipo de seguridad que solía viajar con Tahír a todas partes. Un claro recordatorio de que las vacaciones para él habían acabado hasta cuando a su padre, el rey, se le diera la gana de reconocer que —como cualquier ciudadano del mundo— era preciso tomarse un respiro.

Los mejores amigos de Tahír habían optado por viajar hasta Ibiza. Aunque el príncipe ya no tuviera tiempo para disfrutar como le hubiese gustado de las vacaciones, Mawaj y Sufyan no iban a privarse de las suyas. No era justo. Lo acompañaron hasta Cannes, y luego habían tomado un vuelo hasta las islas españolas.

Esa noche era la última de Tahír en Europa, y la segunda en Montecarlo. Karim no tenía actividades en agenda para más tareas reales, porque las siguientes paradas estaban en Tobrath. Ese era el destino del día siguiente.

El ruido del casino y el aroma a dinero recibió a Tahír cuando entró al salón. Los candelabros de oro, las lámparas de cristal, y la elegancia constituían un escenario en el que él había nacido. Le resultaba natural y
se movía en él como pez en el agua.

Tahír, vestido elegantemente con un exquisito traje a medida, sonreía a la coqueta morena de ojos castaños que se había estado insinuando a él toda la noche. Iba a apartarse de la mesa de Póker para llegar hasta ella, cuando una palmada en el hombro lo detuvo de repente. Se giró.

—Después de todos estos años, al fin te dejas ver la cara, Al-Muhabitti.

El destello burlón en los ojos celestes de Bassil Ashummi era inconfundible. Habían pasado al menos nueve años desde la última ocasión en que se vieron las caras durante una fiesta en Londres.

—Ashummi —dijo Tahír estrechando la mano de su antiguo rival de las carreras de automóvil, y claro, también con las mujeres.

—¿Qué te trae por Montecarlo?

—Trabajo. Mañana regreso a Azhat. ¿Vas a jugar?

El vaso de whisky del príncipe reposaba sobre el borde de madera de la mesa para diez personas. Quedaban dos espacios vacantes, pues recién iba a empezar una nueva partida.

—Imposible rechazar semejante oferta con un amigo como tú —comentó riéndose antes de sentarse junto al príncipe. Miró hacia donde había estado la atención de Tahír minutos atrás—. Se llama Penélope. Me acosté ayer con ella.

—Seguro y no fue nada memorable o no estuviera interesada en continuar mirándome a mí, cuando se supone que solo anoche dejaste su cama. —Le hizo una señal al dealer para darle a entender que iba a jugar, y este asintió. El amigo de Tahír también asintió ante la mirada interrogante del dealer—. ¿Cómo has estado, Bassil?

El canadiense soltó una carcajada.

—No he tenido un contrincante tan obstinado como tú, debo reconocer, en todos estos años —se frotó la barbilla perfectamente afeitada— quizá deberíamos plantearnos un reto que merezca la pena. Para celebrar este casual reencuentro.

Tahír enarcó una ceja.

—¿En la mesa de Póker?

—Ahora que acabo de retomar el contacto contigo —se sacó una tarjeta de presentación del bolsillo izquierdo y se la entregó a Tahír. Este la guardó en el bolsillo del pantalón negro— tal vez pueda llegar a algunos acuerdos comerciales. Así que quizá podría ser un reto interesante medirnos en una mesa de negociaciones. Estoy expandiendo mi compañía.

—¿En qué te especializaste?

—Construyo parques eólicos en zonas desarrolladas de Europa, y trabajo en la perforación de pozos petroleros en Sudamérica. Ahora estoy en conversaciones con Arabia Saudita para empezar a invertir con ellos.

—¿Por qué te interesaría mi país, si ya estás en conversaciones con Arabia Saudita?

—Incursionaré en la minería. En las afueras de Tobrath hay potenciales zonas de diamantes y vetas de oro. No tanto como en África, pero las hay. Podríamos compartir los beneficios.

—Tendrás que hablarlo con mi hermano, Amir.

—¿Huyendo de un reto tan pronto, Tahír?

—No me gusta meterme en el campo de otros.

Bassil se cruzó de brazos, mientras una camarera le llevaba un coñac.

—Ahora que lo recuerdo, no te gustan las salas de negocios. Prefieres una batalla en el desierto —sonrió— ya pensaré en algo que te haga decidir manejar mi negociación. A menos, claro, que no te creas capaz de lograr un buen acuerdo y no puedas hacer una excepción para manejar tú la junta con mi compañía en lugar de que lo haga Amir.

—¿Ya tenías planeado una aproximación con mi padre para tu negocio? —preguntó a cambio. Había aprendido a controlar su temperamento.

—Sí. Era un plan a largo plazo ponerme en contacto con el rey Zahír. Encontrarte en Montecarlo solo ha anticipado mi jugada.

—No creo en las coincidencias —dijo sin controlar su tono desconfiado.

Bassil era un hombre muy recursivo. Después de que

hubieran asesinado a su padre, el embajador Ethone, durante una revuelta en una visita consular en Zaire, había convertido ese revés en una fortaleza para gestar una red de contactos corporativos importantes. Él era ahora un hombre de peso en las zonas potencialmente lucrativas del mundo.

Tahír no le había seguido el rastro a Bassil desde que el padre de este último acabó la misión diplomática en Azhat. No eliminaba el recuerdo de que el canadiense solía jugar sucio para conseguir sus objetivos. Las ocasiones en que le había ganado en las carreras, la esgrima o incluso cuando se había anticipado con una mujer que Tahír deseaba, tenía como marca distintiva alguna argucia. Estaba convencido de que su encuentro en Montecarlo no era en absoluto una coincidencia.

—Mi idea no es ayudarte a creer en ellas —dijo llevándose un puñado de maníes a la boca. Masticó con parsimonia—. Espero que me des una audiencia por los viejos tiempo, Al-Muhabitti.

—Por supuesto. Te pondré en contacto con mi secretario.

—¿Sigue trabajando el bueno de Karim contigo?

—Hasta hoy en la tarde, no había cambiado de opinión.

Bassil se echó a reír.

—De acuerdo. Empecemos la partida.

El dealer repartió las cartas. Mantuvieron silencio durante la partida. Concentrados cada uno en sus posibilidades, al tiempo que los otros siete participantes también lo hacían. Minutos más tarde, Tahír ganó la partida inicial y se hizo con el equivalente a veinte mil euros. Volvieron a jugar dos manos adicionales, en que los otros jugadores se repartieron las ganancias de la noche. Bassil no ganó en ninguna de las ocasiones. Había perdido treinta mil euros.

—¿Te retiras? —preguntó Bassil cuando vio incorporándose de la mesa a Tahír.

El príncipe se ajustó la chaqueta del esmoquin.

—Sí, ya he cumplido con mi cuota de juegos de azar por una temporada.

—¿Un whisky? —preguntó el empresario de cabello oscuro.

—Seguro.

A las dos de la madrugada, Tahír llegó hasta la habitación de su hotel.

Estaba relajado.

Después de despedirse de Bassil, sus ojos se encontraron con una rubia de piernas largas y de sonrisa pícara. Con un escotado vestido de diseñador, que destilaba varios miles de euros, ella no había reparado en acercarse.

—Así que eres un príncipe —le preguntó mirándolo a los ojos, mientras se quitaba los zapatos—. Me encantan las historias que cuentan de que son un poco pervertidos en sus prácticas amatorias.

Tahír no pudo evitar reírse. Se calló abruptamente cuando la mujer, Ivonne, dejó que el vestido se deslizara sobre sus hombros hasta quedarse en bragas. No llevaba sujetador. Él sabía diferenciar un par de pechos naturales de unos operados. Era evidente que la gravedad no era un factor que afectara a las redondeadas curvas de pequeños pezones y areolas de matiz rosado. Era una mujer espectacular.

—¿Sí? —avanzó hasta colocar las manos sobre las caderas de la publicista. O al menos esa era la profesión que le dijo ejercía—. Entonces debe gustarte que te aten a la cama, te venden los ojos y te den placer, pero sin darte la oportunidad de tocar a tu compañero. ¿O me equivoco? —indagó subiendo las manos por la piel suave hasta posarla sobre los pechos. Acarició los pezones con los pulgares, hasta que estos se convirtieron en duras bayas.

—Me encanta.

Con media sonrisa, Tahír la tomó en brazos y la dejó sobre la cama. Con pasmosa agilidad, ella le quitó la chaqueta, luego el corbatín, y después se deshizo uno a uno de los botones de la camisa blanca. El torso musculado y atlético de Tahír quedó a la vista. Piel aceitunada con algunas cicatrices producto de sus contiendas en esgrima, travesuras en las montañas cuando era pequeño o alguna pelea con sus hermanos en las que, generalmente, él era el accidentado por ser tan inquieto.

—Bésame, príncipe del desierto —murmuró agitando las pestañas postizas.

Estaba excitado. No iba a negarlo. Pero de repente el ver un cuerpo hecho con retoques de cirugía plástica, así como lo fácil que le había resultado encandilar a Ivonne para llevársela a la cama, lo detuvo antes de inclinarse para besarla.

—¿Por qué accediste a acostarte conmigo tan rápidamente? —le preguntó.

Tenía el pantalón desabrochado, y su miembro vibraba contra la tela del bóxer.

—Me encantan los hombres poderosos.

—¿Sin importante quiénes son en realidad?

La mujer frunció el ceño un segundo, pero pronto esbozó una sonrisa y alargó la mano para tomar el sexo de Tahír sobre la tela. Lo apretó, y él gimió.

—No sé por qué de pronto tienes ganas de hablar, bombón. Un rato de diversión para ti y para mí —se mordió el labio inferior en un provocativo gesto, antes de mover las caderas insinuando que estaba lista para él— eso es todo lo que necesitamos para ser felices en un mundo lleno de lujos.

Miró la expresión complacida y tan superficial, y de repente, sintió asco de sí mismo. Había ligado con ella, porque quería pensar que era otra mujer. Una a la que dejó sin ningún tipo de explicación con la mayor descortesía posible. Era como si todas sus acciones estuvieran destinadas a empujarlo a pedir disculpas a Beatriz Fisher. Pero necesitaba quitársela de la cabeza.

Meneó la cabeza, como si tratara de quitarse la imagen de la sonrisa de Beatriz, el cuerpo curvilíneo —natural— en bikini, el sabor de aquel beso que llevaba grabado en la memoria. Tomó los extremos de la tanga de Ivonne y la arrancó. Eso

generó una risita tonta en la muchacha.
Cerró los ojos y se dejó llevar.

# CAPÍTULO 9

—No pensé que volvería aquí tan pronto —dijo Bea sonriéndole a Michael, el bartender del One Second, el bar de una de las cadenas de entretenimiento de Dexter.

La noche en que Dexter y Surka fueron a su departamento, no solo se emborrachó hasta perder la conciencia, sino que recibió un sabio consejo de ambos. «No todo tiene que llevar al amor. Si encuentras alguien que te atraiga, entonces acepta el reto», había dicho su mejor amigo. «Siempre que te sientas segura de que no es ningún maniático», había agregado Surka con seriedad.

Aunque ambos se prestaron para ayudarla económicamente a levantar el negocio de nuevo, Bea prefería hacerlo por sus propios recursos. Les dijo que lo único que aceptaría era que ellos recomendasen su nombre a posibles clientes.

También necesitaba dinero rápido, así que aceptó la propuesta de Dexter de ayudarlo sirviendo mesas hasta que ella quisiera. Aquel era un trabajo que ya había realizado anteriormente, pero como Bea´s Tulip había ido progresando, no se encontró en la necesidad de estar en el bar. Agradecía no ser el tipo de persona que despreciaba un trabajo. Todavía contaba con la paga de los Creekon, quienes habían alabado su buen ojo en la renovación de la mansión de Port Douglas, así que poseía un colchón económico para ir poco a poco recuperando el ritmo.

Aunque Dexter le había ofrecido manejar el área administrativa de One Second, ella rehusó porque estar sentada en una habitación viendo números, y encerrada, le daba fobia. Le gustaba la gente, y el aire libre. Y puesto que no podía estar al aire libre de momento, al menos contaría con la posibilidad de interactuar con otros y hacer dinero con las propinas, escuchar buena música y estar cerca de Dexter cuando él hacía rondas de control en el local. Era un buen trato.

—Tienes una semana trabajando y algunos admiradores —comentó Michael.

Él llevaba en One Second desde su apertura, ocho meses atrás. Hacía unos cocteles deliciosos, y además estaba muy guapo. Lástima que fuera gay, pensaba Bea. Pero eso no lo sabían las clientas, y él sacaba provecho para vender más licores o ganarse una propina extra. Un chico listo.

—¿El portugués?

Michael se encogió de hombros.

—Ignoro su procedencia, pero asumo que si continúa viniendo pronto te vas a enterar de algo más que solo su lugar de nacimiento. Una noche que dejes volar tu ropa por los aires y le permitas a tus piernas recibir un buen polvo, te va a dejar durmiendo como los angelitos.

Beatriz se rio. Michael no tenía ningún filtro para hablar. La hacía reír su irreverencia.

—Eres terrible. ¿Lo sabías?

—Sí. Mi esposo se aprovecha de ello —replicó haciéndole un guiño.

Bea se giró con disimulo hacia el sitio a donde apuntaba la mirada de Michael. Aquel cliente no era un hombre guapo, pero sí atractivo en conjunto. Al notar su mirada, él le sonrió. No era la primera vez que ella lo veía en el bar. Eso era cierto. Pasando una noche se pasaba y solía ordenar la misma bebida. Tenía el cabello ondulado, rubísimo, y ojos cafés. Tenía una sonrisa fácil, y parecía muy amable.

Puso en la charola dos cervezas y un mojito.

—Solo sé su país de procedencia, y que se llama Fabrizzio. No tiene anillo… Tampoco es que yo esté buscando una relación.

Michael sirvió una cerveza cuando un cliente se sentó a la barra.

—Sabrás tú qué haces con esa mirada incendiaria que te lanza, tesoro. Esas cervezas son para la mesa ocho. El mojito para la quince. —Bea asintió acomodando la bandeja—. El concierto empieza dentro de veinte minutos. Así que esto se pondrá hecho un caos. Menos mal están todos los meseros.

—Menos mal —murmuró Bea antes de adentrarse en el caos que implicaba un negocio con comida y música en vivo. En especial si ese grupo era Maroon 5, porque el vocalista era buen amigo de Dexter, e iba a dar un concierto privado para los dueños de una corporación, así como para los clientes que quisieran hasta completar la capacidad de ciento veinte personas del bar.

A Bea le encantaban los colores en las gamas de fucsias, camel, y tonos lilas entremezclados en diferentes áreas del local. Las mesas para los comensales eran amplias. El menú servía comida tradicional australiana, alemana gourmet, y un par de platos mediterráneos. También había un ambiente en el que estaba dispuesta una mesa de billar, y que solían ocupar los clientes más jóvenes.

La barra de licores era de cristal y estaba iluminada. La cantidad de ofertas alcohólicas era impresionante, así como la variedad de sus procedencias. Daba la sensación de estar en una película del futuro. Era divertido para Beatriz.

Cerca de las tres de la madrugada, luego de todo el alboroto por el concierto y las bebidas que iban y venían, apareció Dexter. Ella se lo encontró cuando salía de quitarse el uniforme de mesera. Una falda corta negra, una blusa blanca de mangas cortas y con el sello del bar en el bolsillo ubicado sobre el pecho izquierdo, y zapatos de tacón. No le gustaban particularmente los tacones, pero era parte del trabajo y tampoco estaba para quejarse.

La expresión facial de Dexter denotaba preocupación. Beatriz no dijo nada, tan solo ayudó a recoger las mesas con el resto de meseros, y una vez que estuvo cerrada la caja y hecho el inventario del día, esperó a que su amigo bajara de la oficina ubicada al final del pasillo en donde constaban también los casilleros y aseos para el personal.

Estaba sentada en la barra. Con un cómodo vestido de mangas que le llegaba hasta la rodilla y unos flats rojos. Llevaba el cabello recogido en una coleta. Se había removido el maquillaje.

—¿Sigues aquí? —preguntó él en un tono poco usual—. Pensé que ya se habían ido todos.

Ella negó.

—Te vi preocupado cuando entraste hace unas horas. ¿Quieres hablar de ello?

—Hoy no soy buena compañía, Bea. —Sacó las llaves de su automóvil.

—Tampoco lo era yo cuando volví de Queensland, pero, heme aquí. Dos semanas después, ya estoy recuperando mi sentido común —dijo con una sonrisa.

—Te llevo a casa.

—Ya sabes que vengo en mi carro.

Dexter se pasó la mano entre los cabellos. Era mucho más alto que ella. Y cuando se enfada, con otros no con Bea, podía parecer muy amenazador.

—Te sigo en mi automóvil hasta tu casa, para asegurarme de que llegas sana y salva, y te invito a almorzar para conversar mañana. ¿No tienes turno, verdad?

—Nope. De hecho, los próximos dos días no tengo que venir al bar. Cubrí el turno de Harriet hoy. Está un poco agripada.

—Ya decía yo que era raro verte un día miércoles —dijo con una sonrisa sin brillo—. Venga, Bea, vamos a casa.

\*\*\*

Tahír acababa de regresar del gimnasio.

El sudor le recorría la piel y tenía los músculos sensibles todavía por el entrenamiento. Esa mañana había trabajado con su instructor de box. Se secó el rostro con la toalla que llevaba colgada al cuello, mientras se dirigía hacia su habitación ubicada en el rihad privado.

Las últimas dos semanas, desde su regreso, había doblado el tiempo que pasaba en el gimnasio y le había pedido a Karim que incrementara la cantidad de trabajo de temas de representación como miembro de la familia real. Su consejero se limitó a enarcar una ceja, ante tan extraño requerimiento, y después fue a consultar sobre próximas actividades.

Después de la noche en Montecarlo, en la que tuvo que pedirle a Ivonne que se marchara sin haber hecho otra cosa que pensar que deseaba que ella fuese una australiana cuyos labios no podía olvidar, no había podido quitarse de la cabeza el modo en que había dejado a Beatriz en Cairns. Ni siquiera pudo tener sexo con otra mujer. Eso jamás le había ocurrido.

Daba igual a cuántas mujeres hubiera desnudado en su vida. Ninguna de ellas era Beatriz. Ninguna de ellas había conseguido enardecer su necesidad de tenerla, hasta el punto de no poder estar con otras. Maldita fuera, tenía que controlarse.

—Tahír —llamó alguien a su espalda.

Estaba en la mitad del corredor que dividía las zonas que conducían a las habitaciones de cada miembro de su familia. El sonido de esa voz le recorrió la columna vertebral como una espada de acero. Fría. Punzante. Apretó los puños a los lados y giró sobre sí mismo.

Su fantasma del pasado. La mujer que había conseguido destrozarlo.

La observó de arriba abajo. Estaba vestida con una falda

larga en tono verde esmeralda que ceñía su estrecha cintura. Una blusa blanca de cuello alto y sin mangas completaba el atuendo. Llevaba un hiyab a juego con la falda larga, y tenía puestas unas babuchas en punta con pedrería multicolor. En conjunto era un atuendo reservado y elegante. Jamás había sido de otro modo.

Tahír sintió la garganta seca. El corazón acelerado. Nada tenía que ver con el amor y todo con el desprecio que no había dejado de sentir. Verla ante él, tan hermosa y a la vez vulnerable, fue una bofetada a su idea de que la había olvidado. Quizá no sintiera nada por ella, más que repulsión por la traición, pero el recuerdo de la afrenta persistía.

—Alteza real, para ti. ¿Qué haces en esta sección del palacio? —le preguntó. Tenía ganas de romper algo. Gritarle al tonto de Bashah. Hubiera esperado que la enviase a alguna de las casas de los Al-Muhabitti lejos de Tobrath a trabajar. No que la instalara en el palacio haciendo quién sabría qué diablos.

—Alteza —murmuró Freya haciendo una leve inclinación de cabeza.

Lo miró con aquellos ojos en los que Tahír se había perdido muchas noches. Incontables tardes… Lejos de que el tiempo hubiera dejado estragos poco halagüeños en Freya, su rostro estaba más maduro y hermoso. Sus curvas ahora eran menos exuberantes, y aún así su figura conseguía atraer la mirada con pasmosa facilidad.

—No has respondido.

—Yo… El príncipe Bashah me concedió la posibilidad de trabajar en el palacio. Algo que debo agradecerte… agradecerle, alteza —corrigió—. Me dio a elegir entre el área de correos o como asistente en el área protocolaria.

—Ninguna de esas dos zonas están dentro del palacio, y ninguna de esas dos zonas deberían traerte a estas áreas privadas.

—Necesitaba hablar con usted…

—No hay nada que hablar.

—Me gustaría explicarle —continuó con el tono cauto— lo que ocurrió aquella noche en que lo secuestraron. Por eso pedí la audiencia. Por eso...

La sola mención rompió los hilos que habían estado conteniendo a Tahír. Prácticamente se lanzó sobre Freya, y la mantuvo contra la pared. Con la mano en la garganta, tratando de no matarla con sus propias manos. Ella respiraba con dificultad y él la observaba con intenso repudio.

—¡No tientes tu suerte, mujer! —la soltó, y le dio la espalda—. Tú y yo no tenemos nada que hacer. Nada que hablar. Si quieres permanecer en el trabajo, entonces te toca ser un fantasma. No existes. No intentes hablar de nuevo conmigo o vas a conocer mi lado pérfido.

—Amenazaron con matar a mi hermana... Vivíamos en una zona humilde. Solo éramos las dos, y una amiga solía cuidarla mientras yo trabajaba. Te conocí por casualidad, Tahír, y me enamoré de ti.

—Una embajada no es una zona humilde.

—Esa noche acababa de terminar mi turno como mesera de una compañía de catering que a veces me contrataba... Los vestidos nunca han sido un problema, si acaso te lo preguntas, porque tengo buena mano para la costura. En la cárcel me dedicaba a enseñarles a algunas de las presidiarias que querían...

—No me interesa tu vida en la cárcel —zanjó girándose nuevamente para encararla. Odiaba sentirse inclinado a creerla.

—Cuando ellos... —continuó— Cuando los secuestradores me vieron contigo una noche, al siguiente día se me acercaron. Me habían investigado... Me dieron un ultimátum. O tú o mi hermana. Y yo... —dijo con voz temblorosa, aunque bastante fuerte para que él escuchara. Lo observó apretar los puños a los costados—. El día en que me metieron a la cárcel, la enviaron a Elmahi a servicios sociales. Mi hermana solo tenía seis años. No logro encontrarla y es toda la familia que poseo. Necesito explicarle a ella que no la abandoné. Ese es el único motivo por el que fragüé una supuesta revuelta en contra de la monarquía... Era el único modo de llamar la atención, porque sabía lo importante que era la seguridad de este país para usted... Porque sabía, y sé, que me odia e iba a reaccionar. Por favor... Por favor, escúcheme... alteza... Necesito que me ayude a encontrar a mi hermana...

Tahír no iba a caer en sus mentiras. Ni iba a dejarse ablandar por el tono de voz quebrado de Freya. No quería escuchar más explicaciones.

—Regresa a tu puesto de trabajo. Y no vuelvas a dirigirte a mí.

Sin más, Tahír continuó su camino.

La herida estaba abierta y escocía.

*** 

—¿Qué creías que estabas haciendo al poner a mi examante en el palacio? —preguntó Tahír cuando encontró a su hermano Bashah firmando unos documentos en el despacho privado de este.

Se había duchado, y estaba vestido con un esmoquin. Tenía que atender una gala para recordar el nacimiento de un famoso pintor del país. Umel Pash. Iba justo de tiempo, aunque no iba a esperar más ahora que Karim le había confirmado que Bashah ya estaba de regreso en su oficina despachando los últimos detalles de su jornada de trabajo.

—Verte me alegra el día, hermanito —replicó el príncipe heredero con sarcasmo. No era novedad que, su talante oscuro y la belleza masculina, era muy solicitado por las mujeres por donde quiera que iba.

Tahír sabía cuál era el talón de Aquiles de Bashah. Su amiga de la infancia, Adara Rizik, podía conseguir —si acaso algún día volvía— que su hermano se pusiera de rodillas. La historia que involucraba a Adara era una que no mencionaban jamás. Cada uno de los hermanos lidiaba con sus fantasmas del mejor modo, pensaba Tahír.

—Responde, Bash —insistió. Le había costado recobrar la

compostura luego de ver a Freya.

—Me pediste que me ocupara de ella. Que le diera un empleo. Se lo di.

—¡Pero no cerca de mí!

Bashah soltó una carcajada.

—Escucha, nunca has querido hablarme sobre esa mujer, más allá de pedirme que le encuentre un puesto para evitar problemas. ¿Qué problemas eran esos?

—Una protesta contra la monarquía.

—Bueno, entonces puesto que no ha existido tal protesta ni ninguna que se le parezca desde hace mucho tiempo en Tobrath, tengo a buen juicio deducir que mi gestión dio resultado.

—La quiero fuera del palacio.

Bashah suspiró. Se apartó de la silla y fue a servirse un trago de whisky. Le ofreció un vaso en silencio a su hermano, pero Tahír lo rechazó.

—No pienso meterme en tus asuntos, así como no te permitiría meterte en los míos, Tahír. Intenta escuchar qué es lo que quiere esa muchacha. Quizá si le das la oportunidad de escucharla deje de tratar de llamar tu atención. De momento no puedo despedirla. Tiene cuatro meses de contrato a prueba. Ya no manejamos los temas laborales como antes. Se respetan las normas a rajatabla. Ahora hay normativas y echarla a la calle sin motivo implicaría una demanda que no tengo ganas de sobrellevar, cuando es evidente que tú tienes la solución en las manos. Lo siento, hermano. Tendrás que lidiar con la situación.

—Joder —murmuró Tahír antes de darse la vuelta y cerrar de un portazo.

\*\*\*

La oficina solía estar llena de empleados que trabajaban a mil por minuto para satisfacer todas las demandas diarias de la familia real. Esa hora, alrededor de las seis de la tarde, era el momento en que empezaban a cerrar la jornada, así que todos se ponían un poco más insistentes en los requerimientos interdepartamentales.

—¿Lograste hablar con el príncipe? —le preguntó Brunah. Llevaba tres años en el puesto de asistente de presupuestos del palacio, y compartía oficina con Freya.

Se trataba de un nuevo edificio adyacente al palacio en donde estaban instaladas las oficinas en que se manejaban temas netamente administrativos. Rara vez los empleados cruzaban el camino de gravilla y hermosos arcos de flores que llevaba hacia la entrada lateral del palacio. La primera oficina con la que se topaban era la de los tres consejeros y secretarios de los príncipes. Eran tres hombres intimidantes y muy diferentes entre sí, no obstante, compartían al parecer cierta afinidad de carácter con los príncipes a quienes servían y estos los tenían en gran estima.

—Sí…

Freya estaba cotejando datos en el ordenador de la oficina que manejaba la correspondencia del palacio. Ya casi era la hora de salida.

—¿Qué ocurrió? —presionó la muchacha de piel negra y vibrantes ojos negros.

—Me odia —suspiró guardando en el archivador las cartas que enviaban los ciudadanos con saludos o preguntas a los miembros de la familia Al-Muhabitti— y no fue en absoluto fácil mantener la compostura antes de quebrarme y pedirle que me ayudara. Dijo que hiciera lo posible para mantenerme invisible. —Dejó algunos sobres clasificados para su jefe, pues era el encargado de enviar las notas que requerían respuesta urgente hacia los canales adecuados. La correspondencia diplomática y de tipo confidencial ya la llevaban directamente desde el palacio. Nadie tenía acceso a esos documentos, salvo los consejeros y secretarios de los príncipes, y el del rey.

Brunah y Freya eran amigas desde hacía unos meses. Habían coincidido en el comedor para los empleados en el piso cinco una tarde, y pronto empezaron a charlar. En la cárcel no se podía confiar en nadie, y Freya había guardado todos sus secretos durante años. Incluso cuando salió por buena conducta en ella persistió la necesidad de ser más cauta y estar más alerta. Pero algo en Brunah la impulsaba a confiar. Además estaba cansada de vivir en soledad el remordimiento y la tristeza por lo que había tenido, pero que no le fue posible evitar perder.

Ver frente a frente a Tahír la afectó mucho. El tiempo había sido generoso con él. Lucía más musculoso. Irradiaba una virilidad atrapante y una sensualidad salvaje, pero contenida. Había madurado. Los periódicos o medios online ya no mencionaban la vida alocada del príncipe. Solo hablaban de las buenas gestiones que hacía en temas altruistas y proyectos para el cuidado de la frágil fauna de Azhat. Se había convertido en un hombre respetado, y en un príncipe reservado con su vida privada. Todo lo opuesto al muchacho de dieciséis años de quien ella se había enamorado años atrás.

Si pudiera retroceder el tiempo…

—Fue un capítulo complejo que pudo haber creado una gran tragedia si esos hombres que te chantajearon hubiesen matado al príncipe.

Freya apretó los labios y agachó la cabeza.

—Cuando lo vi tirado en el piso sangrando, golpeado y atado se me partió el alma. Quise ayudarlo, quise liberarlo, pero estaba de por medio la vida de mi hermana —elevó la mirada— al final, los perdí a ambos.

Semanas atrás, Freya había dejado que sus recuerdos afloraran. Sentada en la mesa de un sencillo restaurante de la ciudad, ella y Brunah, escucharon sus mutuas historias. Brunah era madre soltera, y había tenido que lidiar con una pareja drogadicta y abusiva. Al final había ganado la custodia de su única hija, pero las secuelas sicológicas del maltrato todavía la atormentaban. El empleo en el palacio lo consiguió gracias a que su madre era amiga de la mujer que dirigía el harén, una tal Yosoulah.

Para todos era de conocimiento que el harén era solo el

recordatorio de tiempos pasados, y que ninguno de los príncipes realmente le daba uso. Ni siquiera el rey cuando enviudó décadas atrás. Las muchachas del harén solo hacían espectáculos de danza del vientre o eventos muy específicos como parte de las tradiciones de Azhat. Corría el rumor de que el príncipe heredero, Bashah, estaba a favor de que el harén fuese abolido porque lo consideraba un símbolo de decadencia anacrónica.

—Él ni siquiera te dio el beneficio de la duda... ¿Y qué vas a hacer ahora?

Freya esbozó una sonrisa tímida.

—Hacer todo lo que esté en mis manos para que me ayude con sus conexiones a encontrar a mi hermana, aunque eso implique que me siga odiando.

—¿Qué quieres decir?

—Que no tendré escrúpulos. Quizá Tahír no vuelva a amarme como yo todavía lo amo, pero haré que me escuche y que me ayude a recuperar a mi hermana.

# CAPÍTULO 10

Beatriz iría con Surka a un evento nocturno en la playa que estaba organizado por un grupo de artistas que eran hábiles con malabares en los que utilizaban fuego y elementos naturales. Pero ahora esperaba a Dexter en un bonito local que acababan de inaugurar con comida de la India. No era muy fanática de la comida picante, aunque de vez en cuando disfrutaba probando otras sazones.

—No encontraba parqueo —dijo Dexter saludándola con un beso en la mejilla—. Siento la demora. —Se quitó las gafas de sol, y se acomodó frente a Bea.

—Te estaba esperando para ordenar. Tú eres el experto en gastronomía, así que haz los honores.

Dex sonrió, y llamó a la mesera. Le dictó la orden, en conjunto con dos vasos de Pepsi, y después se intentó relajar. Algo complicado dada la noticia que iba a soltarle a su mejor amiga.

—Un calor infernal afuera —dijo Dexter con un resoplido.

Beatriz frunció el ceño. Cuando él hablaba del clima, el problema era más grande de lo pensado.

—No estamos para hablar del clima, ¿verdad? —preguntó con suavidad colocando su mano sobre la de Dexter—. ¿Qué ocurre? Me puedes contar lo que sea.

Él bebió del vaso, tres largos fríos tragos.

—Mi padre tiene cáncer al páncreas. Nos reunió hace unos días para decírnoslo. Mamá está devastada, y mis dos hermanas inconsolables. Ya sabes que siempre hemos sido muy unidos, y este es un gran golpe para la familia.

—¡No! —exclamó ella tapándose la boca con la mano. Sin pensarlo dos veces se incorporó y acudió al lado de Dexter para abrazarlo con fuerza—. Lo siento tanto. ¿Existe alguna posibilidad de que se sane?

Kirk Louden era un patriarca bonachón que manejaba su imperio empresarial con puño de hierro, y se había ganado el respeto del círculo ejecutivo a pulso. Beatriz lo conocía, pues solía pasarse por la casa de Dexter —antes de que su amigo se hubiese independizado— y tenían largas discusiones sobre política y medioambiente.

—El necio de mi padre lo ha sabido hace seis meses. ¡Seis meses, Bea! —dijo abrazándola también con firmeza—. Ahora lo ha confesado porque, según sus propios argumentos, no ha querido preocuparnos. Esa baja de presión, el azúcar o los repentinos malestares estomacales habían sido consecuencia de la quimioterapia.

—¿Cómo no se dio cuenta Lori? —preguntó incrédula, pues sabía que la madre de Dex era bastante suspicaz. Ante la mirada desolada de su amigo, lo dedujo—. Ella lo sabía… Ambos lo sabía. Oh, Dios.

—Se creen invencibles… Creían que podían hacerlo en silencio sin que nos enterásemos.

Permanecieron así, abrazados un largo rato.

—¿Y qué argumento les dieron para finalmente haberles dicho lo que ocurría?

—Que la quimioterapia no dio resultados, y lo han desahuciado.

—No sé qué decirte, Dex…

—Voy a necesitarte a mi lado, Bea. No sé si pueda con

todo esto.

—Claro que sí, siempre estaré para ti, Dex —murmuró ella, desolada.

La familia Louden era excepcional, además que también conocían a sus padres. No dudaba que Ordella estuviera al tanto de la situación, y no precisamente porque alguien se lo hubiera ido a contar. Imaginaba que su madre no había dicho ni una palabra por el mismo motivo por el que, de haberlo sabido, Bea tampoco lo hubiese hecho: el destino tenía que seguir su curso, y ante una enfermedad de esa magnitud —cuando estaba marcado el camino— no había nada que hacer para detenerla.

Era en ese tipo de situaciones cuando se sentía impotente al no poder ayudar a la gente que quería. Quizá si su capacidad premonitoria hubiese estado ejercitada, tal vez habría podido advertirle a Dex que algo no iba bien en la salud de Kirk. Aunque no creía que hubiera servido de mucho… Suspiró, con pesar al sentir la aflicción en Dexter, mientras terminaban de almorzar, ya sin muchos ánimos.

*** 

Era un necio, se dijo Tahír mientras observaba cómo Beatriz se despedía de un hombre abrazándolo del cuello y pegando su cuerpo con la confianza que solo podría tener con un amante. No sabía por qué había accedido al maldito impulso lo de ordenar un vuelo repentino desde Azhat hasta Melbourne.

Después de haber visto a Freya, Tahír había sentido en el pecho la punzante necesidad de convencerse de que no era posible que le hubiera permitido convertir su corazón en piedra con su traición. Quería convencerse de que ella no lo había afectado con su confesión… que no lo había hecho dudar por un instante de su explicación.

Tal vez necesitaba la certeza de primera mano de que había alguna mujer allá afuera capaz de vencer sus muros y sacarlo de su encierro emocional. Tal vez necesitaba percibir la inocencia de otro ser humano para calmar su alma inquieta y adormecer de nuevo el amargo pasado que lo había llevado a probar muchos cuerpos y ser indiferente a tantos corazones. Tal vez necesitaba a Beatriz.

Después de la charla con Bashah, Tahír había contactado al investigador privado de su hermano para pedirle que encontrara el sitio exacto en que vivía Beatriz. Con los datos en mano organizó en un día la agenda de trabajo, y Karim no tuvo opción de protestar cuando lo instó a hacer lo mismo. Pensaba despachar cualquier reunión por videoconferencia mientras estaba en Australia. Necesitaba quitarse a Beatriz de la cabeza, y descubrir qué rayos era lo que le ocurría con ella.

Y ahora, bajo cielo de Melbourne, se sentía como un idiota sentado en el Mercedes Benz negro observando cómo la mujer que no podía quitarse de la cabeza ya estaba con otro. «No ha perdido el tiempo». Y él no tenía ningún derecho a pensar de ese modo, porque, ¿acaso él había perdido el tiempo? Claro que no. De todos modos, su lado egoísta, al verla en brazos de ese hombre vibró como si le hubiesen dado una bofetada. Se sentía estúpidamente posesivo. «Estúpido.» ¡Solo habían compartido un maldito beso!

Aunque él pensaba conseguir repetirlo, y hacer un tanto más que solo besarla.

—Regresamos al hotel —dijo a su chofer.

***

Después de haber bebido un par de copas de vino con Surka en la playa, y de disfrutar el bonito espectáculo al aire libre, Beatriz llamó a Dexter para saber cómo iba todo en casa. La llamada al último pitido la envió al buzón de voz. Le dejó un mensaje diciéndole que le avisara cualquier novedad porque ella quería ir a hacerle una visita a los Louden.

Fue a dejar a Surka y de regresó paso por un Starbucks. Ya casi eran las diez de la noche. Al siguiente día iba a empezar sus planes de reconstrucción de Bea´s Tulip. Tanto Annie como Leny habían encontrado otros empleos, y ella estaba contenta por ambos. Solo esperaba que, cuando volviese sobre la marcha con su negocio, quisieran regresar a la tienda.

De momento tenía un cliente, recomendado por Surka. Se trataba de una paciente del hospital que acababa ser dada de alta, y puesto que había pasado varios días internada, su jardín era un desastre. Necesitaba una buena mano con las plantas para darles vida y agregar otro poco para embellecer el jardín delantero. Era un trabajo que pagaba poco, pero era un ingreso que no iba a despreciar. Gracias al empleo temporal en One Second, estaba al día en sus cuentas.

Lo mejor de todo era que tenía su casa.

Abrió la puerta y se encaminó hacia su piso. Después del desastre de las mangueras de agua, tuvo que renovar las alfombras y darle una mano de pintura en el baño. Nada tan caótico como lo que pensó que sería en un inicio. Menos mal.

Se quitó las sandalias y fue hasta el lavabo para quitarse el maquillaje. Llevaba un short morado y una blusa en un tono más bajito. Ese tipo de blusas de seda marcaba sus pechos y se pegaba a la curva de su cintura. Le gustó coquetear un poco en la playa con uno de los asistentes al evento. Un tal Robert. Había pasado un buen rato, la verdad. Se sentía viva y con ganas de conocer a alguien especial. Que su vida laboral por ahora estuviese algo estancada no implicaba que iba a permitírselo a su vida sentimental… o sexual.

Surka le dijo, durante el camino de regreso, que iba a presentarle a un médico que acababan de transferir de Perth y que estaba soltero. ¿Una cita a ciegas? ¿Por qué no? Beatriz aceptó la idea, pero le pidió que antes le enviara una fotografía. Surka se había echado a reír, aunque no puso objeción. Desesperada no estaba, y tampoco era cuestión de salir con el primer hombre que pasara frente a ella.

Era lo justo.

Empezó a servirse un bowl con cereales cuando llamaron a la puerta. Esperaba que no fuera Dex con malas noticias. Le había dejado cinco mensajes de texto y uno de voz. Su amigo era de los que hablar las situaciones delicadas en persona. Y si estaba afuera solo podía explicarse con algo relacionado a la salud de Kirk.

Dejó el tazón de lado y abrió la puerta.

—Dex…

Nope. No era Dexter. La mirada felina del príncipe Tahír Al-Muhabitti la atravesó como un rayo. Impactante y decidida. Absorbió su imagen. Alto y atlético, la ropa informal que llevaba le sentaba como un guante. Jean negro que dejaba constancia de unas piernas bien ejercitadas, y una camisa blanca que hacía irresistible la idea de tocar sus antebrazos salpicados por vello negro muy varonil. Ya conocía esas abdominales que la camisa no lograba disimular. Cielos, tenía ganas de lamer su piel morena tan solo para deleitarse con el sabor que tendría…

Pero entonces recordó cómo había terminado una maravillosa tarde de buceo. Y sus neuronas volvieron a funcionar en sincronía.

—Hola, Beatriz —dijo él con una resplandeciente sonrisa y un precioso ramo de rosas en la mano. Eran de un color rojo vivo y algunas otras, blancas—. ¿Puedo pasar? —preguntó—. Esto es para ti. —Le extendió el ramo.

Ella lo tomó por inercia. Lo miró incrédula ante su desparpajo. Seguía siendo el mismo pomposo arrogante con el que se cruzó tiempo atrás.

—Después de dejarme tirada en un hotel, sin una nota, como si no mereciera la pena una explicación, te presentas de la nada ante mi puerta y tienes el descaro de preguntarme si puedes pasar a mi departamento… —siseó— pues no, no puedes.

Iba a cerrarle la puerta en las narices cuando él se lo impidió sin esfuerzo.

—Quiero explicarte mi comportamiento de ese día.

—No me interesa. Y si continúas aquí, entonces voy a llamar a la policía. Este no es un reino ni un principado en el que tengas injerencia o influencia por tu título.

Beatriz esperaba que no notara cómo le latía el pulso en el cuello. Tahír era guapo, sin duda, pero en él no existía nada delicado. Estaba hecho de líneas marcadas y músculos. Transmitía una sensación de que no existía nada en el mundo que no pudiera conseguir. Y lo cierto es que, si él no la hubiese dejado en el hotel, la decisión en ella de no mezclarse con Tahír se hubiera desvanecido.

Existía una suerte de guerra de voluntades declarada entre ambos. Una silenciosa y que causaba estragos en los nervios de Beatriz. Ella tenía la impresión de que podría terminar más perjudicada que él en ese escenario.

—Nunca me has tratado como un príncipe…

—Porque no te comportas como tal —dijo mirándolo, orgullosa.

—Debo hacer honor a lo que piensas entonces —expresó con una suerte de gruñido de frustración, antes de tomarla desprevenida y besarla. Cerró la puerta tras de sí de una patada.

El entorno de Bea estalló en mil pedazos. Los sonidos de los automóviles o las más mínimas posibilidades que estuviesen interrumpiendo la sensación de estar envuelta en una vorágine de sensaciones, desaparecieron.

El beso empezó como una despiadada lección de sensualidad, como un reto y como un castigo de Tahír por haberlo insultado, pero poco a poco empezó a transformarse en otra cosa muy diferente. Era algo que generaba temblores en todo el cuerpo de Beatriz, sentía los labios calientes y urgentes devorando los suyos, provocándole reacciones electrizantes, y no podía hacer otra cosa que gemir, devolver la misma pasión que estaba recibiendo, porque la sentía como lava efervescente.

Aceptó la intrusión de la lengua de Tahír, que conquistaba su boca con pericia, y salió a su encuentro sin reparos, sin pensar siquiera en cómo se aferraba a la camisa masculina. Una suerte de sofocante calor la escaldó por toda la piel. Era una sensación tan embriagadora que soltó un gemido murmurando el nombre de él.

Tahír no creía posible sucumbir a sus emociones como estaba haciéndolo. La férrea determinación de invitarla a salir, y pedirle disculpas —parecía que era su discurso habitual desde que conocía a Beatriz— se había transformado en una pasión incontenible al verla. Sin maquillaje, descalza, con el cabello suelto a su aire, y esos labios que lo volvían loco. Si a ello le sumaba que la blusa que llevaba dejaba entrever cómo sus erectos pezones buscaban atención, la fuerza de voluntad no le servía de mucho. No con Beatriz. Dios. Por esa mujer había recorrido más de diez horas de vuelo. Y solo por probar esos labios volvería a hacerlo.

Beatriz sintió las manos de Tahír recorriéndole el rostro, acariciando sus pómulos con los pulgares, y luego empezaron a descender por su cuerpo hasta quedarse en su espalda baja. Con ese movimiento la llevó a sentir la evidente erección presionándose contra su vientre, y ella experimentó un fuego líquido recorriendo sus venas hasta calentar la zona más sensible de su cuerpo. Estaba húmeda y con ansias de que la tocara más… que la acariciara más… La sensación le resultaba extraña, porque nunca los besos de otros hombres la habían afectado del modo en que Tahír lo hacía. Lo sintió frotarse sensualmente, y ella experimentó un anhelo imposible de tocarlo, desnudarlo, recorrerle la piel con las manos, probar su sexo, su sabor…

El baile frenético que Tahír había iniciado culminó tan abruptamente como había empezado. Los dos estaban boqueando tratando de conseguir llevar oxígeno a sus pulmones, mientras se miraban fijamente.

—Bea… —murmuró acariciándole la mejilla— lamento haberte dejado del modo en que lo hice. —Ella apartó la mirada y puso distancia. Tahír no hizo ningún intento de volver a tocarla, pero no porque se hubiera extinguido el deseo de hacerlo, todo lo contrario, sino porque era preciso primero aclarar la situación.

—Por favor, vete —pidió en un susurro.

—Ese hombre con el que estabas en la tarde… ¿Estás

saliendo con él? —preguntó sin más—. ¿Por eso quieres que me vaya?

Ella elevó la mirada, confusa.

—No sé a qué te refieres.

—En el restaurante de comida hindú. El tipo que te abrazó…

—¿Ahora te dedicas a ser un acosador, además de tus habituales actividades como príncipe? —preguntó con humor y procurando templar sus nervios, algo difícil de hacer—. Nunca te dije en dónde vivía, aunque creo que no quiero conocer el modo en que me encontraste. Y no, no estoy saliendo con Dexter.

Tahír se encogió de hombros, un poco avergonzado, pero experimentando al mismo tiempo un alivio al saber que el tal Dexter no implicaba ningún obstáculo. Era una situación fuera de lo común en su vida. Bastante bochornosa si lo reconsideraba… para un príncipe.

—Quería verte… ¿Es eso tan malo? No logro comprender los motivos, pero me ha sido imposible sacarte de mi cabeza.

El tono de voz algo apagado de Tahír, y el fuego en su mirada le causaron ganas de avanzar y volver a besarlo.

—Es tarde y he tenido un día pesado. Todo esto me parece fuera de sitio. Tengo cosas importantes con las cuales lidiar, Tahír. Un negocio, una vida… En ninguno de esos ámbitos estás tú presente.

Él apretó la mandíbula. No tenía demasiados argumentos porque lo que ella estaba diciéndole solo era la verdad. Eso no implicaba que Tahír fuese a aceptar tan fácilmente el hecho de que Beatriz lo estaba rechazando. Durante su vida había lidiado con el rechazo de su padre, el rey, a pesar de contar con el aprecio de los ciudadanos de Azhat, así como el afecto de sus hermanos. Le era posible tolerar la indiferencia o rechazo del rey, ya estaba acostumbrado; no ocurría lo mismo en relación a Beatriz.

El terreno estaba en su contra. Por idiota, por supuesto. Tenía una ligera ventaja. Ella, a pesar del lenguaje corporal esquivo que tenía en esos momentos, lo deseaba. Lo seguía deseando con la misma intensidad que había percibido la química que había entre ambos.

—¿Aceptas mis disculpas? —preguntó a cambio.

—¿Has hecho algo para merecerlas?

—No. No lo he hecho.

—Entonces ya tienes tu respuesta.

—Quiero compensarte.

Beatriz elevó las manos como si intentara pedirle al universo que le enviase iluminación para sacar fuerzas.

—Tahír, haz lo que quieras, yo me voy a dormir.

Con un asentimiento, él se apartó y salió sigilosamente.

Una profunda respiración no fue suficiente para aplacar el remesón que había experimentado en todo su ser. Beatriz no tenía más apetito. Se frotó los ojos con los dedos. Solo bastaba saborear la esencia de la boca de Tahír a la suya, para impulsarla a imaginarse una sesión de sexo ardiente. Iba a cepillarse los dientes dos veces. No, que fueran cinco.

Cuando se acostó a dormir, a pesar de que su boca olía a menta, sus sentidos —los muy traicioneros— habían decidido utilizar la memoria sensorial para recordarle lo que intentaba olvidar. Solo existía una forma de aliviar el ardor que experimentaba en su sexo, ahora húmedo, y el doloroso anhelo de que sus pezones fueran acariciados. No por cualquiera. Maldito fuera, Tahír, por interrumpir su vida de ese modo.

Le dio un puñetazo a la almohada antes de resignarse. Se acarició a sí misma. Deslizó la mano hasta su pantaloncito de dormir, sorteó el elástico de las bragas y llegó hasta su centro. Empezó a mover los dedos, mientras su mano izquierda estrujaba sus pezones. Cerró los ojos y pensó que todas esas caricias se las estaba prodigando un príncipe del desierto.

\*\*\*

—¿Te sirvo lo de siempre? —le preguntó Sally, la dependienta de un Starbucks en el que Bea era clienta frecuente debido a la cercanía con el bar de su mejor amigo.

El sitio estaba atestado. Eran casi las siete de la tarde. Beatriz entraba a trabajar en el bar de Dexter a las ocho porque era preciso hacer el inventario a tiempo de las bebidas. Tenía una hora para leer una novela que había empezado, y después cruzaría la calle. One Second estaba justo frente al Starbucks.

—Iced smoked butterscotch latte, sí. Mi bebida favorita para soportar las temperaturas de locura que hay estos días —sonrió sacando la cartera para pagar—. El tamaño es venti, también como es lo usual.

La dependienta asintió colocando el nombre con marcador en el vaso.

—Te llaman en un momento, Bea. —Se giró hacia el cliente que avanzaba a la caja—: ¿Qué le sirvo?

—Espera —interrumpió Beatriz— no he pagado.

—Ya pagaron tu bebida. De hecho, dejaron un voucher abierto para que consumas todo lo que quieras cada vez que vengas a esta tienda.

Bea sabía que ninguno de sus amigos estaba detrás de semejante gesto. Así que, renuente, giró la cabeza hacia donde Sally señalaba con la mano.

Tahír.

¿Ahora había desarrollado dotes de detective? Estaba sentado en una esquina discreta y la observaba con intensidad. Sintió la mirada como una caricia. Notó que estaba rodeado de guardaespaldas, aunque estos estuvieran mezclados entre la gente. En ningún sitio estaban Mawaj ni Sufyan. No tenía ganas de hablar con él, así que elevó su mirada a modo de saludos y murmuró «gracias», antes de dar media vuelta para cruzar la calle.

Fue hasta los casilleros que utilizaban los empleados fijos o temporales de One Second. Cambió el jean y la camiseta celeste de mangas cortas, por la habitual falda negra ajustada sobre la rodilla, las medias negras y zapatos de tacón; se recogió el cabello y se abrochó la camisa blanca de cuello en V. Salió apresurada porque esa noche transmitían un importante partido de rugby de equipos locales. El menú era especial para esa ocasión, y se esperaba que el bar se llenara a tope.

Buscó con la mirada a Dexter. Estaba conversando con una mujer que parecía estar enfadada. Ella le hizo una seña preguntándole silenciosamente si estaba bien acercarse, y su amigo asintió con una expresión de evidente alivio por la interrupción que Bea iba a causar.

—Qué bueno verte, Bea —dijo Dexter besándola en la mejilla—. Esta es Caroline Hough, nuestra proveedora de bebidas alcohólicas. Me comenta que, según el inventario, hay varias botellas que se enviaron, pero que nosotros no cancelamos. Obviamente le he aclarado que jamás tomamos algo sin pagarlo. ¿Tienes alguna idea de esto? Porque ya le he explicado que eres la encargada de supervisar el inventario final, a diario, y gozas de mi absoluta confianza.

Alta y de figura estilizada, Caroline era el referente de sobriedad y mujer de negocios sin alma. Su expresión era fría. Su maquillaje escaso, pero la ropa gritaba a los cuatro vientos cuán costosa había resultado.

«¿Por qué Dexter se metía siempre en líos?», pensó. La mujer no estaba allí para reclamar un pago no realizado. Claro que no. Caroline y Dex habían, Beatriz apostaba su ojo derecho, tenido un affaire. La misma historia de siempre. Ellas se enamoraban justo cuando él decidía que debía cortar la relación. Suponía que, debido a la noticia sobre Kirk, el juicio de Dex estaba menos claro que otras ocasiones. Él jamás mezclaba placer con negocios. Su amigo debía estar pasando muy duros momentos.

—Claro que sí. ¿Me acompaña a la oficina, señorita Hough, por favor? —pidió Beatriz. En el camino a la oficina iba a tener que hacer memoria sobre el sitio en que se encontraban los inventarios, las facturas y fingir que conocía el tema que

Dexter había mencionado.

¿Qué le costaba a Dex llamar a Giorgios, el verdadero administrador del área de bebidas, para que resolviera el asunto? Solo esperaba que su amigo no le hubiese dicho a la furibunda mujer que, además de trabajar como camarera en One Second se estaba acostando con él... Aunque no le sorprendería. ¿Cuántas historias de esas no había inventado Dex para salirse de un embrollo de faldas?

—Si no tengo de otra —replicó Caroline, clavándole dagas de acero a Dexter con la mirada.

***

Ir detrás de una mujer no era el estilo de Tahír. Pero era exactamente lo que había estado haciendo desde que conoció a Beatriz. Ahora llevaba cinco malditos días esperándola en la puerta de su casa. Le ofrecía llevarla a donde fuera, pero la muy obstinada pasaba de largo y salía en su propio carro.

—¿Por qué no aceptas que te lleve? —le había preguntado dos días atrás.

—Tengo un modo de transportarme. Además, ¿quién me garantiza que no me vas a dejar en media calle de repente? No, gracias.

—Te pedí disculpas.

—Es lo menos que podías hacer.

Aún a pesar de sus comentarios agridulces, la esperaba a las siete de la noche en el Starbucks, aunque fuese tan solo para que ella murmurase un «gracias» después de tomar su bebida, y luego irse a trabajar al bar de mesera. Por supuesto, él se había quedado hasta la hora que cerraban One Second.

La noche anterior estuvo a punto de agarrar del cuello a un tipo que quiso agarrarla de la cintura, pero Beatriz lo supo manejar antes de que Tahír perdiese la paciencia. Ya había tenido suficiente, pensó, al tiempo que esperaba que Beatriz saliera del camerino de los empleados del bar. Quinto y último día. Suficiente.

Quería saber por qué estaba trabajando sirviendo mesas cuando le había dicho que era una diseñadora de jardines. ¿Por qué desperdiciaba su talento de ese modo?

La encontró intentando escabullirse de él. Se armó de paciencia hasta que ella condujo a la casa. Una vez en el parqueo, Tahír le hizo una seña a sus guardaespaldas para que se mantuvieran a distancia. No los quería alrededor. Demonios, estaba cansado de tener que hacer el tonto por un error sencillo.

—Es suficiente —zanjó con tono firme el príncipe antes de agarrarla de la muñeca y acercarla contra su cuerpo— quiero que dejes de huir.

—De acuerdo, Tahír —expresó— ¿qué es lo que quieres?

Renuente, Beatriz elevó la mirada y la fijó en los ojos verdes. Verlo todos los días, esperando a que ella le diera aunque sea la hora, era tan impropio en el carácter que había logrado atisbar en Tahír que decidió enfrentarlo. Sin corbata y en mangas de camisa poseía un aspecto masculino y vital, y ella sintió mariposas en el estómago.

—Zanjar la pared que has erigido entre ambos estos días.

Ella meneó la cabeza.

—De lejos hueles a problemas. Esa es la verdad. Y yo lo que menos necesito ahora es eso... —miró el firme agarra de la mano de piel morena sobre la suya— Te disculpo por lo de Cairns. ¿Está bien?

—La pasión no es un problema —dijo con voz ronca suavizando el agarre y acariciándole el pulso de la muñeca con el pulgar.

—¿N...no?

Él negó con la cabeza.

—El problema es negarla, porque al final es peor.

—Yo...

—Invítame a pasar —le pidió en un susurro que iba de la mano del fuego que ardía en su mirada.

Ella tragó en seco. Lo deseaba con una desesperación inaudita. Era consciente de que una vez que las manos de Tahír tocaran su piel no habría vuelta atrás. Sí, ella había dicho que sería la dueña de su destino, y a pesar de que su cerebro la instaba a negarse al placer de acercarse físicamente a ese peligroso hombre, sentía la necesidad impetuosa de ceder al magnetismo salvaje que parecía arrastrarla sin remedio hacia él.

—¿Por qué querría hacer eso? —le preguntó con voz ronca.

Tahír le acarició el labio inferior con el pulgar. Sus miradas conectadas echaban chispas que empezaron a transformarse en un fuego que se avivaba con cada respiración. Era el modo en que se cocía el brebaje de la seducción inminente.

—Porque te deseo y quiero que tú también me desees, y así poder ponerle fin a la tortura de no poder unir mi cuerpo al tuyo profundamente.

Beatriz sentía los pechos excitados, los pezones erectos, y su sexo empapado. Y eso solamente con las imágenes de Tahír desnudo, y ella arropada con su piel morena.

—Tahír…—susurró cuando él se inclinó hasta que la distancia de sus labios era la de un suspiro.

—¿Me deseas, Beatriz? —indagó.

Su cerebro se perdió cuando, sin dejar de mirarla, el príncipe elevó la mano y le dejó un beso en el dorso de la mano. Apartó la boca de su piel, no sin antes acariciarla con la lengua.

—Sí, Tahír… Te deseo —murmuró.

Beatriz no tenía ganas de seguir luchando. Cinco días intentando ignorar la fuerza de la naturaleza que era Tahír, ya le parecía una titánica batalla. Quizá si se dejaba llevar entonces podría pasar la página y recuperar el ritmo de su día a día, sin tener que pensar en él en las noches solitarias preguntándose, «¿cómo sería…?»

# CAPÍTULO 11

Tahír se abrió paso entre los labios femeninos con su lengua perversa, seduciéndola. El estremecimiento que se apropió de los sentidos de Beatriz la impulsó a agarrarse de los brazos musculados para sostenerse. Era una dulce debilidad la que él removía en su interior, y provocó que sus senos se endurecieran contra el sujetador. El gruñido que le escuchó a continuación la convenció de que él sentía el mismo ardor que ella, y fue seguido de un embate más posesivo de su boca, no sin antes apretarle la cintura con decisión y atraerla contra su cuerpo. No solo intentaba experimentar el choque delicioso de dos fuerzas vibrantes de anhelo sensual, sino que su duro miembro viril daba cuenta de que el ansia de deseo se vivía a la par.

—Me excita la posibilidad de estar dentro de ti, Beatriz. Y así ha sido desde el primer instante en que te cruzaste en mi vida —confesó subiendo sus manos por la cintura estrecha de Bea hasta los pechos que aguardaban sus caricias.

—Eres peligroso para mí —murmuró ella, perdida en las sensaciones de las manos tibias tironeando de su blusa hasta que la prenda quedó a un lado.

—El peligro y la adrenalina son mi especialidad —contestó antes de sellar los labios contra los de Bea con suavidad y pasión, al tiempo que los nudillos de sus dedos recorrían la piel del vientre desnudo.

Tahír le acarició el labio superior con la punta de la lengua, y con un jadeo, ella le dio paso a su lengua invasora nuevamente. Sabía a hombre caliente y a tentación. Deseaba estar más cerca de él, pero no quería abandonar esa boca, tampoco que dejara de tocarla. Él pareció leerle el pensamiento, y sin dejar de besarla, e introdujo los pulgares en la pretina de la falda. En un rápido movimiento la deslizó hacia abajo, dejándola solo con las braguitas azul oscuro y el sujetador a juego.

—Si tuviera que elegir un postre después de cada cena, siempre serías tú. Eres preciosa, Beatriz... y exquisita.

«Estoy perdida», se dijo ella a sí misma.

Con los ojos cerrados, besándola, le deslizó las puntas de los dedos por el centro de la espalda. Desató el sujetador. Bea contuvo el aliento, pero lo soltó poco a poco cuando escuchó la exclamación de aprobación masculina al ver sus pechos desnudos. Se miraron a los ojos, y —sosteniéndole la mirada— él bajo su boca hasta el calor de los apetitosos senos y con la lengua rodeó los palpitantes pezones rosados. Las manos de Tahír masajearon los pechos de Bea al tiempo que sus ávidos labios succionaban las tersas cumbres. Él sentía el placer más delicioso al saborearla. Deseaba más que nada sumergirse en el cuerpo de ella, penetrarla profundamente... pero no podía.

—Oh... —jadeó ella enterrando los dedos en el cabello sedoso del príncipe. Ella continuaba completamente vestida, se arqueó ante la boca de Tahír que chupaba y tironeaba los pezones, frotando levemente los dientes contra la candente piel de seda con aroma a pecado.

Beatriz soltó una risa entre placentera y nerviosa que recorrió las venas de Tahír con un exquisito calor semejante a la miel caliente. Él conocía muchas mujeres, y había disfrutado muchos placeres decadentes, y ninguno de esos placeres, ni ninguna de esas mujeres había conseguido causar un impacto en sus emociones como la mujer que en esos instantes tenía en sus manos el control de su libido, aunque ella no lo supiera. Y quizá por ahora fuese lo mejor.

—¿Tu habitación por dónde está? —le preguntó apartándose para mirarla.

Ella lo tomó de la mano y avanzó por el pasillo.

Con movimientos certeros, el príncipe se desnudó y ella lo miró boquiabierta desde el colchón. Sabía que podría recibirlo, su cuerpo estaba diseñado para eso, aún así, era su primera vez y no era fácil pretender que iba a ponerse en la misma sintonía de un hombre con la evidente experiencia de él. Tragó en seco.

—Hay algo que debes saber… —murmuró cuando él se cernió sobre ella, y deslizó con presteza las braguitas hasta deshacerse de ellas por completo.

—¿Qué sería eso? —indagó mordisqueándole la barbilla, subiendo por la mejilla hasta llegar al lóbulo de la oreja dejando un reguero de besos.

—No tengo mucha práctica en estos asuntos —susurró. Arqueó la espalda cuando sintió los dedos de Tahír tanteando la entrada de su húmedo sexo. Se sentía condenadamente bien.

Él frunció el ceño. Detuvo los dedos.

—¿A qué te refieres?

—Nunca he tenido sexo con alguien.

—¿Virgen? ¿Eres virgen? —preguntó con incredulidad.

Ella intentó apartarse creyendo que la estaba rechazando, pues Tahír se había quedado de piedra, mirándola. Él la detuvo poniendo la mano sobre la cadera cubierta de piel suave. Hizo una negación.

—Solo me sorprende. No te cierres a mí.

—Probablemente no cumpla tus expectativas…

Él le acarició el labio inferior con la lengua.

—Imposible. Pero… ¿Estás segura de esto? —preguntó sintiendo cómo el corazón bombeaba con una impresionante rapidez. Su cuerpo estaba duro, pero no quería apresurarse. No con ella. Menos después de lo que acababa de confesarle.

«Sí», se respondió Bea en silencio. Lo miró a los ojos y después la certeza golpeó sus sentidos. Estar segura de querer hacer el amor con Tahír iba más allá del aspecto físico. Se sentía irremediablemente atraída por el misterio que escondían esos ojos verdes, y también cautivada por completo.

—Lo estoy. Ahora, bésame y deja de cuestionar tanto —dijo con una sonrisa pícara antes de elevar su pelvis para frotarse contra el miembro que golpeaba su cadera. Suspiró de placer cuando él cubrió su boca y la besó con dureza.

Ella recorrió la espalda de Tahír con las uñas, y sentía en cada toque cómo los músculos reaccionaban a sus dedos. La presión de ese cuerpo caliente era deliciosa sobre el suyo y nada deseaba más que sentirlo abriéndose paso en su interior.

Caricias ardientes y besos húmedos, dieron paso a la inminente necesidad de Tahír de aliviar su pasión. Se apartó unos instantes y pronto regresó con ella. Se hizo espacio entre las piernas de Beatriz y de rodillas ante ella, con su miembro erecto y vibrante, empezó a colocarse el preservativo. Le gustaba verla expuesta, húmeda y con los labios inflamados de la misma necesidad que él experimentaba.

—Tahír…

—Me encanta verte, Bea. Eres simplemente hermosa.

—Tú también eres hermoso —murmuró conteniendo el aliento cuando él se inclinó y tentó la entrada de su sexo con la punta roma suave y vibrante.

Él rio.

—Aceptaré el cumplido, aunque los hombres no somos hermosos, Bea.

—Tú sígueme llamando Bea y acepta mis cumplidos, ¿quieres? —dijo maravillada por la forma en que él la tentaba.

—Tan demandante…—comentó riéndose.

—Enséñame lo que es el placer —susurró con seriedad elevándose un poco para atraer el rostro de Tahír y devorar su boca.

Para el príncipe resultaba algo excitante sostener la mirada de Beatriz mientras se aproximaba a su cuerpo, y ahora, besándola, aprovechó para colocarle una mano en la cadera izquierda, y deslizó la mano derecha bajo la espalda. Con el miembro palpitando de necesidad, él se tardó varios minutos besándola, y atendiendo la carne tierna de los senos. Le gustaba sentir el sabor de Bea.

—Puede doler un poco, Bea —murmuró entrando en ella apenas, para que empezara a aceptarlo.

—Lo sé —replicó con confianza—. Me gusta que me llames Bea.

—Ahora que lo mencionas, el nombre te queda mejor. —Ella sonrió acariciando la mejilla de Tahír—. Esta es la primera vez para mí también.

Beatriz soltó una carcajada que derritió la tensión que se había apoderado de su cuerpo ante la expectativa de fundirse con otro.

—Me gusta tu risa, Bea.

Bea se movió y levantó las piernas por encima de las caderas de Tahír, rodeándolo de la cintura e instándolo a introducirse en su interior. Él sabía que no iba a poder detener el dolor que podría causarle, así que prefirió hacer la situación menos incómoda para Beatriz. Con un único y certero movimiento, la penetró por completo.

Ella esbozó una mueca de incomodidad cuando él se abrió espacio en su interior. Durante un par de largos segundos experimentó un ligero ardor. Lo sintió permanecer quieto dentro de ella, sin moverse, y sabía que estaba esperando a que su cuerpo se habituara a él.

—Siento si ha dolido mucho —murmuró él inclinándose para darle un beso.

Consiguió esbozar una sonrisa.

—Es parte del proceso, Tahír —replicó acariciándole la mejilla. Él tenía los músculos en tensión por el esfuerzo de contenerse y la frente perlada de sudor, pero quería que Beatriz se sintiera bien. Ambos respiraban entre jadeos.

Con un guiño, sintiéndose conmovida por la preocupación que observaba en el rostro atractivo del príncipe, Beatriz se agarró de los hombros firmes e hizo fricción con las piernas para atraerlo más dentro de ella. Él veía en sus ojos invitación, y al sentirla moviéndose e instándolo a hacer lo propio, Tahír se sintió perdido y sucumbió al calor húmedo que abrazaba su sexo.

Sus acometidas empezaron a cobrar ritmo. Empezaron suaves estocadas a crear un sonido con acordes de promesas, y paulatinamente se transformaron en rápidos movimientos. Los pechos de Beatriz se bamboleaban al compás de las acometidas, y ella clavaba las uñas en los brazos morenos al tiempo que sus caderas salían al encuentro de la fricción deliciosa que auguraban liberación. Una liberación que ella anhelaba experimentar más que nada en el mundo. Ese momento iba a cambiar su vida de un modo que sabía que no tendría vuelta atrás. Acababa de sellar su destino con un beso y una noche de pasión.

Tahír sentía que no podía saciarse. El cuerpo que estaba disfrutando en esos momentos era precioso. Le parecía imposible lograr ir más despacio. Ella lo instaba con sus gemidos a continuar. Saber que era el primer hombre en observar todos esos cambios de emociones en el rostro de Bea, así como también en conquistar su cuerpo, despertaba su lado más primitivo. Sentía como si hubiera logrado conquistar todo un continente, y no creía que lejos de ese cuerpo pudiese volver a experimentar una satisfacción tan completa. Estaba inflamado y excitado.

—¿Quieres que pare…? —preguntó, cuando ella se removió bajo su peso.

—No, al contrario, yo quiero que te des prisa.

—Traviesa… —murmuró con media sonrisa, moviéndose con fuerza y con una desesperación que parecía estar más relacionada con la de una criatura sin restricciones que con la de un hombre civilizado.

Se sumergió una y otra vez en la profundidad dulce de Beatriz. La sintió responder con el mismo ardor y compulsión con la que él estaba tomándola. Sintió el momento exacto en que ella empezaba a llegar al orgasmo. Bajó la cabeza desconectándose de la mirada velada por la pasión, para besar esos labios hinchados y rosados. Sabía al vino más delicioso, y él estaba embriagado por el sabor de esos besos. Su férreo control estaba a punto de desintegrarse.

—Te necesito —murmuró ella contra su boca, y fue suficiente para Tahír.

Todas las cadenas se rompieron y una explosión de partículas de placer se abrió paso entre los dos mientras él se deslizaba dentro y fuera del humectado canal. Las paredes internas de Bea se empezaron a contraer alrededor de su miembro, absorbiendo cada gramo de su esencia.

—¡Beatriz! —soltó su nombre con un gemido ronco.

El clímax barrió los sentidos de ambos. Como si aquel instante se hubiera quedado suspendido en el tiempo. Se derrumbó sobre ella, y la abrazó.

Permanecieron abrazados un largo rato, mientras los últimos acordes del orgasmo resonaban en sus cuerpos. En sus almas que habían nacido para estar juntas, pero aún tenían un tramo complicado para encararse a aquella verdad.

*** 

*Estaba caminando por calles de un sitio que no le parecía familiar.*

*Llegó hasta un bonito salón. Podía verse a sí misma. Lucía un vestido azul marino de seda que estaba sostenido solo de un hombro. Su cabello estaba suelto, pero llevaba marcadas ondas de agua en un estilo muy de los años 40´s de Estados Unidos. Estaba sola. ¿Por qué había decidido acudir a ese lugar? No encontraba razones o motivos. Simplemente, ahí estaba ella. Punto.*

*Todo era difuso.*

*Intentó guiarse por una zona iluminada hasta que alcanzó lo que parecía ser una ceremonia en pleno desarrollo. Lo curioso era que solo se trataba de una mesa rodeada de hombres vestidos de etiqueta. Parecían discutir algo intensamente. ¿Por qué estaba ella de etiqueta en un salón que era exclusivo para hombres?*

*Pensó en regresar sobre sus pasos, porque se sentía fuera de sitio. Tenía la sensación de que había acudido a última hora y sin ser invitada. Aquello no era en absoluto su estilo, pensó Beatriz. También experimentaba latidos demasiado rápidos de su corazón. En lugar de estar serena, lo que sentía era una profunda angustia. Quería gritar, pero no sabía «qué».*

*Fue entonces cuando lo vio.*

*Tahír.*

*Sonrió. Porque era él el causante de sus sonrisas y alegrías. Porque lo amaba. De eso sí que estaba convencida. Esbozó una sonrisa y se acercó. El rostro de Tahír que estaba sereno a pesar de la animosidad del entorno, de repente reparó en su presencia. La mirada verde que ella conocía siempre con toques dulces, apasionados e incluso cálidos, ahora la observaban con odio.*

*Entonces, Beatriz lo entendió.*

*Él creía que lo había traicionado. No era así. Sentía que estaba quedándose sin tiempo. Tenía que acercarse y evitar algo. No sabía qué, pero era aquella su única meta y su último intento para que él entendiese que, a pesar de todo, no podría dejar nunca de amarlo.*

*Uno de los hombres de la mesa hizo un gesto con la mano. Había un tatuaje. Un tatuaje que ella recordaba vívidamente de años pasados. Negro. Marcado. Su cuerpo tembló.*

*Todo empezó a moverse aceleradamente. Ella intentó gritar, pero no pudo porque un dolor que nunca antes había experimentado atravesó su cuerpo.*

*Lo último que supo fue que tenía sangre en las manos.*

—Hey… —sacudió con cautela los hombros de Beatriz— ¿Qué ocurre, Bea? —preguntó Tahír con preocupación, despertándola de la pesadilla.

Se incorporó, asustada. Abrió los ojos y sin pensarlo se abrazó al cuello de Tahír. Él lo dejó estar, apretándola contra su cuerpo. Le acarició la espalda dándole suaves caricias sobre la piel desnuda. Cuando sintió que la respiración de ella se ralentizó entonces la apartó para encontrar los ojos de ella llenos de lágrimas sin derramar.

—Lamento haberte despertado —murmuró ella contra el cuello masculino, aspirando su aroma. Parecía ser el calmante que necesitaba. Sentirlo a su lado, sentir una fuerza terrenal capaz de conmover sus emociones y apartar sus miedos. Al menos en ese preciso momento era así.

—Estabas teniendo una pesadilla, gritabas como si alguien te estuviese apuñalando. ¿Quieres hablar de ello? —preguntó él acariciándole las mejillas con los pulgares, mientras enmarcaba el rostro de ella, antes de inclinarse para dejarle un beso suave en los labios.

Bea todavía estaba tratando de procesar lo que acababa de experimentar. Habían pasado años, desde que tenía ocho para ser exacta, desde aquella pesadilla en su habitación. Elevó la mirada hacia Tahír.

Las piezas en su cabeza empezar a alinearse. La sensación de que lo conocía de algún sitio tenía mucho que ver con la noche de esa borrosa premonición. Había sido él a quien sintió en esa noche de su infancia. La conexión con su alma a lo lejos.

—No estoy segura… Me gustaría hacerte una pregunta.

—Claro, pero antes, ¿quieres que te traiga un vaso de agua? ¿Alguna cosa?

Ella negó con la cabeza y esbozó una leve sonrisa.

—Entonces, adelante, qué necesitas saber, Bea.

—¿Qué estaba pasando en tu vida a tus dieciséis años?

Tahír frunció el ceño. Era una pregunta muy poco frecuente. Se rascó la cabeza como si de aquella forma le resultara más fácil.

—Bueno, lo cierto es que era un desmadre completo con mis acciones —comentó riéndose. Ella lo miraba con seriedad, así que poco a poco su risa se extinguió—. ¿Luego me dirás por qué es importante para ti saberlo?

—Sí… —susurró.

—Hace dieciséis años yo estaba metido en las carreras ilegales de automóviles. Era un príncipe bastante salido de mis límites y la prensa se entretenía con los titulares que les ayudaba a generar. Una de esas carreras, la última al menos, casi me cuesta la vida. No sé cómo mi automóvil perdió el control. Dio vueltas de campana y yo terminé atrapado. Salí antes de que se incendiara. Tuve suerte de salir con vida. Aunque esa no fue la peor experiencia en esa época.

—¿No? Yo hubiera terminado bastante impresionada y sin ganas de conducir.

Él sonrió.

—No se compara en absoluto como cuando te secuestran, te golpean y tienes que pasar en el exilio varios días para recuperar tu plena forma.

—¿T…te secuestraron?

—Más bien cometí una gran idiotez con una mujer, y eso me llevó a manos de unos tipos que querían matarme… o al menos nunca sabré si fue esa la real intención, porque después de que los servicios de inteligencia en mi país me rescataran, los secuestradores fueron asesinados.

—Me alegra que te hayan rescatado, Tahír —dijo tomándole el rostro con dulzura—. ¿Amaste a esa mujer?

—Eso no tiene importancia.

—Lamento si parezco entrometida, solo quería entender.

Él suspiro.

—Lo siento. Esta es la primera ocasión en que hablo con alguien de ello. Tan solo mi consejero y secretario, Karim, conoce del incidente. Ella se llama Freya, sigue vivita y coleando por algún sitio de mi palacio. —Ella miró con expresión interrogante por el tiempo verbal en que la había mencionado, en especial diciendo que estaba en el palacio. ¿Eso qué significaba? ¿Que la había invitado a vivir en el palacio porque no podía olvidarla a pesar de la traición? Una traición sobre la que ella quería saber más en detalle—. No sé si alguna vez la amé de verdad, pero siendo un adolescente, puedo decir que estaba bastante ilusionado y enamorado de ella. Me traicionó.

—Entonces es por eso…—murmuró para sí misma.

Ahora podía comprender la sensación de peligro que había golpeado su pecho cuando tenía ocho años de edad. Ese nivel de empatía sin explicación, tan repentina y capaz de conmover profundamente, ocurría cuando uno tenía una conexión fuerte con otra alma. Se lo había dicho su madre en alguna ocasión. «Un alma gemela.»

—¿Qué es? —preguntó Tahír.

—Tahír, ¿crees que es posible conocer el futuro? —indagó tanteando el terreno.

La carcajada que el dejó escapar le dio la respuesta.

—A menos que te hayas fumado un par de porros, Bea, no creo que puedas ni conocer el futuro ni cambiarlo.

—Me gustaría volver a dormir —dijo. Necesitaba procesar lo que acababa de comprender, porque de algún modo implicaba que cualquiera que fuese su próximo paso a dar iba a estar ligado a ese hombre. Era imperativo para ella encontrar el modo de descifrar por completo ese sueño… o pesadilla.

—¿Sobre qué era la pesadilla? —preguntó con suavidad.

—Una bobería —contestó antes de apartarse y acomodarse entre las sábanas —. Mañana me gustaría mostrarte el sitio en el que pienso volver a instalar mi negocio.

—Claro, así aseguras que no vuelva a ocurrir un accidente de la magnitud que me comentaste. —Ella asintió—. Pero aún no me queda claro, ¿por qué me preguntaste sobre lo que hacía a mis dieciséis años? —quiso saber girando a Bea entre sus brazos para mirarla.

Beatriz suspiró.

—Dijiste que no creías en la posibilidad de que alguien pudiese prever el futuro.

—¿Qué tiene eso que ver con tu pregunta?

Ella permaneció un rato en silencio.

—Que, si te respondo con sinceridad, lo más probable es

que te burles o hagas mofa de la contestación.

—Si no lo intentas, no lo sabrás, como todo en la vida, Bea.

—¿Te parece si lo hacemos cuando haya dormido unas horas y tenga cafeína en mi sistema? —preguntó sonriendo.

—Yo prefiero hacerlo ahora —dijo Tahír con picardía refiriéndose a un tema totalmente diferente. Eso arrancó una carcajada de Beatriz.

—Mmm… intentemos eso que dices… *Ahora* —replicó, riéndose todavía, cuando los labios de Tahír se fundieron con los de ella.

# CAPÍTULO 12

—Solo puedo quedarme dos días más aquí, Bea —dijo Tahír, mientras regresaban de la playa—. Ya he extendido bastante mi estancia y tengo la voz de mi padre haciendo eco en la oreja.

—No puede ser tan malo —comentó dándole un golpecito afectuoso en el brazo—. Si eres su hijo, entonces habrás sacado algo bueno de él. ¿No?

—Mmm —murmuró. No había hablado de su madre ni de su familia con ella. No hacía falta. El ardor inicial que creyó que iba a disiparse una vez que la tuviera entre las sábanas, había aumentado. La deseaba a cada instante.

Ella había intentado enseñarle a surfear, y entre que él trataba de estar a la altura del reto y no perder la concentración admirando el curvilíneo cuerpo de Bea, terminó varias veces revolcándose en la arena, tragando agua salada y maldiciendo. Hasta que, con la determinación en sus venas, consiguió domar las olas. Terminó la mañana montando una ola y sintiéndose orgulloso de sí mismo, a tal punto, que su rostro de autoconfianza hizo reír a Bea. Eso le ganó un largo, sensual y profundo beso.

Habían pasado tres días juntos. La mayor parte del tiempo bajo las sábanas descubriéndose mutuamente y aprendiendo lo que excitaba al otro. También habían tenido largas charlas. Algunas trascendentales y otras cotidianas. En ningún momento Beatriz volvió a mencionar la pesadilla que tuvo la primera noche juntos.

Bea se dio cuenta en esos días de que el príncipe era más complejo de lo que parecía, y poseía emociones tan fuertes como su voluntad. Había conocido a un Tahír más calmado, apasionado, sincero… No existía punto de comparación con el hombre arrogante y pagado de sí mismo a quien ella averió un automóvil tiempo atrás. Por otra parte, era fácil lidiar con la idea de un príncipe engreído y poco dado a pensar en otros, pero no resultaba sencillo para su corazón ignorar el súbito aleteo ante la posibilidad de tocarlo, besarlo o simplemente escucharlo. Se estaba enamorando de ese hombre y la situación no parecía controlable. Él era su destino, no porque su madre se lo hubiese dicho, sino porque su corazón se lo gritaba.

Ella siempre hacía caso a su corazón.

—¿Por qué, Tahír? —preguntó besándole la barbilla, mientras subían en el ascensor del hotel en el que él se hospedaba—. Yo pensaba que los príncipes solían hacer lo que se les venía en gana.

Él dejó escapar una risa.

Estaban en el que había sido hasta unas semanas el local de Beatriz. Las reparaciones ya estaban en marcha. Aunque ella no creía que fuera posible tener listo el negocio hasta dentro de unos dos meses. Tenía a la vista un par de pequeños jardines por mejorar, pero solo eran trabajos de cuatro horas, pues era poco lo que necesitaban. Aquellas eran recomendaciones de Surka. Por lo general pacientes que les daban el alta y querían algo bonito en qué entretenerse hasta recuperar por completo sus aptitudes físicas.

Bea no quería importunar a Dexter. La sola idea de que el cabeza de familia de los Louden muriese, la embargaba de pesar. Sabía que su amigo tenía muchas cosas por las cuales preocuparse. Tenían pendiente una conversación. Ella tenía que decirle que dejaba su trabajo temporal de mesera. Dexter siempre le decía que el puesto, de lo que quisiera, estaba a disposición, así como el salario que quisiera ganar. Beatriz no quería abusar, por más necesitada que estuviera, así que solía elegir un trabajo que le diera libertad, buenas propinas y además la mantuviese entretenida. Ser mesera era divertido, aunque jamás tan divertido como su trabajo con la naturaleza.

—Tengo que trabajar en un tema comercial con mi hermano, Amir, en Azhat, pero quiero hacerte una proposición —dijo Tahír antes de presionar el botón que detenía el elevador—. Es algo que he estado pensando en estos días.

La tomó de la cintura y la presionó contra su cuerpo.

—Uh, ¿qué será? —preguntó, burlona.

—Ven conmigo. Trabaja para mí en los jardines del palacio. Te pagaré generosamente y con ese dinero ya no tendrás que dejar de hacer lo que te apasiona, en lugar de trabajar como mesera. Que sí, es un trabajo honesto, pero desperdiciar tu creatividad, porque vi una parte del trabajo que hiciste en la casa de los Creekon, es un verdadero crímen.

Ella lo quedó mirando.

—Gracias… —suspiró— Tahír, yo tengo una vida aquí. No es tan fácil armar maletas e irme sin más… Y, ¿quién necesita una diseñadora de jardines en un desierto? Tu gente empezará a especular y me mirarán con ojos críticos. No tengo ganas de aguantar ese tipo de cosas… —dijo con frontalidad—. Mi negocio es una prioridad. Siempre me he tenido a mí misma, y no puedo ponerlo todo en riesgo por la posibilidad de un affaire que no sé cuánto me dejará en pérdidas.

Tahír la tomó de las nalgas y las acarició sobre la tela del pantaloncillo de surf.

—Puedo convencerte. Y este affaire, o como quieras llamarlo, durará lo que tenga que durar. No pongamos límites. Tú eres un adulto al igual que yo. No queremos ataduras.

Beatriz sonrió.

—Siempre asumiendo lo que yo pienso.

Él dejó de acariciarle las nalgas, y subió las manos justo por debajo de los pechos. Movió tentadoramente los pulgares, sin tocarla donde ella más anhelaba.

—Te deseo. Y sé que tú a mí. Jamás he pedido a ninguna mujer que se quede a mi lado. Pero quiero pedírtelo. Solo vivamos lo que tenemos. Me encanta tu compañía, me fascina tu cuerpo y me excita tu mente. ¿Quieres arriesgarte? —preguntó con una sensual sonrisa.

—Es un riesgo muy grande.

—¿Una mujer de tu talante se amedrenta por un reto tan sencillo como este?

—Eso no es justo, Tahír.

Él sonrió.

—Lo sé, pero de todas formas me juego mis cartas —pegó el rostro al cuello de Bea, absorbiendo su aroma— no quiero que estés lejos de mí. Seguro te pagaré mejor que ese Dexter y su bar de moda.

Beatriz se rio.

—¿Es acaso celos lo que detecto en tu voz?

—Puedes apostar que sí —replicó besándole la piel, y dejándole una pequeña marca. Territorial. Aquel era un calificativo idóneo para Tahír Al-Muhabitti.

Ella lo apartó con suavidad.

Beatriz no tenía intenciones de que Tahír descubriera que sus emociones empezaban a convertirse en algo más profundo. Así que dejó que él asumiera que ese brillo que de seguro tenía su mirada, solo tenía que ver con el deseo y no con el amor.

—Iré contigo a Azhat. Con una condición.

—Soy todo oídos —dijo meneando sus caderas contra las de Bea, para tentarla. Ella puso los ojos en blanco.

—No me pienso acostar contigo durante horas de trabajo.

—Mmm, ¿me estás retando?

Ella soltó una carcajada. Dejó escapar el aire. Le acarició el labio inferior a Tahír con el pulgar para luego acunarle la mejilla con la palma de la mano.

—No, Tahír, en serio te lo digo. Si me estás pagando para trabajar, entonces es para eso solamente. Sentiría como si estuvieras pagándome por acostarme contigo.

—Eso no sería cierto, Bea. ¿Por qué tuerces el significado de las cosas?

—Solo quiero dejar claro mi punto.

—Es un punto sin sentido —insistió él, claramente contrariado.

—¿Tenemos un trato? —preguntó. Mantuvo la mano en la mejilla masculina, acariciándola, porque quería darle a entender qué, si bien lo deseaba, también merecía que él la escuchara y que su entorno la respetara como profesional. Esto último no iba a ocurrir a menos que él aceptara su condición.

Él la miró. Nada deseaba más que estar con ella. Quizá podría entretenerse procurando seducirla para que olvide su condición una vez que estuviesen en el palacio. Le gustaba sentir que ella siempre era un reto en su vida.

—Sí, señora, tenemos un trato —dijo con voz socarrona, antes de presionar el botón del elevador para que se pusiera en marcha de nuevo—. Y como aún no trabajas para mí, entonces voy a devorar tu boca y hacerte gemir mi nombre los próximos días aquí en Melbourne. Cada hora del día. ¿Qué tal eso?

—Tengo que trabajar estos últimos turnos para Dexter, pero en mis ratos libres espero que sepas cumplir tu palabra. Aunque es probable que seas tú quien termine gritando mi nombre.

—Me gustan las mujeres atrevidas.

—Soy novata en estas lides del sexo, pero aprendo rápido. De eso no te quepa duda —dijo haciéndole un guiño.

El ascensor dio paso a la suite presidencial del hotel, y cuando Tahír cerró la puerta, el mundo se desvaneció y solo quedaron ellos.

—Vamos a comprobarlo —susurró contra la boca de Beatriz antes de perderse en su sabor por completo.

\*\*\*

Freya estaba terminando de organizar el archivador. La correspondencia se guardaba, escaneada, en un disco duro externo y en físico. Ambos métodos eran una exigencia de la administración real, y tenía mucho sentido.

El palacio vivía una intensa agitación ante la noticia de que el rey abdicaría a favor de su hijo Bashah. Había especulaciones de que aquello ocurriría pronto, pero bajo ningún concepto dichas suposiciones salían de las paredes de la fortaleza que albergaba a la familia real.

Esa mañana, uno de los guardias del palacio parecía particularmente interesado en ella. Estuvieron charlando un rato, o flirteando más bien, hasta que ella tuvo que digitar su entrada en la oficina. Freya no tenía todo el tiempo del mundo. La cárcel se había llevado años valiosos en los que pudo haber tratado de encontrar a su hermana. Se preguntaba cada día si habría sido tratada bien, si la familia que la había acogido era buena o si acaso, y lo que más le dolía, todavía recordaba a su hermana mayor.

Hablar con cualquier persona en los alrededores del palacio real, que quisiera o pretendiera ser su amigo, no era un desperdicio. Para Freya cualquier aliado podría servirle a largo plazo. Ya había comprobado que los integrantes de la servidumbre eran más accesibles que los huraños guardias de seguridad que estaban apostados en las entradas principales y pasillos exteriores rodeando la fortaleza del palacio.

Gracias a Phot, una amable mujer de limpieza, fue que Freya logró encontrarse con Tahír. Entre los empleados solían decir que los príncipes eran muy accesibles y amables, así que ella se aprovechó de ese detalle pidiéndole a Phot si creía posible ayudarla para poder toparse con el príncipe Tahír de un modo que pareciera coincidencia, porque le daba corte pedir una cita y sobre todo cuando solo era una empleada del edificio administrativo. También señaló que él era una persona a quien admiraba mucho. La mujer se mostró entusiasmada y la ayudó.

Tuvo mucha suerte en ese sentido, y también por el hecho de que su tentativa de crear una protesta hubiera sido acogida como un arrebato de una mujer dolida en lugar de una insurgente tratando de crear caos en Tobrath. Lo cierto es que Tahír pudo haber enviado a que la apresaran o algo similar. No lo hizo. Quizá eso implicaba que todavía tenía un poco de corazón hacia ella, aunque no quería tentar a su suerte. Le negaron la audiencia que había pedido como una de las dos condiciones para dejar de lado la idea de protestar con un grupo que solía apoyar todas sus iniciativas por más tontas o locas que fueran —eran unos conocidos que no tenían nada mejor que hacer por la vida que sumarse a causas sin sentido— pero se sintió aliviada cuando obtuvo un empleo.

No sabía hacer mayor cosa, en temas de oficio pues apenas y tuvo preparación académica, aunque en la prisión ejerció como una persona de confianza en el departamento médico y llevaba con sigilo y orden todas las fichas médicas de las internas. Al menos esa meticulosidad le había servido para su empleo en el edificio administrativo contiguo al palacio real. No se podían ganar todas las batallas. Lo importante ya estaba en el menú: tenía a Tahír cerca y con ello la posibilidad de recuperar a Elmahi.

—Hey —dijo una voz a sus espaldas.

Se giró con su estudiada sonrisa y dejó de lado un grupo de bolígrafos que acababan de llegar de proveeduría.

—¿Sí?

—Estás ocupando demasiado espacio con esas carpetas y esos bolígrafos —dijo con mala leche el tipo de bigotes y piel aceitunada. Tenía una mirada intensa, pero no en el sentido atractivo, sino más bien lo contrario.

—Tu acento es diferente —comentó ella con amabilidad—. Soy Freya.

Los ciudadanos de Tobrath tenía una particular forma de pronunciar las últimas letras de las palabras terminadas en «e», parecían arrastrarla en la frase. Este hombre tenía una pronunciación diametralmente distinta.

—¿Sí? Pues no tengo interés en ti, tan solo en que despejes este espacio —replicó dejándola con la palabra en la boca, cuando Freya quiso responderle—. Y si sigues ahí parada me voy a convertir en tu peor pesadilla.

«Idiota.» Freya se encogió de hombros y se apartó con renuencia. Mejor tener a los tarados como ese lejos de su órbita.

Fue hasta el aseo y se contempló en el espejo antes de salir. Tenía treinta y tres años de edad. Se pasó los dedos por los contornos de los ojos. A diferencia de otras mujeres, ella ya tenía marcados surcos. Incluso en la frente. Carecía del brillo de picardía que alguna vez poseyó. El brillo de la vida y la alegría. Había tenido que elegir entre su familia y el amor. Ganó la familia, pero jamás esperó tener que pagar con la cárcel. Se suponía que aquella noche, años atrás, tenía que haber acabado de otra forma. Al final, lo había perdido todo.

—Freya, ¿almorzamos juntas? —preguntó Brunah.

—Claro. —Miró el reloj—. Pensé que todavía quedaban dos horas para el almuerzo. Hace años que no voy al desierto… El tiempo ahí parece no existir.

—Hay un campamento abierto de los bereberes durante los próximos dos meses. Por un convenio con el grupo que maneja las áreas de preservación cultural en el país, han aceptado enseñar a los ciudadanos que deseen métodos para sobrevivir en el desierto y técnicas de meditación.

—Mmm… Eso suena interesante. La modernidad parece consumirnos y hemos perdido de vista lo importante que resulta entender las raíces de lo que nos rodea.

—Uy, estás muy filosófica —dijo Brunah cuando abrieron la puerta del piso que funcionaba como comedor para empleados.

—Nah —rio—. Quizá los príncipes estén más conectados con el desierto que nosotros, los comunes ciudadanos.

—He escuchado comentar que el príncipe Tahír está fuera del país desde hace ya varios días… Nadie comenta nada.

Cuando se trata de ese príncipe, Karim es una tumba. Lo defiende a capa y espada como si fuera su propio hijo.

Freya se encogió de hombros.

—Por un rato dejemos a los Al-Muhabitti en el limbo, y vamos a disfrutar de la comida. Sé que el chef de esta temporada va a cambiar. Van a traer a un francés. ¡Y podemos sugerir el menú!

Freya no quería alentar su curiosidad ante Brunah. La idea de que ella sospechara su interés, más allá del que despertaba en el público general, personal por Tahír. Sabía que él era un hombre muy ocupado.

Freya esperaba que volviese pronto de donde fuese que se hubiera ido a meter. Ambos tenían una conversación pendiente, y ella, además, una hermana por encontrar.

***

—Puedo obsequiarte una maleta de viaje sin problemas —dijo Tahír, desnudo en la cama, observando a Beatriz con una expresión frustrada porque acababa de echar a perder el cierre de la maleta que solía utilizar—. De hecho, me gustaría mucho que me dejaras darte una.

Ella se cruzó de brazos. Estaba en bragas y sujetador. Sus partes más sensibles todavía sentían el halo de las caricias de Tahír.

—No quiero que me obsequies nada. Quizá tus amantes estén habituadas a recibir cosas o incluso quizá hasta las esperen, pero en mi caso es distinto. Además, creo que tendré que pasar por casa de mis padres a recoger una de mis tantas maletas de viaje que de seguro están en mejor estado que las que tengo aquí.

—Mira que eres obstinada —murmuró incorporándose, muy cómodo en su piel y consciente de que su sexo empezaba a ponerse erecto.

—Tahír…

Beatriz conocía perfectamente esa mirada. Los ojos verdes

claros se tornaban un poco más oscuros cuando él estaba excitado. Quizá no era algo notorio para otras personas, pero para ella, sí. La idea era partir lo antes posible hacia Azhat, y que él la sedujera siempre le apetecía, aunque no en esos momentos.

—Ven conmigo a la cama. Después resolvemos algo tan nimio como el equipaje… —pidió con su voz sensual, extendiéndole la mano.

«¿Cómo negarle algo así a un hombre que te habla de ese modo y te hace arder con la mirada?», se preguntó Beatriz sonriendo sin esfuerzo.

—Después arreglaré este asunto —murmuró cuando él la tomó en brazos y cayeron juntos sobre la cama.

Los besos de Tahír eran apasionados, y Bea empezaba a hacerse adicta a ellos. Le gustaba el modo en que la hacía sentir. Cada caricia de esa boca le daba una nueva dimensión al placer y al deseo. Sintió los labios de Tahír recorrerle la barbilla, bajar por su cuello para regresar y posarse sobre el lóbulo de su oreja. Lo mordió y después la desnudó con una pasmosa rapidez. Ella tampoco opuso resistencia, pues descubrir el placer en los brazos de ese hombre era una experiencia que deseaba repetir una y otra vez. Sentía que sus vibraciones iban en la misma sintonía, y aquello la impulsaba a sentirse más segura de sí misma en un campo físico nuevo.

—Gírate, Bea —pidió. Había fantaseado con tomarla de otra forma, y no pensaba dejar pasar esa oportunidad. Ella lo observó con una expresión de duda en el rostro—. Date la vuelta, nena. Confía en mí —dijo elevando un dedo y lo giró con deliberada lentitud, mientras acompañaba el gesto con una sonrisa pícara.

—De acuerdo… —replicó con una voz que traslucía deseo e incitaba a Tahír a dejar de lado su autocontrol y poseerla sin premisas.

Ella invirtió su posición.

Él recorrió con la yema del dedo índice desde la nuca hasta la espalda baja de la sedosa piel de Beatriz, con suma delicadeza. La sintió temblar. A continuación, se inclinó sobre ella y reemplazó los dedos por su boca. Volvió a trazar el camino de arriba hacia abajo, recorriendo la espalda de Bea, decidido a mantener el autocontrol ante los susurros de placer que ella emitía; lamió con su lengua los pequeños hoyuelos de encima de las nalgas.

—Tahír... —murmuró perdida en las sensaciones que él causaba en su cuerpo. Bea podía sentir la erección ardiente rozando su piel, la sentía cálida y palpitante. Él le recorría la piel como si estuviera memorizándose un mapa.

Bea giró levemente la cabeza y conectó con los ojos de Tahír.

El príncipe veía las ansias descarnadas en aquellos preciosos ojos, y él iba a explotar con solo la idea de tomarla desde esa posición. Como fantaseaba. Se acomodó detrás de ella. Con una mano le alzó una pierna para después colocársela sobre su cadera. Cuando Beatriz volvió a mirarlo, él la besó en los labios.

—He tenido la fantasía de tomarte de esta manera desde la primera vez. Y quiero saber si te gusta...

Sin más preámbulos, la embistió. Soltó un plácido gemido cuando sintió los músculos interiores de Bea contraerse alrededor a su sexo erecto. La sostuvo con firmeza con la mano, manteniéndola abierta, mientras embestía una y otra vez dentro de la húmeda carne. Ella gritó.

—Tócate, Beatriz...—le pidió—. Tócate los pechos... Apriétalos como si fuera yo quien los está acariciando mientras te penetro.

Frente a Beatriz había un espejo amplio. Ambos se observaban desde su posición en la cama. Era una escena erótica y cargada de un deseo primario.

Ella obedeció, se tocó, y escuchó a Tahír soltar un jadeo. El roce de sus cuerpos chocantes eran la nota alta de una clave que había empezado como un silencio y ahora se había transformado en un compás imposible de describir con palabras.

—Te siento más en profundidad que en otras posturas —dijo ella, dejándose llevar por las sensaciones en su cuerpo.

—Dime si te gusta…

—Sí. —Él embistió más fuerte, más rápido—. Sí… Oh, sí, Tahír…

Estaban próximos a alcanzar el clímax. Tahír le tomó el lóbulo de la oreja a Bea entre los dientes, lo mordisqueó con firmeza, y pronto empezó a sentir los espasmos femeninos en torno a su sexo. Beatriz impulsó sus caderas hacia atrás, sus nalgas hacían contacto con la pelvis de Tahír, mientras él sostenía su pierna y penetraba su cuerpo con largas embestidas.

—Bea… Eso es, sí… grita para mí… Necesito escuchar el placer de tu boca —le murmuró a la oreja.

—¡Tahír! —exclamó ella clavando los dedos sobre el antebrazo masculino.

El príncipe dejó escapar un rugido que opacó los clamores de Beatriz.

—Oh, nena…

El orgasmo llegó como una avalancha, dejándolo vulnerable, y cubrió todo pensamiento en su mente. Cuando poco a poco sus cuerpos empezaron a calmarse, él le dio un beso a Beatriz y la abrazó con firmeza.

Las siguientes horas pasaron vertiginosamente.

Después de hacer el amor se habían duchado juntos, para luego poner rumbo hacia la playa. Tahír no recordaba haberse divertido tanto con una mujer como le ocurría con Beatriz.

Pasearon, comieron en uno de los sitios más exclusivos, cuyos platos superaban los cien dólares australianos. Eran exóticos y, según rezaba la carta, afrodisíacos. Aunque él no necesitaba nada de eso para desear a la mujer que estaba a su lado.

Había sido una estupenda idea volar hacia Australia. Beatriz era sencilla y tenía una risa fácil. No era complicado comunicarse con ella, y lo mejor de todo era que sabía respetar los espacios de silencio que él solía necesitar cada tanto. No preguntaba mucho sobre su vida en el palacio, y eso lo inquietaba ligeramente, aunque no lo suficiente como para sospechar nada extraño.

Ahora que tenía una mujer que parecía interesada en él, y no en el título que portaba, ponerse en un plan de cinismo desmedido carecía por completo de sentido de propiedad. Además, ¿qué bien le hacía? Pensaba disfrutar esos días.

El contrato de trabajo por dos meses que le pidió a Karim que hiciera redactar del equipo legal para Beatriz, tan solo era una formalidad. Ningún ciudadano extranjero podía pisar Azhat para trabajar si no existía un contrato de por medio. Y eso se aplicaba a todas las instancias, incluida la familia real. Era parte de las políticas de "justicia social" que solía alabar su padre del equipo legal que, en conjunto con el parlamento, regulaban las leyes del reino.

Ese era el último día antes de partir a Azhat.

Tahír estaba esperando a que Bea terminara de vestirse. Estaban en la suite del hotel en el que el príncipe se hospedaba. Iban a una fiesta de gala a la que él había sido invitado. Le había costado convencer a Bea de acompañarlo. Nada deseaba más que verla con el precioso vestido aguamarina que ella no dejó que le pagara en una boutique de Melbourne.

Habituado a comprarle siempre detalles a sus amantes, el hecho de que Bea no le hubiera permitido regalarle un vestido aligeraba su tendencia a desconfiar de las mujeres. ¿Sería ella tan genuina como parecía? Beatriz le había dicho que la sobrevaloración de la virginidad de las mujeres era parte del machismo. Le había también insistido en el punto de que la primera experiencia sexual sí era importante, pero no hasta el punto de armar gran lío al respecto o alarmarse por el número de compañeros sexuales que una mujer pudiera o no tener.

Tahír provenía de una cultura machista que, gracias a su padre y su hermano, empezaba a cambiar con celeridad. La virginidad de una mujer era uno de los detalles más preciados para elegir una reina o una princesa. A él eso no le importaba, y en el caso de Beatriz, se sentía privilegiado de haber sido su primer amante.

Sin embargo, quería la pasión de Beatriz solo para él. Y pensaba mantenerlo de esa manera. Era posesivo, sí. Un pequeño detalle que acababa de descubrir que saltaba a la vista ante la idea de que Bea pudiera interesarse por experimentar la pasión con otro. Extraño en un hombre tan experimentado en las lides entre sábanas como él, y a quien poco o nada le importaba lo que sus amantes hicieran con sus vidas una vez que dejaran su cama.

# CAPÍTULO 13

—Bea, mi padre acaba de fallecer —dijo Dexter con voz apagada después de cerrar la llamada de teléfono. Tomó dos largos tragos de su copa de coñac.

Estaban en la sala de la casa de Dex, porque Beatriz había ido a decirle sus planes con Tahír en Azhat. Ella se sintió muy triste con la noticia, y notar cómo la sonrisa alegre de hacía unos minutos que había mantenido Dexter se transformó en una expresión desolada, la apenó todavía más. Él no era muy emocional, así que verlo en ese estado le partió el corazón.

Se apartó del sillón y sin pensárselo dos veces se acomodó sobre el regazo de Dex y se abrazó a él. Dexter la sostuvo con firmeza de la cintura y hundió el rostro en su cuello. Lo escuchó sollozar y no pudo evitar que las lágrimas empezaran también a rodar por sus mejillas.

—Oh, Dex… —expresó con pesar—. Lo siento tanto…

Kirk Louden había sido siempre amable con ella, al igual que toda la familia de Dexter. Iba a postergar el viaje a Azhat. No podía dejar de lado a su mejor amigo. Menos en unas circunstancias tan dolorosas.

—Ni siquiera lo pienses —dijo él apartando el rostro del cuello de Bea y mirándola fijamente. —Ella lo observó, interrogante—. Crees que por dejarme a mí e irte a ese país del desierto estás siendo egoísta —aclaró Dex— no es así. Si no me dejaste que te prestara el dinero para reiniciar tu negocio, entonces tienes que tomar la oportunidad laboral que ese príncipe está ofreciéndote.

—No me puedo ir y dejarte, Dexter. Lo sabes muy bien.

Él sonrió y dejó escapar una larga exhalación.

—Bea, para ser síquica has hecho un buen trabajo aprendiendo a controlar tus posibilidades de leer el pensamiento a otras personas.

—¿Eso que tiene que ver con lo que estamos hablando?

—Si ese príncipe no se hubiera aparecido en tu camino, quizá por estas alturas ya lo sabrías.

—Dex, no estoy para acertijos.

—Entonces te voy a dar algo para que me comprendas mejor. ¿Te parece?

—¿Qué…? —empezó a protestar, pero la boca de Dexter cayó sobre la suya, sorprendiéndola por completo.

Los labios de Dexter eran suaves, pero insistentes y completamente dominantes. La besaba con una concentración tal que no había reparado en el hecho de que ella respondía, sí, pero no del mismo modo entusiasta y profundo en que él estaba haciéndolo en esos momentos. Un par de minutos después, Dexter se apartó.

—No sentiste nada, ¿verdad?

Beatriz no podía hablar. Lo miró boquiabierta. Dexter, su mejor amigo de toda la vida, la acababa de besar con una pasión que solo se igualaba a la de… A la de un hombre enamorado.

—Dexter…

Él esbozó una sonrisa triste.

—Siempre he estado enamorado de ti, Beatriz. Siempre. Esas nuevas conquistas son un intento de olvidarme del mero hecho de que no puedo tenerte. Cuando te llamaba por algún lío de faldas a veces tenía la esperanza de que te dieran celos… Nunca sucedía. —Beatriz frunció el ceño. Se sentía confundida y también traicionada por lo que estaba ocurriendo—. El problema es que sabía que tú no podías sentir lo mismo por mí. Y aún si lo hubiese intentando, no creo que hubiera resultado.

—¿Por eso me has besado, Dexter? ¿Para demostrarme que no puedo corresponderte?

Él negó.

—Lo he hecho para decirte con un beso, lo que yo siento por ti. Eso es todo. Y también para que tengas en cuenta que tú no sientes lo mismo. Podrías corresponderme, pero, ¿cómo lucharías contra tu destino del corazón? Además, nunca me has visto con otros ojos.

—No sé de qué hablas con eso de mi destino.

—Ese principito.

—¿Qué hay con Tahír? —preguntó. Podía apartarse del regazo de Dexter, pero no lo hizo—. Ya te he contado cómo son las cosas.

—Me lo cuentas todo, sí. De hecho, el día en que dijiste que lo habías conocido, yo tenía planeado ir a verte a Port Douglas. Algo en tu voz me hizo cambiar de opinión. No me equivoqué. Y el modo en que tus ojos brillan con solo mencionarlo, pues reafirman la felicidad de tu corazón. Eres una mujer especial, y por eso no puedo permitir que eches a perder tus oportunidades.

Entonces, Beatriz se apartó del regazo y se acomodó junto a él. Apoyó la mano contra el respaldo del sofá. Lo miró.

—Tal vez si me lo hubieras dicho, yo…

—No, Bea. No vayamos por ese camino. No estoy reprochándote nada. Solamente quería dejar en claro ese punto. Necesito aceptar que, definitivamente, nunca serás más que mi mejor amiga. Por eso, no puedo permitir que te quedes a mi lado cuando el hombre de quien estás enamorada espera por ti para llevarte a conocer su país con el pretexto de que es solo un tema laboral.

Ella no pensó en argumentar en contra de lo que él decía.

—Quiero acompañarte…

—Me daría más dolor sabiendo que después del entierro,

la pena y la angustia de ese día tan difícil, no podré dormir junto a la mujer que quiero de verdad, consolarme en sus brazos del modo en que deseo, porque no es mía. Porque no eres mía, Beatriz. Hazme feliz y busca el modo de sacar adelante tus proyectos en Azhat. Encuentra el modo de llegar al corazón de ese príncipe. Pero si él osa lastimarte, entonces no me pidas que no vaya a buscarte y le parta la cara de un puñetazo.

Eso hizo reír entre lágrimas a Bea. Era una confesión inesperada, profunda y dolorosa al mismo tiempo. ¿Tan ciega había estado?

—Nunca esperé esto, y te pido disculpas por…

Dexter se incorporó a toda velocidad para cubrir los labios de Bea con su dedo.

—Ni lo digas. Después de hoy, no volveremos a topar este tema. ¿De acuerdo? Probablemente me tomará un poco más habituarme a la idea de que le has dado tu corazón a otra persona, por no haber sido yo más intrépido. En todo caso, gracias porque sé que siempre estarás para mí… como mi amiga.

Ella asintió.

Se fundieron en un abrazo largo. Beatriz tomó su bolsa y salió de la mansión de Dexter con demasiados pensamientos rondándole la cabeza, pero el que persistía era la confesión de su amigo. Al menos no había una amistad rota, pensó subiéndose en su auto y encendiendo el motor.

***

—¿Dónde estabas? —preguntó Tahír después de recibirla con un profundo beso, cuando ella fue hasta el hotel para ir juntos a casa de los padres de Bea.

—Te dije que fui a decirle a Dexter que me iba a Azhat contigo.

El príncipe la miró con desconfianza.

—Tú no bebes coñac —apuntó.

Beatriz lo quedó mirando como si estuviera lunático.

207

—Gracias por recordarme lo que no me gusta beber.

Tahír la tomó de los brazos con firmeza, ella elevó el mentón.

—¿Es ese imbécil tu amante ahora? —preguntó con rudeza.

—Suéltame, Tahír. No sé qué diablos estás diciendo.

—El sabor de tu boca me lo conozco perfectamente, y tú no bebes coñac. Y si has estado con ese hombre, entonces debo deducir que estuvieron besándose. ¿O me crees muy imbécil para no notar pequeños detalles como esos? —preguntó, soltándola.

Se pasó las manos entre los cabellos. Los celos eran poderosos impulsadores de acciones estúpidas. No quería cometer una tontería con Beatriz, pero haber saboreado en su boca un licor que ella no bebía, sumado al hecho de que estaba con otro hombre por el motivo que fuera o por cualquiera que fuese la relación de amistad entre ambos, lo hacían sospechar. Imbécil, no era.

Beatriz sintió que se ponía pálida.

—No sé qué decirte —expresó.

Ni siquiera ella podía terminar de encajar lo que había ocurrido en la casa de Dexter. Sumado a eso, la muerte de Kirk. Ahora Tahír la observaba como si hubiese cometido el mayor crimen de la historia.

—¿Te acostaste con él? —indagó.

—No. El padre de Dexter acaba de morir.

—Qué pena por la situación, pero aquello no tiene nada que ver con el hecho de que hayas besado a otro hombre —espetó con dureza.

Agotada, y sin ganas de discutir, Beatriz empezó a girarse para irse.

—¿Y si hubiera sido yo? ¿Y si hubieras saboreado en mi boca una bebida que sabes que yo jamás tomo, después de saber que he estado con una gran amiga?

Esas preguntas la detuvieron en seco. Volvió sobre sus

pasos. Lo miró, comprendiendo. Reparó en las manos hechas puño que permanecían a cada costado de Tahír. Estaba segura de que tenía los nudillos blancos.

Contó en silencio hasta cinco, y empezó a contarle lo que de verdad había sucedido. La mirada sagaz de Tahír no se apartó ni un instante del rostro de Beatriz, pero ella continuó hasta el final de su relato. Aunque la expresión del príncipe continuaba siendo furiosa, al menos parecía serlo un poco menos que cuando ella llegó a la suite del hotel.

—No es una excusa, Tahír. Pero eso no es engañar ni mentir. Estoy agobiada y confundida por lo que ocurrió —explicó acercándose a él.

—Besarte y saber que otro lo hizo me dan ganas de ir y matar a ese idiota por haberse atrevido a tocarte. Por haberse atrevido a ponerte en una situación de ese calibre...

—Nunca te engañaría, Tahír. Que seamos amantes implica que, mientras esté contigo no estaré con ningún otro. Aunque no te he prometido nada, lo hago ahora.

—¿Por qué? ¿Acaso esperas lo mismo de mi parte? —preguntó todavía con los celos carcomiéndole las entrañas.

Beatriz sabía que la tal Freya lo había engañado tiempo atrás, y que de ahí partía su desconfianza hacia las mujeres. Sin embargo, esa realidad no disminuía el impacto que podría causarle la posibilidad de que él tocara a otra... En su caso, con Dexter, la situación tenía un cariz totalmente inocente de su parte y esperaba que así él lo entendiera. Aunque con Tahír nunca se sabía.

—Solo si tú sientes hacerlo, caso contrario, lo respetaré, pero entenderás que, de darse el caso, ya no estaré interesada en continuar siendo amantes. Como has podido escuchar de mí, no ocurrió nada.

—¿Me lo habrías contado?

—Apenas acababa de llegar cuando me besaste, Tahír, y lo ocurrido en la casa de Dexter ha sido un momento triste al igual que inaudito. Así que no tengo una idea de lo que podría haber o no hecho antes de que tú me besaras. ¿Vas a aceptar mi palabra o tengo que marcharme para dejarte a solas con tus inseguridades?

Tahír la miró boquiabierto. Después echó la cabeza hacia atrás y soltó una carcajada. Nadie le hablaba de aquel modo, solo ella se atrevía a hacerlo. Bea estaba en lo correcto, él intentaba mostrarse seguro de sí mismo, pero se sentía inseguro sobre las intenciones de las mujeres, no sobre su performance como hombre o su capacidad de conquistarlas. Eso, jamás. Por otro lado, no podía deducir lo que sentía a ciencia cierta con respecto a Beatriz, pero sí estaba convencido de que era muy diferente a lo que había experimentado con otras mujeres en su vida.

—Voy a aceptar tu palabra —dijo con sinceridad.

Ella sintió un gran alivio.

—¿Tema zanjado?

Él se acercó. La abrazó.

—Por ahora —murmuró y la sintió sonreír contra su pecho.

—Eres bastante obcecado.

Tahír la apartó con suavidad. Le acarició la mejilla.

—Tengo que digerir la idea de que, aunque no participaras activamente ni hubieras planeado hacerlo, otro hombre te tocó. Y eso me pone de malas pulgas.

—Porque eres muy posesivo.

—No, porque se trata de ti —afirmó mirándola fijamente y haciéndola estremecer con su confesión.

***

Tahír insistió en acompañar a Beatriz para que ella fuera a buscar la maleta de viaje a casa de sus padres. Sin embargo, ignoraba que lo que menos quería Bea era presentarle a las personas más importantes de su vida. No porque considerase poco digno al príncipe o porque se avergonzase, no, sino porque su madre solía tener una manera bastante peculiar de aproximarse a las personas que llegaban a la casa.

Todavía le era posible recordar, y avergonzarse, cuando le presentó uno de sus novios adolescentes a Ordella. Ella se tomó la molestia de decirle todo el pasado familiar y aconsejarle sobre negocios futuros. A una compañera de la universidad en cambio, le dijo que sería mejor que no saliera del país porque le esperaba un calvario en el caso de irse de Australia persiguiendo a un extranjero solo porque estaba enamorada. El tema no era que Ordella diera a conocer sus predicciones, sino que las dejaba salir de su cabeza, muy a su aire, y sin que hubiesen sido requeridas. Ella era una mujer pintoresca, pero la gente desconocida ignoraba el particular y se sentía abrumada por sus desenfados bonachones.

Bea no quería pasar por una situación de esas, menos con Tahír.

Quizá si se daba la oportunidad en un futuro podría comentarle el tema de su vena síquica, pero sabía que ella y el príncipe tenían los días contados. Lo sentía en lo más profundo tan fuertemente como la certeza de que se empezaba a enamorar de él cada vez más... Antes de aceptar perderlo, primero necesitaba entender la premonición que se había repetido la primera noche que estuvieron juntos, y qué papel jugaba ella en dicho escenario.

Por más que intentaba esforzarse, le resultaba difícil conseguir volver a tener ese sueño o identificar más detalles. Era frustrante. Uno de los motivos por lo que iba a Azhat era que necesitaba aclarar por qué había soñado con ese nefasto entorno, y el segundo motivo —pero no menos importante— era el aspecto económico. Ante todo, ella pensaba en su futuro. Quizá perdiera a Tahír en el camino, pero no podía poner todas las cartas sobre la mesa y permitir que una tormenta la dejase a la deriva.

Beatriz no tenía ni idea cómo él se tomaría el detalle de saber que su madre predecía el futuro, y que ella tenía también unas cuantas experiencias al respecto en la valija. ¿Cómo pedirle que se quedara en la puerta de la casa de sus padres sin parecer grosera y ridícula? Imposible.

—¡Pero si es mi preciosa Bea! —exclamó Ordella cuando abrió la puerta principal. Su voz vibrante y aquellos ojos cargados de amor por su única hija, no perdieron de vista el hecho de que fuera de la casa estaban aparcados dos automóviles de lujos con vidrios oscuros y tres hombres fornidos observaban en el exterior de un lado a otro. Aunque aquello no era lo más importante para Ordella, sino la compañía que traía su hija. Se apartó de Bea y miró al príncipe, lo saludó—: Qué gusto conocerte, jovencito. Soy Ordella Fisher.

Beatriz exhaló despacito. Al menos su madre estaba controlada... De momento. Era gracioso, pero Ordella no tenía ningún tipo de contemplaciones respecto a la posición jerárquica de las personas. Para ella todos eran seres humanos, punto. Sin apellidos rimbombantes o árboles genealógicos extensos.

—Tahír Al-Muhabitti —dijo el príncipe con su encanto habitual. Presentarse con su título real no le apetecía, además que —siendo la madre de Beatriz— prefería mantener las cosas en un nivel informal. Con los guardaespaldas no podía hacer nada, lo esperaban afuera de la casa de dos pisos y precioso jardín delantero —imaginaba que obra de Bea— con cerca blanca.

—Por favor, pasa. Me dijo Bea que venían por una maleta de viaje. ¿Hacia dónde piensan ir...? —preguntó ella mientras cerraba la puerta y hacía un gesto para que se acomodaran en el salón.

—Vamos a Azhat —replicó con gesto afable—. Le he propuesto a Beatriz que trabaje para mí y ella ha aceptado.

—Por supuesto que lo ha hecho, no es tonta, y sabe que las buenas oportunidades laborales escasean últimamente.

—¡Mamá, por favor! Qué manera, de verdad, contigo —exclamó cerrando los ojos—. ¿Dónde está papá?

—Ha tenido que reunirse con unos amigos, colegas

antiguos, porque quieren ofrecerle un contrato temporal en el ministerio de medio ambiente.

La mirada de Beatriz se iluminó.

—Me alegra mucho saberlo. Le hará bien contar con una opción laboral nueva.

Ordella no podía aguantarse las ganas de decirle a Tahír un par de cosas. No sería una buena síquica si ignorase las visiones que le llegaban. Una de esas le llegó apenas estrechó la mano del príncipe, y reconocer que iba a ocurrir tarde o temprano le había dolido profundamente, pero no podía evitar que el destino tomara su curso.

El mero hecho de alterar un evento, al tener la capacidad de anticiparse a su desarrollo, podía generar más caos que buenaventura. Con sus consultantes solía ser diferente, porque ellos pagaban por conocer algo en particular y corría por cuenta de ellos lo que hicieran o no después de haberla escuchado. Ordella no le decía a la gente cómo vivir o qué hacer, se limitaba a expresar lo que veía. Era ese su trabajo. Pero Bea era su única hija, y el dolor que sentía por lo que llegaría pronto a su destino la tenía inquieta.

—¿Te ofrezco algo de beber, Tahír? —preguntó al elegante príncipe—. Tengo té y café. Soda, si acaso lo prefieres.

—Un café estará bien, gracias.

—Ahora regreso. Y, por favor, llámame Ordella.

—Seguro, Ordella, lo haré. Gracias.

Beatriz contempló a su madre, vestida con un precioso vestido celeste que hacía juego con sus ojos, caminar con su innata elegancia. Era una mujer especial y ella la adoraba. Una lástima que su padre no estuviese en casa, pues le habría gustado mucho presentarle a Tahír. A diferencia de Ordella, Nixon Fisher poseía un talante más cauto y menos exuberante que su esposa. Eran dos polos opuestos y se complementaban.

Tahír observó alrededor. Le parecía aquella una casa muy bien conservada. Le pareció curioso que la sala en la que se encontraban tuviese motivos esotéricos. Quizá era una peculiaridad en Australia, se dijo, tomando nota mental. Los adornos no parecían haber sido colocados al azar, al contrario, la disposición lucía estudiada, y en conjunto, armónica. Le producía una sensación de calma y bienestar. Como si al cerrar la puerta tras ellos hubiesen entrado a un sitio donde nada podía enturbiar el sosiego.

—¿Todo bien? —le preguntó al verlo tan silencioso. No era algo fuera de lo común en Tahír, pero el hecho de que la actitud se desarrollase dentro de la casa de sus padres quizá la había puesto un poco más alerta.

Él la miró. Sonrió.

—Por supuesto. Me pregunto qué significan esas cartas enmarcadas que parecen tener filos de oro. En Azhat no tenemos nada parecido.

Beatriz sabía a qué estaba refiriéndose. Sus padres habían tenido una gran discusión muchos años atrás, cuando Ordella dijo que necesitaba poner los Arcanos Mayores del Tarot de Rider Waite en una suerte de vidrio especial. No era cualquier grupo de cartas de Tarot, sino que su madre había invertido más de diez mil dólares en decorar los bordes externos y ciertos detalles internos de las cartas con pan de oro comprado especialmente en un país lejano, Ecuador.

Al final, su padre había cedido. Eso no le sorprendía, pero sí el hecho de que no hubiese objetado lo suficiente —como solía hacer en ocasiones— para dejar claro su punto. Solo había un problema en aquella ocasión, y era que el dinero pagado por el pan de oro no era reembolsable. ¿Qué iban a hacer con lo que habían comprado a los artesanos ecuatorianos? Así que su padre tuvo que hacerse a la idea de que diez mil dólares de sus ahorros estaban en esas cartas miniaturas.

—Oh, eso —dijo Bea con nerviosismo—. Bueno, lo cierto es que en cada cultura tenemos aspectos diferentes o creencias. —Tahír la miró como si le estuviera contando que el color de las hojas de los árboles era verde—. Sí, ya sé que es obvio, pero es para entrar en contexto, y…

Ese fue el preciso momento que eligió Ordella para regresar a la sala con una bandeja con té y café. Tahír se incorporó para ayudarla. Así, él se olvidó del tema de las cartas bordeadas de oro.

Empezaron a charlar sobre el tipo de vida que el príncipe solía llevar, las costumbres de su pueblo y también las agotadoras visitas de Estado que estilaba atender cuando alguno de sus hermanos no podía por cualquier inconveniente. También hablaron sobre el día de buceo en la Gran Barrera de Coral.

—Tahír, ¿crees en el destino? —preguntó de repente Ordella, con un cambio de tema de trescientos sesenta grados.

Beatriz casi escupe el té. Tahír le golpeó la espalda y le pasó una servilleta de papel. Bea fulminó a su madre con la mirada, pero al notar la determinación en su rostro no le quedó de otra que pedirle al universo que inhibiera la capacidad de comunicación de Ordella durante los próximos treinta minutos.

—Es una pregunta sencilla —insistió la madre de Bea.

«Nope. El universo no la había escuchado», pensó Bea conteniendo el aliento. Lo que llegaría a continuación ya escapa de su control y era inevitable.

—Creo que soy el tipo de persona más bien apegada a los hechos que a las hipótesis. Y considero que esa clase de temas son solo fantasías.

Ordella inclinó la cabeza hacia un lado.

—Mamá, por favor… —pidió Bea cuando notó cómo la mirada de Ordella dejaba este plano para instalarse en aquel en el que veía más allá que otras personas.

Tahír frunció el ceño al reparar en que Beatriz estaba de repente muy tensa, y su madre había cambiado la expresión sosegada por una más concentrada y aguda.

—¿Perdiste a tu madre muy pequeño, verdad, Tahír?

Durante un largo, largo, minuto, el príncipe se quedó con la taza de café a medio camino del platillo a la boca. Después dejó todo sobre la mesilla de centro. Se recostó contra el sillón, cruzó los brazos, y observó con un gesto burlón a la madre de Bea. Experimentó el corazón martilleándole contra el pecho y todas las escenas de rechazo del rey Zafir, así como la falta de comprensión de la que había sido sujeto, pasaron como ráfagas de luz por su memoria. Pensó que recordar aquellas épocas de su solitaria niñez, a la merced de los rigores del palacio, ya no podrían afectarlo. Pero las palabras de la mujer que tenía en frente la había traído todo eso de regreso. De golpe. Se sentía vulnerable. Enfadado. ¿Qué derecho tenía ella a hablarle de ese modo?

—No sé a qué está jugando señora, pero…

—Crees que tu padre te ignora a propósito o que eres una decepción para él. Te equivocas —continuó Ordella— él, está orgulloso de ti. Tu madre te mira con amor y te ha enviado un regalo que todavía no eres plenamente consciente de que ya lo posees entre manos. Pero ya ha llegado a ti. Tomará un momento difícil en tu vida darte cuenta de lo que estás a punto de perder, nuevamente, y solo escuchando tu corazón conseguirás enmendar un grave error de juicio.

Tahír se incorporó. Nervioso.

Ordella regresó al presente. Al notar el nerviosismo de Tahír, y la expresión preocupada de Beatriz, supo que acababa de tener una visión. Llegaban a ella con naturalidad, y dado que se encontraba en casa no tenía ningún interés en intentar controlar la información de otros planos que podría llegar a ella.

—Lo siento, hay cosas que no puedo evitar… —murmuró con calma.

El príncipe miró a Bea de forma acusatoria. Estaba de pie y caminaba de un lado a otro. Parecía una pantera cercada y que podría atacar en cualquier momento.

—¿Qué es esto? ¿Me has estado investigando todo este tiempo? —preguntó con mordacidad—. ¿Es lo que has estado haciendo, Beatriz? Tal vez no querías que viniera a tu casa a acompañarte a recoger una maleta porque temías que tu madre se fuera de la lengua como lo acaba de hacer, ¿verdad?

Beatriz se incorporó con lentitud y comprendiendo que su madre acababa de revelar algo tremendamente personal y sensible para él. Podía mandarlo al diablo por el tono con que estaba hablándole, y no podía decir que no sintiera decepción por sus acusaciones, pero intentaba ponerse en su sitio. Así que utilizó su autocontrol.

—Tahír, entiendo tu sorpresa, pero deberías calmarte antes de continuar hablando —dijo como si estuviera hablándole a un animal salvaje rodeado de médicos que trataban de apaciguarlo antes de inyectarle una medicación—. Vas a decir cosas que no sientes. Te lo puedo explicar si te sientas y me lo permites.

Tahír estaba sudando. Jamás, nadie, había escuchado de la tensa relación que mantenía con su padre. Karim podría intuirlo, pero él nunca había expresado sus más íntimas inseguridades. Menos sobre su madre. Jamás.

Se sentía encerrado. Necesitaba escapar. Miró a la madre de Beatriz, quien lo observaba con una mezcla de preocupación y también de comprensión. Como si cualquier reacción que él tuviese ya lo hubiera previsto.

—¿Quién es usted? —le preguntó a Ordella, conteniendo el tono de voz e ignorando por completo a Beatriz que le había colocado la mano en el brazo en el afán de calmarlo.

—Tahír... Mi madre no busca hacerte ningún daño. Menos yo...

Él la desoyó y mantuvo su mirada fija en la mujer mayor. Después del asunto con Dexter, su lado desconfiado había aparecido como un monstruo salido de las sombras de su pasado. Solo bastaba un pequeño rasguño en su frágil intento de creer en las verdaderas razones de una mujer, para que su lado cínico saliera a flote.

—Soy una persona que tiene la habilidad de poder ver el pasado, el presente y el futuro en ocasiones. Nadie te ha investigado, Tahír. Ni siquiera sabía si acaso vendrías, hasta hoy en la mañana que lo he presentido porque tengo una fuerte conexión con mi hija, quiera o no. Y supe que, en el caso de tener una premonición estando tú aquí, entonces deberías saber que ni tu padre está decepcionado de ti, y que tu madre te ha enviado algo especial desde la realidad en la que ella se encuentra ahora. Me ha parecido lo más justo que lo supieras. Lo correcto. Tener la capacidad de "ver" un poco más que el común de los seres humanos no es algo que se aprende, sino que se hereda. Es un don que ha pasado de generación en generación por la rama femenina de toda mi familia. Y seguirá siendo así hasta el fin de mi descendencia y la de ella…

—En mi país podrían ahorcarla o lapidarla —espetó sintiéndose un completo idiota por citar las tan caducas leyes de Azhat.

Beatriz no se pudo contener y le dio un empujón que pareció conseguir que él quitara sus ojos impactados de Ordella. Tahír miró a Bea, y esos ojos verdes nacidos en el desierto árido de Azhat, parecían atormentados y furiosos. Como un ciclón a punto de tocar tierra.

—He dicho que te calmes. Mi madre es síquica. Trabaja ayudando a otros que vienen a consultarla. No planifica lo que hace porque las visiones vienen y van. Yo también… yo también las tengo —se aclaró la garganta— pero he aprendido a controlarlas. No sabía de tu existencia hasta el día en que coincidimos accidentalmente en Port Douglas. No suelo hablar de esto con nadie. Tuve una mala época en mi adolescencia y lo pasé pésimo al saber siempre más que otros, al poder escuchar pensamientos que no me interesaban o que eran despectivos o de malas intenciones que no podía aplacar yo, ni revelarlas porque hubiera quedado como una loca —comentó recordando aquellas épocas.

—No, pues, qué trágico —dijo con sarcasmo.

—Pocas personas conocen este dato particular— continuó—, mi primaria y secundaria fueron un infierno porque me era posible ver cosas terribles sin poder filtrarlas de mi cabeza. Mi único amigo fue Dexter, y después, Surka, ya en la universidad. Ellos me entienden, no me juzgan, no se aprovechan de que pueda ayudarlos viendo un poco más allá de lo que otros en sus respectivos negocios o carreras para así tomar ventaja. Esto ha sido siempre una maldición para mí, y si lo que piensas hacer es unirte a la cantidad de gente que siempre me juzgó o se burló de mí cuando supo de qué era yo capaz, adelante.

Tahír contempló alrededor. Ahora todo hacía sentido.

—Son brujas —dijo con repudio—. En mis tierras son consideradas la peor calaña de mujeres. —Se pasó las manos por el rostro—. No sé qué demonios han hecho, ni cómo se enteraron de mi itinerario, pero no me van a embaucar.

—Vete de mi casa, por favor —zanjó Beatriz con dureza. Vio con el rabillo del ojo que Orella no parecía en absoluto impactada. Como si ya lo hubiera esperado. Beatriz no dudaba de que así fuese. Pero no iba a permitirle a Tahír insultar a su madre, menos a ella. Ya había tenido bastante de eso en la adolescencia.

Él la quedó mirando.

—Tienes un contrato conmigo. Lo firmaste esta mañana. Si me voy, vienes conmigo. Quizá puedas probar que esto —hizo un círculo despectivo con las manos cubriendo el espacio que los incluía a los tres— sirve de algo. Y si dices la verdad, entonces puedo utilizarte para sacar partido a mis competidores o anticiparme a eventos que atenten la seguridad de mi país.

Beatriz suspiró.

—No funciona así. No puedes forzarme. Además, acabas de decir que somos la peor calaña de mujeres, ¿para qué querrías continuar relacionándote con un par de mujeres despreciables? —preguntó cruzándose de brazos. Estaba sonrojada del enfado, respirar dolía, y los puños parecían querer cobrar vida propia para darle un puñetazo en la quijada a Tahír. Como una verdulera. Para que sintiera exactamente lo que podría llegar a hacer una mujer de la peor calaña y sin educación.

—Si quieres cumplir con el contrato de trabajo, ahora las

condiciones han cambiado. Quizá tus servicios de jardinería sean temporales, y mientras tanto puedes ocuparte de tratar de entender cómo es posible que otros competidores tengan más ingresos o mejores armamentos bélicos que nosotros. Incluso podrías destapar alguna suerte de conspiración —dijo con sarcasmo.

—No te pases, Tahír. Que a mí no me importa si eres un príncipe o un lacayo. Así que mandarte al diablo no me supone ningún inconveniente.

Él se cernió con toda su altura sobre ella.

—Si rehúsas entonces solo confirmarás que tu intención siempre fue conocerme con la finalidad de lograr beneficios. Que estuvieras con el tal Dexter, tal vez solo fue una artimaña más para procurar que me pusiera celoso y conocer qué tan indispensable podrías ser para mí.

Ella abrió y cerró la boca. ¿Cómo se atrevía?

—¿Crees que te quería poner celoso? ¿Eres idiota? —preguntó fuera de sí.

—¡Estaba celoso! ¿Eso te pone contenta? —espetó ignorando por completo el hecho de que ambos estaban en la casa de Beatriz, y que Ordella los observaba.

—Entonces a ver si empiezas a escribir una novela negra porque tu imaginación está bastante fuera de la liga de la romántica —dijo Bea con acidez—. Además, ¿cuáles habrían sido esos beneficios para mí, si acaso puedo saberlo, en el caso de que hubiera planeado conocerte o investigarte o usar la habilidad síquica para ello? Porque de momento sigo sin mi negocio, y no he aceptado ningún tipo de dádiva de nadie.

—No me gustan las caza-fortunas —dijo apegándose a su tozudez.

—Ni a mí los hombres estúpidos que arman un lío de la nada —contraatacó elevando el mentón, desafiante.

—Por favor —intervino Ordella poniéndose de pie— necesitan un tiempo para tratar de entenderse. Cuando tú —dijo mirando a Tahír— comprendas que te has exaltado quizá sea demasiado tarde, mejor intenta sosegarte. Nadie quiere tu dinero ni tus conexiones en esta casa. Escucha tu corazón, príncipe del desierto, y deja de lado la soberbia o el resentimiento injustificado.

—No tengo corazón, Ordella —zanjó antes de girarse para salir de ese asfixiante ambiente. Necesitaba alejarse. Se sentía vulnerable y no era una sensación placentera.

Beatriz le plantó cara.

Bloqueó la distancia entre él y la puerta de salida.

—Iré a Azhat a cumplir con mi trabajo, Tahír. Una vez que acabe el tiempo regresaré a Melbourne. Eso será todo. Cuando decidas pedirme disculpas, las aceptaré, pero no querré saber más de ti.

Tahír miró a Ordella, la mujer continuaba enviando ondas de calidez, como si fuese un campo magnético suave y acogedor. Meneó la cabeza. No quería tener nada que ver con esa panda de chifladas. ¿Que veían el futuro? ¡Y un cuerno! Iba a hacer que las investigaran. De momento, no pensaba soltar a Beatriz. La instaría a cumplir con el contrato y a aprender que con un príncipe no se jugaba. Menos mal las había descubierto a tiempo. Caza-fortunas. ¡Demonios!

—Tengo un negocio importante por cerrar con mi hermano Amir. Vas a tener que poner a prueba tu capacidad síquica —dijo burlonamente— y si no logras encontrar el modo de que ese difícil entramado de negocio salga a favor de mi país, me encargaré de arruinarte la vida a ti y tu madre.

—¡No me amenaces!

Tahír le tomó el rostro entre las manos, como si quisiera destruirla, como si quiera devorarla, como si quisiera tomarla y no volver a soltarla. Se miraron fijamente, y luego, él la soltó con lentitud.

—Enviaré un chofer por ti mañana en la noche.

—No hace falta que me envíes ningún chofer. Sé perfectamente en dónde están los hangares privados en el aeropuerto. Nos vemos allá.

—Irás en un vuelo comercial, no en mi jet privado. No asumas nunca una posición o importancia conmigo. —Le hizo un gesto cordial de despedida a Ordella y después abandonó la casa de los Fisher dejando a Beatriz con una sensación amarga en la garganta y a Ordella con gran pesar en el corazón porque, no le había dicho a su hija, que ese podía ser el principio del fin de su vida, y que el reloj empezaría a correr en su contra una vez que pisara Azhat por primera vez.

Beatriz sintió que las mejillas le ardían y los ojos le quemaban ante su inútil intento de contener las lágrimas. Miró a su madre, quien le extendió los brazos.

—Ordella, ¿por qué lo hiciste? ¿Por qué permitiste que tu intuición cobrara fuerza de ese modo? —preguntó con un murmullo contra el hombro de su madre.

—Era necesario, tesoro mío, ya sabes que no puedo evitar hacerlo. Además, él tiene que saber quién eres, y solo así entenderá y podrá amarte con libertad.

—Difícilmente ese testarudo hombre va a amarme…

—Ya lo hace, solo que todavía no lo sabe.

# CAPÍTULO 14

Beatriz estaba maravillada por la cálida recibida que había experimentado a su llegada en el aeropuerto internacional de Tobrath, una semana atrás. El viaje desde Melbourne resultó agotador, y además sufrió durante tres días con el jet-lag. Habituarse al clima seco y soleado no le costó demasiado. Aunque las costumbres que manejaban eran, por supuesto, muy diferentes a las de Australia.

Desde el aeropuerto notó cómo el camino desértico empezaba a dar paso a unas carreteras bien construidas, en perfectas condiciones y señalizadas con eficiencia. El cielo azul surcado de nubes blancas daba la impresión de ser benevolente con su temperatura, pero solo era un engaño. La temperatura promedio del país era de treinta grados Celcius. Salvo en las épocas de frío en las cuales la temperatura descendía considerablemente hasta los cinco grados durante las madrugadas.

Había esperado, ingenuamente, que Tahír la presentara con el personal a quien estaría encargada de dirigir sobre cómo readecuar las áreas botánicas del palacio. En cambio, se encontró con el consejero del príncipe, Karim. El hombre parecía serio, aunque amable, y respetuoso. Le hizo un recorrido por los alrededores, dejándola boquiabierta ante el esplendor y riqueza de la decoración.

—Puede acomodarse sin problema en el ala que solía utilizar la fallecida reina Dhalilah como suite de costura. Ha sido readecuada para usted —había explicado Karim al recibirla en la entrada del palacio real Al-Muhabitti—. Espero que disfrute su estancia con nosotros. Estoy a su disposición. Tiene un teléfono con una guía de las extensiones de todas las estancias administrativas del palacio real por si necesitara algo. La cocina está abierta las veinticuatro horas del día, y nuestros chefs pueden preparar cualquier alimento.

—Vaya, muy amable.

—Puede llamarme Karim, si acaso le parece más fácil. Tengo órdenes del príncipe Tahír de hacerla sentir como en casa. Espero que esta habitación cumpla con sus expectativas. Caso contrario, hágamelo saber y enviaré un equipo que haga el redecorado completo, y más a su gusto.

—Oh, no. Gracias, Karim. Una pregunta…

—Por supuesto.

—¿Dónde está Tahír?

—Atendiendo asuntos del principado que le corresponde llevar, señorita Fisher.

Con eso, diplomáticamente, había zanjado la conversación.

Cuando Beatriz había entrado en la suite contuvo el aliento. Era espaciosa, con suelos de baldosas, techos abovedados, un fresco de mosaico cubría las paredes enyesadas, mientras se fusionaban bellamente tonos dorados, azules y pinceladas de rojo vino. Había una inmensa cama moderna en el centro, y un gran ventanal con vista al desierto. El palacio real estaba en las afueras de la ciudad. La parte frontal daba a la avenida que llevaba hacia la zona céntrica, y la parte trasera hacia el desierto.

Sobre el colchón de la cama había unas preciosas almohadas que parecían haber sido hechas a mano. El bordado era intricado, y de lejos era fácil reconocer que el esmero y la pasión por las manualidades se habían puesto de manifiesto en cada puntada. Bajo todas esas almohadas yacía una colcha de aspecto suave en tono malva.

Desde esa conversación, Bea no había necesitado demasiadas guías para su estancia. Muriel, una joven de dieciocho años, era la encargada de servirle de traductora para los empleados que no hablaban inglés —que eran muy pocos— o también la ayudaba sobre cualquier duda que tuviese. Muriel incluso la solía acompañar por la plaza central para deambular en sus horas libres y conocer un poco mejor los alrededores. Tobrath era una ciudad pintoresca y encantadora.

Bea estaba muy sorprendida, pues había esperado —quizá sus prejuicios por lo que había visto en la televisión— un pueblo perdido de la mano de Dios, con personas hurañas, mujeres tapadas como tienda de campaña u hombres gritando como verduleros mientras se peleaban por alguna tontería en la calle. Vaya error. Quizá no era una ciudad con las modernidades de Dubai o Melbourne, pero se asemejaba bastante. Era evidente que el progreso iba a continuar.

—¿Dónde desea ir esta tarde? —preguntó Muriel, interrumpiendo sus pensamientos.

Eran casi las cinco de la tarde y durante toda la jornada Bea había impartido clases de botánica, agricultura, perspectiva del diseño de jardines. Su idea no era dedicarse a plantar semillas, podar plantas o mostrarles lo obvio a las chicas del harén, quienes eran su grupo de aprendizaje. Tampoco quería redundar en el equipo de jardineros del palacio, su segundo grupo de trabajo, pues era evidente que conocían su trabajo. Lo que Beatriz buscaba era impartir, hasta ese día y lo había conseguido, información útil para que ellos tuvieran una visión de cómo trabajaba ella, desde la experiencia. El modo en que había trabajado en los jardines botánicos reales de Melbourne fue de gran interés, para el equipo de jardineros al menos; las chicas del harén no eran nada tímidas, y poco o nada les interesaba aprender. Pero ella tenía un contrato y estaba decidida a cumplir, por más absurdo que resultara enseñar jardinería en un desierto.

Se preguntaba cuándo tendría lugar la dichosa reunión para la cual Tahír quería que lo ayudase. O más bien, para la que le había *exigido* que lo ayudara. Ella había intentado concentrarse para anticiparse a lo que podría suceder, pero su sexto sentido estaba en contra. No "veía" nada. Cuando más necesitaba sus habilidades síquicas, estas preferían irse de vacaciones. Vaya ironía.

—Me gustaría ir a nadar un poco. Extraño las olas del mar y deslizarme sobre ellas. ¿Has visto surfear por la televisión, verdad? —preguntó mientras se alisaba el pantalón blanco y la blusa beige. Llevaba unas sandalias bajas de tono turquesa, y el cabello recogido en un moño alto.

—Sí. Me gusta ver deportes, aunque no tengo mucho tiempo libre —murmuró—. Entre la universidad y trabajar aquí, pues se me va todo el día.

—Comprendo. Ya sé en dónde queda la piscina. Así que, no te preocupes, Muriel. Si tienes cosas que hacer por aquí o ya en la universidad será mejor que aproveches y así alcanzas el bus.

—¿Segura? —preguntó. Tenía unos vivaces ojos del tono del chocolate.

—Muy segura. Ya todo el personal prácticamente se ha marchado. Es mi tiempo libre. ¿Sabes si hay otra piscina, digamos, más privada además de la que está en el área central del palacio?

—Cada príncipe tiene su riad personal —informó— pero ninguno de ellos está ahorita en el palacio. Esas son las únicas zonas con piscinas privadas, pero nadie tiene acceso a esas instalaciones.

Beatriz asintió.

—¿Sabes en dónde están los príncipes…? No he tenido oportunidad de conocer a los hermanos del príncipe Tahír —preguntó sin poder contenerse. ¿Dónde estaba Tahír? ¿Por qué la mantenía a un lado? Prefería ver sus ojos verdes furiosos a experimentar esa campaña de silencio. De hecho, le dolía su desconfianza de un modo que no podía terminar de describir.

—No sé si deba comentarle, no es que desconfíe de usted, pero entre los empleados del palacio no damos ese tipo de información…

—Oh.

Muriel se acomodó el hiyab. Le gustaba llevarlo porque era de las personas que disfrutaba cambiando de colores de cabello, y dado que eso le costaba una fortuna, entonces prefería cambiar los colores de su hiyab.

—No pasa nada —replicó Bea con evidente desazón.

—Si no le dice a nadie que yo le proporcioné esa información —dijo en voz muy baja— entonces se lo puedo comentar.

Beatriz sonrió.

—Puedes confiar en mí, Muriel. Me iré en cinco semanas. Así que todo lo que ocurra quedará siempre guardado.

—Errr… Bueno. El príncipe Amir está en Barcelona. El príncipe Bashah, en Londres. Y el príncipe Tahír, en París. Ignoro lo que hacen en cada ciudad, pero viajan constantemente y suelen ser siempre asuntos de estados. O de faldas —dijo esto último con una risa discreta. Eso no contribuyó en nada al ánimo de Beatriz. La idea de que Tahír estuviese con otras mujeres era el equivalente a verter alcohol sobre una herida abierta.

—Gracias, Muriel —comentó con fingida indiferencia—. Ahora iré a buscar esa apacible piscina.

—Recuerde que están remodelando el pasillo que conduce a la zona de la piscina y el jacuzzi. Debe tomar el corredor lateral que pasa por el edificio administrativo.

—Entendido, gracias, de nuevo.

—Hasta mañana, señorita Fisher.

—Que vaya bien, Muriel.

El sol de la tarde estaba en pleno ocaso, así que Bea

aprovechó la piscina para hacer diez largos. Subió a su habitación y se recostó en una preciosa mecedora. Tomó un libro de la pequeña estantería y empezó a leer sobre la historia del país. Todo era silencio alrededor. La somnolencia apareció de pronto.

Empezaba a dejar su libro a un lado para dormir cuando la calma se vio interrumpida por una serie de frenéticos pasos que iban y venía fuera de la puerta de su habitación. Frunció el ceño y se apartó de la cama.

Salió al pasillo y se encontró con un caos de idas y venidas. Todos hablaban al mismo tiempo. Unas personas tenían lágrimas en los ojos. Beatriz fue en búsqueda de Karim, aunque no creía que fuera a encontrarlo tan fácilmente. Divisó a Ehian, uno de los guardias reales que trabajaba al final del corredor en donde estaba su suite. El hombre parecía alterado, su expresión contrita, pero no se movía de su sitio. Esa era su función. Contra viento y marea, había aprendido Beatriz, los empleados del palacio jamás dejaban sus funciones hasta que llegara la hora de retirarse.

—Ehian, ¿qué ocurre? —preguntó acercándose al hombre. Vestía el uniforme de oficial de seguridad. Azul marino con dorado y blanco.

—El rey ha muerto.

\*\*\*

*París, Francia.*

Con el torso desnudo, musculado y moreno, el príncipe Tahír Al-Muhabitti, era todo un ejemplar de virilidad. A diferencia de su hermano mayor, él no tenía ningún tipo de interés en ocupar un puesto en las lides de poder. Odiaba la diplomacia. Odiaba las estúpidas convenciones sociales. Sentía pena por Bashah, porque toda su vida había estado obligado a guiarse por un protocolo, apuntando siempre hacia un objetivo: reinar. Qué vida tan compleja la de su hermano.

—¿Tahír? —preguntó la mujer de grandes pechos y estrecha cintura en su cama. Él no recordaba su nombre porque tenía fecha de caducidad: esa misma noche—. ¿Todo en orden?

Los ojos verdes del príncipe brillaron con interés antes de quitarse la sábana que cubría, hasta hacía unos momentos, su musculado cuerpo desnudo. Estaba duro de nuevo ante la imagen sensual de su amante. «Una última vez», se dijo.

En París, la ciudad del placer y el amor, no resultaba nada complicado conocer a una mujer dispuesta a estar con un príncipe. Aunque, pensándolo bien, ninguna integrante del género femenino se le había resistido jamás. Hasta que conoció a Bea. Pero no quería recordar a esa mujer que ahora pagaba la afrenta que le había hecho trabajando para él en Azhat.

—Sí —dijo con voz firme, antes de cernirse sobre la coqueta rubia, acariciarle el pubis con los dedos para luego frotar esos suaves labios íntimos—. Estás húmeda —gruñó con placer cuando las piernas de la mujer se abrieron más para él.

Tahír abandonó las caricias para inclinarse y chupar uno de los rosados pezones puntiagudos con dureza. Era un placer primitivo en donde la única emoción era la lujuria.

—Por ti —susurró la mujer con un ronroneo dándole la bienvenida en su cuerpo. No hubo besos, ni caricias sin lujuria, sino tan solo un salvaje sonido de necesidad sexual que llenó la habitación del hotel con vistas al Sena.

Tahír la penetró con una embestida de su duro y largo miembro. Era la sexta mujer que se llevaba a la cama en una semana. Sentía un retorcido placer al dejarse llevar de esa manera. Como si estuviera castigando a Bea por lo que le había hecho… Cuando en realidad sentía que el castigo lo estaba recibiendo él, pues mientras se adentraba en el cuerpo de esa desconocida mujer en lo único que podía pensar era en el día en que Bea lo traicionó. Le había mentido durante todo el tiempo, desde que se conocieron. Había invadido su privacidad. No tenía idea de cómo diablos habían dado con la información que poseían sobre su madre… ¿Estaría Karim involucrado? No…

Imposible. Ese hombre lo había salvado de la muerte segura. Necesitaba dar con la persona que podría haber proporcionado semejantes datos.

La imagen de Freya se le vino a la mente. Pero no existía modo de conectar a Freya con Beatriz. Estaban a millas de distancia, y años luz de realidades territoriales. Eran borrosos los recuerdos con Freya, en especial las conversaciones que habían sostenido durante su affaire.

¡Mierda! Sentía como si le hubieran resquebrajado la dura armadura que durante años había mantenido para que nadie, jamás, pudiera entrar en el frío espacio en el que bombeaba su corazón. Y por eso también sentía rabia. ¿Por qué iba a creer en algo que no podía comprobar?

La imagen de Bea desnuda, la sensación de su sexo rodeándolo mientras él tomaba su virginidad, parecía querer irrumpir en su estancia parisina y desplazar sus pensamientos cínicos después de haber conocido a Ordella. Había hablado con Karim, y este le comentó que Bea se llevaba bien con el personal a quien enseñaba —algo que Tahír no dudaba ni por un momento— y que se estaba adaptado bastante bien al entorno. Que había preguntado por él, sí, pero que no se la había informado al respecto porque no le correspondía dar esos datos. Tahír le había dicho a Karim que la hiciera sentir como en casa.

—Tahír… regresa a mí —murmuró la mujer que estaba bajo su cuerpo.

Él sentía como si estuviera siéndole infiel a una mujer que no era su esposa. Que nunca lo había sido y que nunca lo sería. Con ese pensamiento rasgándole el cuerpo como un cuchillo, Tahír gruñó y sus acometidas se volvieron más potentes y despiadadas. Escuchaba a su amante pidiéndole más de ese placentero dolor. Más de su cuerpo. No supo en qué momento, su mente le ganó a la lujuria. Se quedó estático. Sudoroso. Asqueado de sí mismo.

—¿Q… qué ocurre, Tahír?

Él apartó su torso de la mujer, apoyándose sobre las palmas de las manos colocadas a cada lado del voluptuoso cuerpo, la miró, jadeante. Lanzando una maldición salió de la cama. Tomó el preservativo vacío y lo lanzó al tacho de basura del hotel. Respiraba con dificultad.

—Vístete y vete de aquí. Ha sido entretenida la noche, pero se ha acabado. Mi chofer te llevará donde desees.

—No... No entiendo —expresó sin importarle su desnudez.

—Cuando salga de la ducha no quiero verte aquí —dijo sin mirar atrás, y sin darle ninguna contestación, antes de entrar al baño y cerrar de un portazo.

Horas más tarde, Tahír recibió una llamada urgente.

En un abrir y cerrar de ojos su equipo recogió sus pertenencias, organizó la logística de seguridad. El príncipe dejó el centro de París para dirigirse al hangar que tenía la familia real de Azhat en el aeropuerto Charles de Gaulle.

Durante el trayecto mantuvo la cabeza en otro sitio. A pesar de sus conocidas aventuras sexuales y escándalos creados a lo largo de sus años juveniles, en esta ocasión Tahír sentía un gran vacío. No podría ver a Bea a los ojos después de esa semana en París. Después de todas las mujeres con quienes lo habían fotografiado... Se sentía sucio y ruin. Acababa de cometer el mayor error de su vida.

Después de todas esas mujeres, el licor y las insufribles reuniones de Estado que había tenido que atender, ahora solo tenía una maldita certeza. Estaba enamorado de Beatriz, y no creía posible contarle lo que había ocurrido. Era imposible que ella se enterara alguna vez, y él se sentía como un maldito bastardo al no querer contárselo. Aunque no le debía nada, su conciencia gritaba otra cosa.

Apretó los puños a los lados con firmeza. Incluso el comodísimo asiento del jet le resultaba pesado. Karim estaba en Azhat, y viajaba con su secretario de reemplazo, Buckers. El hombre era más serio y ácido que la naranja podrida, pero muy eficiente. Tahír había querido dejar a Bea en buenas manos, y Buckers la hubiera ahuyentado con sus maneras toscas.

Le hubiera gustado llamar a Karim, pero él no era su padre. El rey acababa de morir... Tahír tragó en seco. Llevaba algunos vasos de licor consumidos desde que salieron del aeropuerto. No parecían suficientes.

—¿Todo bien, Alteza? —preguntó la azafata mientras sobrevolaban Europa —. ¿Desea algo más de beber?

Tahír observó los cuatro vasos vacíos de whisky.

—No. Por ahora es suficiente.

# CAPÍTULO 15

—Ya sabíamos que el rey moriría pronto. Su salud se había deteriorado con celeridad en las últimas semanas — murmuró Muriel con pesar propio de una chica que había crecido ante la imagen de un reinado fuerte y estable. Beatriz, quien no asistió al funeral porque no era nativa del país, en esos momentos desayunaba—. Por eso el príncipe Bashah tomó las riendas cuando el rey Zahír abdicó a su favor. Y ahora ya todo el peso de la corona está sobre los hombros de él. Tendrá que tomar esposa, porque deben garantizar la continuidad de la línea dinástica.

—Nunca conocí al rey, más que por su fama de haber sido un gran monarca.

—Sí —bajó la mirada— ahora que los funerales han terminado, la casa real debe retomar su ritmo de trabajo y emprender con brío la guía de este barco.

Beatriz sonrió. Era la primera vez que escuchaba a Muriel tan parlanchina. Era evidente el cariño del pueblo por la familia real. Aquello conmovió a Bea, y fue más consciente que nunca de la dura tarea que tenían los príncipes por mantener siempre en alto el nombre de su familia. Cada uno de los tres, a su manera y en su campo. Había aprendido un poco sobre la historia de Azhat. Esperaba poder conocer en algún momento a los hermanos de Tahír. Imaginaba que eran igual de espectaculares físicamente como había visto en las fotografías que circulaban por internet o los cuadros, tan hermosos, al óleo que decoraban la pared de los ancestros como Karim solía llamarla.

Ese era el tercer día después del funeral.

—Gracias por la compañía. Hoy es mi día libre, así que ya corre mi cuenta lo que pueda hacer con tiempo. No te preocupes por mí, Muriel, vete a casa.

—Es solo viernes, señorita Fisher.

—Claro que no, es tú día libre también así que no te quedes por mí. Ya me has ayudado bastante y puedo moverme por el palacio con más calma. Iré al pueblo a visitar una galería.

—De acuerdo…

Beatriz sabía que Tahír estaba en el palacio, no solo eso, sino que también entendía que iba a quedarse una temporada. Eso por las lecturas entre líneas que había hecho de las conversaciones escuetas que ella había mantenido con Karim. Mientras Muriel recogía la pequeña mesa de la suite, Bea se aplicó bálsamo protector en los labios. El sol en el exterior era intenso.

Esa mañana llevaba unos pantalones celestes, zapatos cerrados bajos y elegantes, y una blusa blanca de cuello alto sin mangas. Le daba un aspecto fresco, discreto y estilizado. El día anterior las mejores flores del jardín se habían podado para hacer un precioso ramo que reposaba ahora en la tumba del rey, y otro ramo igual de hermoso yacía en la tumba de la reina. Habían sido enterrados uno junto al otro.

Bajó las escaleras de mármol. Sus pasos resonaron en la estancia. Los días viernes el personal solía salir más temprano que de costumbre. Los fines de semana se reducían los empleados, aunque no por eso dejaba de existir eficiencia en los quehaceres de los sábados y domingos.

Beatriz se ajustó el hiyab a tono con el pantalón. Le gustaba la prenda, porque era fácil de llevar y en la calle la protegía de los rayos solares. Tenía muchas ganas de conocer la galería Shimeth, porque la exposición de los próximos diez días consistía en una mezcla de las culturas de Oriente Medio y Asia. Una combinación interesante.

Ella debía salir por una puerta lateral que daba acceso inmediato a la calle, pero debido a las reparaciones internas de algunos tramos el palacio, tenía que pasar por otro corredor. Aunque mientras avanzaba el espacio no le parecía familiar. No podía creerse que estaba extraviada. Se conocía el camino como la palma de su mano… Si no contaba con el hecho de que llevaba el corazón en pena y echaba de menos a sus amigos. Había hablado con Dexter y con Surka, pero no era lo mismo que verlos. Su relación con Dex estaba en un punto delicado, y prefería darle un tiempo.

¿Y ahora a dónde podía ir?, pensó observando los grandes salones que se abrían a uno y otro lado de los corredores de mármol.

—No creo que seas la hija perdida del fallecido rey Zahír.

Casi da un brinco del susto. Beatriz se giró hacia el desconocido que estaba detrás de ella. No llevaba uniforme de trabajo, como algunos empleados, ni tampoco usaba el prendedor que determinaba las áreas de especialidad en las que trabajaban cada uno de los miembros del staff del palacio y el edificio administrativo.

—Porque el rey no tenía hijas —replicó Beatriz frunciendo el ceño.

El hombre que tenía ante ella poseía un carisma innato. Tenía el cabello muy rubio y ojos celestes. La mandíbula ligeramente cuadrada y un porte elegante. Le sacaba al menos una cabeza de altura. Vestía traje occidental, un claro indicio y confirmación de que no pertenecía a la plantilla de empleados.

—Soy Bassil Ashummi, un empresario canadiense, y viejo amigo de los Al-Muhabitti. Pensé que sería una buena introducción para no sobresaltarte —dijo con una cálida sonrisa extendiendo la mano hacia Beatriz. Ella la miró con desconfianza, aunque después la estrechó.

—Bassil —asintió con amabilidad— yo soy Beatriz Fisher —dijo con cautela. El hombre poseía encanto, nadie lo negaba, pero ella experimentó un ligero revoloteo en el vientre que no tenía que ver con emoción o ilusión alguna. Quizá se debiera tan solo a la sorpresa de haberse visto interrumpida por alguien desconocido de pronto.

—¿Qué hace una australiana por estos rumbos? —preguntó haciéndole un gesto con la mano para que avanzara a su lado—. Yo también me suelo perder en esta inmensidad, más ahora que están haciendo remodelaciones y por la falta de hábito de venir por aquí —mantuvo la sonrisa— acabo de terminar la reunión con Tahír.

«Así que es amigo de Tahír», pensó Bea. La idea de que el príncipe dedicara su tiempo a otros, y ni un segundo en interesarse por ella, le cayó como un balde agua fría. Al parecer así iban a ser las cosas de ahora en adelante. Ella todavía necesitaba entender su premonición, y no pensaba irse de allí sin antes haber resuelto el asunto. Tuviera el corazón triste o no.

—¿Cómo sabes mi procedencia?

—Mi padre era diplomático y reconocer los acentos se me da bastante bien. Soy empresario, por si te lo preguntas. Y ya que estás sola por aquí, y no tienes vínculos con la familia real, entonces creo que no habría problema si me atrevo a invitarte a tomar algo esta noche…

—Ella trabaja aquí, Bassil —dijo Tahír dando un paso adelante.

Había escuchado voces cerca del área en que Karim solía trabajar y se desvió de su rumbo habitual, su riad, pues a esa hora su consejero solía estar fuera del palacio coordinando agenda con entes externos. El que hubiera alguien merodeando por esas áreas no era normal, y él había decidido averiguar de quiénes se trataba para exigirles una explicación. No se hubiera esperado encontrar a su viejo rival de la época de su loca adolescencia, con la mujer que estaba impregnada en su torrente sanguíneo. Verla con Bassil, y a este desplegando sus artes de Don Juan lo impulsaron a hacerse notar.

—Es la poca costumbre de que me invites a tu palacio, Al-Muhabitti —dijo Bassil con calma y muy consciente de que su amigo se había delatado sobre su interés o relación, ya lo descubriría, con la belleza que tenía ante él. Por la tensión que se respiraba en el ambiente, él no creía que Beatriz estuviera particularmente contenta de ver a Tahír. Aquello empezaba a resultar interesante. Como los viejos tiempos, en los que no solo competía con el príncipe, sino que también disfrutaba provocando su ira. Los años habían pasado, pero el indomable espíritu que siempre los había enfrentado continuaba latente.

—Vives recorriendo el mundo como yo, Bassil —expresó Tahír encogiéndose de hombros. No le gustaba lo cerca que estaba él de Beatriz—. Tanto como yo. Así que la agenda social tiene cabida cada vez menos en mis horarios.

—Nadie lo duda. Será un buen negocio.

—Imagino que sí. Habría que ver los términos. Compartimos el área minera con Ushuath, así que depende también de las condiciones que tenga el rey de ese país. En todo caso, quedamos para mañana a las siete de la mañana en el hangar. Partimos hacia un recorrido por las minas. Mi hermano Amir se unirá a nosotros como acordamos en Montecarlo. —Miró a Beatriz a los ojos por primera vez—: Usted también nos acompañará, señorita Fisher. Tiene un trabajo que realizar como observadora y darme su opinión al final del día.

Beatriz apartó la atención del hombre rubio, y la posó sobre Tahír.

Lo miró absorbiendo cada una de sus facciones. No había reparado en su presencia porque estaba tratando de entender la contradictoria corriente energética que se desprendía de Bassil.

—Claro —replicó ella, con soltura. ¿Iba a tratarla como si no la conociera?

Dolía la ausencia de Tahír, pero todavía más su estúpida desconfianza hacia ella y su madre. Aún con ese antecedente su cuerpo reaccionó de inmediato al de él. Sintió los pechos pesados, los pezones erectos contra la tela del sujetador y un ligero estremecimiento se apoderó de sus partes más femeninas.

Experimentaba la sensación de haber regresado de una larga caminata por áridas tierras y luego descubrir que un pozo de agua fresca estaba a su disposición, pero no podía acercarse para saciar su sed. Tal como sentía hacia Tahír. Él era capaz de calmar el ansia de su corazón, si acaso la quisiera, y también apagar el ardor que su cuerpo no conseguía aplacar.

—¿Le resulta difícil moverse dentro de un palacio? — preguntó Tahír a Bea con sarcasmo—. Mañana es sábado, pero tiene que trabajar, señorita Fisher. Le pagaré extra, como no puede ser de otro modo. Seis y treinta de la mañana debe estar en el lobby junto a Karim.

Él sabía que ella tenía una precaria ubicación espacial. Aunque en otras circunstancias se habían reído al respecto, ahora le parecía apropiado utilizarlo para apartar la culpa por haberse acostado con tantas mujeres cuando ninguna, jamás, podría reemplazar lo que él y Bea habían compartido. Era un imbécil y arrogante egoísta… Y en lugar de intentar arreglar la situación, la estaba empeorando. Jamás había estado en una circunstancia como aquella, porque ninguna mujer en su edad adulta le importó lo suficiente para preocuparse o sentirse culpable de algo con respecto a ella o sus sentimientos.

Beatriz sonrió. Una sonrisa impregnada de desdén. Dos podían jugar ese juego, pensó ella.

—No hay problema. Y sobre el camino a seguir para salir del palacio, pues lo cierto es que Bassil ya me ha dicho hacia dónde debo dirigirme puesto que mi día de trabajo ha concluido. Pero gracias, *alteza* —comentó con tono burlón antes de dar media vuelta y apartarse de los dos amigos.

\*\*\*

El sábado amaneció soleado. Como ya era la normativa en el desierto. Las minas de Vahymad estaban a setenta kilómetros colindando con la frontera norte de Ushuat, un país cuyo despótico rey era Hassam Al-Pakrith. El monarca era el excuñado del ahora rey Bashah Al-Muhabitti. Aunque la relación entre las dos casas reales era tensa.

A pesar de que Bassil tenía intención de que el trato firmado beneficiara a sus empresas, no podía dejar de lado los intereses nacionales de los dos países que compartían un porcentaje de la propiedad de las minas vírgenes. Después de todo necesitaba generar un acuerdo equitativo si quería lograr su cometido.

Tahír, por conversaciones sostenidas con su hermano Amir, estaba un poco preocupado porque, aunque el negocio fuera exitoso con Bassil, todavía existía una frágil relación con un pueblo nómada y milenario que colindaba con Azhat en la zona oeste, Phautaja. Ese país de ocho millones de personas era rico en agricultura y poseía productos que empezaban a resultar demasiado costosos de importar hacia Azhat, elevando por ende el valor de la canasta básica familiar y generando al mismo tiempo malestar en la economía de familias, en especial, con recursos limitados.

Aunque Tahír no era responsable de ese tipo de asuntos, sino Amir, no dejaba de ser una preocupación para todos los príncipes que varios de esos productos no pudieran crecer en tierra azhana. El rey Bashah estaba muy inquieto por la situación. «Cada cosa a su tiempo», se decía Tahír. Él iba a poner su contribución, aún cuando no era su deber. El resto, ya dependía del menor de sus hermanos.

—Camine con cuidado —expresó el guía a Beatriz.

Los alrededores de la mina eran muy rocosos y algunas zonas empinadas. El equipo que estaba supervisando la visita consistía en diez personas, además del grupo de seguridad del príncipe. Hubo una instrucción técnica de las perforaciones, profundidad, tiempo de extracción, y demás, a cargo de Bassil como presidente de Lammond Monde, la división minera de su vasto imperio empresarial que acababa de inaugurar pocos meses atrás. Lo acompañaban tres ingenieros de suelo, y varios entendidos en materia de extracción, protección y manejo de zonas mineras. Tahír y Amir escuchaban atentamente.

A nadie le sorprendió que la comitiva del rey de Ushuat fuese el doble que la de Azhat. Hassam Al-Pakrith tenía fama de ser un hombre ambicioso y con deseos de sobresalir. Aunque no lo suficiente como para asistir personalmente a la visita de inspección. Había enviado a uno de sus representantes.

Dos horas más tarde, Beatriz al fin escuchó a Karim decirle que empezarían a retirarse. El consejero de Tahír se había convertido en una guía para ella, aparte de Muriel, en asuntos de cómo conducirse si había algún tipo de interacción con determinados miembros de la casa real. En el caso de esta visita, ella no tenía permitido opinar sobre ningún asunto salvo que el príncipe Tahír o el príncipe Amir se lo requiriesen de forma exclusiva. Y claro, pensó Beatriz, al final no es que estuviera instruida en el tema como para opinar.

Empezó a bajar por la ladera cuando su pie resbaló y perdió el equilibrio. Estuvo a punto de caer de bruces de no haber sido por Bassil y sus rápidos reflejos.

—Te tengo —dijo sujetándola de la cintura, mientras ella se sostenía por acto reflejo apoyando las manos sobre los hombros masculinos—. Esta zona es un poco más rocosa que las anteriores.

—Gracias —murmuró, sonrojada, porque había llamado la atención de todos los hombres que estaban presentes. Era la única mujer.

Pero Bassil no la soltó, sino que la tomó en brazos, como si ella se hubiera lastimado el pie o la pierna, y bajó con ella hasta el suelo firme lejos de la gran elevación que era Vahymad.

—No debiste hacerlo. Has conseguido llamar la atención —dijo ella fulminando con la mirada a Bassil.

Indolente, el guapo canadiense se encogió de hombros.

Beatriz podía afirmar que la mirada de Tahír, que estaba detrás con el resto de los integrantes de las empresas y países, estaba perforándole la nuca. Al menos todos parecían creer que ella estaba lastimada. Claro, todos, salvo el príncipe de ojos verdes. Ahora Bea sabía a la perfección cómo había sido el accidente de Tahír, y también la tensa relación, al igual que competitiva, que existía entre esos dos hombres de negocios y apuestos casanovas. Lo había visto.

Los ejercicios de relajación que hacía cada mañana empezaban a devolverle la habilidad de poder «ver», y había ocurrido con el accidente en aquella carrera clandestina años atrás, en la vida de Tahír. Solo esperaba que pronto pudiera diseccionar en fragmentos, para comprender, la premonición en que sus manos quedaban manchadas de sangre, y un hombre yacía en el suelo en un charco de sangre.

—Me debes una cena, y creo que haberte salvado la vida es motivo suficiente para hacerme merecedor de un «sí» —le susurró—. Si te niegas, entonces es probable que vuelva a tomarte en brazos hasta el automóvil.

—De acuerdo —dijo a regañadientes.

Tahír no perdió de vista lo que estaba ocurriendo. No le quedaba de otra que fingir que, al igual que los otros imbéciles, creían que Beatriz se había lastimado el pie. No conocía mujer más tozuda que ella, así que era poco probable que tuviera una herida lo suficientemente grave para que el zopenco y aprovechado de Bassil la tomara en brazos. Experimentaba irrefrenables ganas de agarrarlo del cuello y soltarle un puñetazo por haberse atrevido a tocarla.

—¿Puedes dejar de maldecir en voz baja, Tahír? —preguntó el príncipe Amir, dándole un disimulado codazo a su hermano. Se habían adelantado al grupo, que por temas de jerarquía iba tras de ellos, y por eso podían hablar entre ellos de ese modo.

—Métete en tus asuntos.

—Eso hago, idiota, y contrólate que todos van a darse cuenta de que solo te falta babear por esa mujer. Es una visita de Estado prácticamente, no un desfile de moda. ¡La mujer está completamente vestida y tú pareces estar observando una Venus desnuda!

Tahír murmuró una maldición por lo bajo.

—¿Qué sabrás tú? Negocia bien esta mierda con Bassil. Es muy astuto.

—Eso ya lo noté, porque si no lo fuera no hubiera conseguido encontrar tu talón de Aquiles para molestarte y hacerte perder la concentración.

—Todo va viento en popa. Al menos los de Ushuat están conformes con el porcentaje que les tocaría —dijo Tahír subiéndose al automóvil junto a su hermano. No sin antes haberse despedido de todos los presentes con un fuerte apretón de mano. Bassil iba en otro automóvil, al igual que Beatriz, quien se desplazaba protegida por Karim. Esto último había sido una excelente idea de su parte. Todavía le hervía la sangre porque su amigo tuvo la osadía de tocarla.

Amir se caracterizaba por ser un príncipe tranquilo y ecuánime. Rara vez perdía la compostura, y tenía un encanto innato para tratar a todo el mundo. Por eso los negocios se le daban perfectamente.

—Bashah tiene que dar el visto bueno. Y falta la junta final con los abogados para la firma del convenio.

—Antes necesito la opinión de alguien más... No te precipites, Amir. —Tahír quería saber si Beatriz había logrado, de alguna manera, reconocer indicios de lo que los demás hombres de negocios habían estado pensando. ¿No decía que era síquica? Pues su trabajo, además del tema de los jardines, consistía en darle pruebas para cerrar el trato para que fuese más beneficioso para Azhat, y de lograrlo entonces él estaba dispuesto a intentar creer que ella era capaz de predecir el futuro y leer el pensamiento. Aunque al parecer esto último no se lo podía aplicar a él, pues de haber sido posible lograrlo, Beatriz lo hubiera enviado al diablo de saber lo que había hecho en París.

—El que maneja los negocios, soy yo. Y aunque Bashah tenga la cabeza en quién sabe dónde, él tiene que participar. Son recursos naturales vírgenes del país, y como rey debe dar una opinión, por más de que yo tenga la potestad y facultad de decidir por mí mismo.

—Nuestro hermano ya tiene suficientes problemas con su paternidad recién descubierta —dijo Tahír—. Aunque nuestro sobrino, Samir, es muy listo. Siento pesar por Adara... Mi hermano se la hizo grande al tratarla como lo hizo.

—No me gusta meterme en asuntos de parejas. Allá Bashah y Adara. Mi enfoque no son las relaciones sentimentales —dijo con sorna—, mi prioridad son los negocios. Punto.

—Al menos tus negocios salen bien, y no te secuestran gracias a mis habilidades para generar protocolos infalibles de seguridad —expresó Tahír riéndose.

—Tengo que atender esta llamada —murmuró Amir, sin mirar a su hermano, antes de responder al cuarto timbrazo de su teléfono celular.

Mientras el carro emprendía el camino de regreso, Tahír pensó que era un maldito egoísta. No merecía a Beatriz, ni mucho menos enfadarse porque otro la mirase con deseo o la tocase. Aún consciente de ello, él pretendía dejar claro que su territorio no lo cruzaba nadie. ¿Dónde estaba la modernidad cuando su pensamiento parecía asaltarlo sin piedad con esa clase de estupideces propias de un Neanderthal?, se preguntó con fastidio.

*** 

A Beatriz no le gustaba tener que someterse a las presiones externas para tomar una decisión. Aquello, sin embargo, era lo que había sucedido con Bassil. Nada tenía que ver que fuese un hombre muy guapo, al estilo de una fantasía femenina de una novela romántica de época, o que su cuenta bancaria pudiera ser capaz de comprar un país entero o saldar la deuda externa de algún país de Centroamérica. A ella no le importaba el dinero, y quizá era algo que Bassil tenía que empezar a entender.

—Estás muy callada. Imagino que tu cabeza tiene muchas preguntas.

—No, Bassil, no hay preguntas. Tan solo que no me agrada que me chantajeen. Te agradezco que me ayudaras a no darme de bruces hoy en los alrededores de la mina que quieres empezar, pero eso no te daba derecho a ponerme en una situación embarazosa ante todos esos hombres. En especial...

—Un hombre tiene que lograr sus propósitos más nobles de cenar con una bella mujer a cualquier precio —replicó, interrumpiéndola, con una sonrisa de dientes perfectos— y ahora que lo mencionas. ¿Qué tipo de relación tienen tú y Tahír?

El camarero sirvió el postre, dándole una tregua de varios segundos, y Beatriz logró calmar sus ganas de decirle que no era de su incumbencia. Una vocecita le decía que, lo que menos debía hacer, era provocar a un hombre que tomaría cualquier comentario suyo como un reto. Ella había notado en las minas de Vahymad, que entre Tahír y Bassil existía un espíritu altamente competitivo. Con la visión que había tenido, lo ratificó. Cuando solía ver el pasado, su cabeza no le dolía ni sentía ganas de recostarse para descansar. En cambio, cuando las premoniciones tenían que ver con el futuro, la situación era diferente. Y era precisamente esta clase de premoniciones las que Tahír esperaba de ella para su acuerdo de negocios, pero también eran la clase de imágenes que su cabeza no quería aportarle.

Durante la tarde logró esquivar la posibilidad de encontrarse con Tahír. Y solo por eso, ahora podía disfrutar de una cena con Bassil. De haberse encontrado al príncipe, lo más probable es que él la hubiera sometido a un interrogatorio intentando forzar información que, al menos para ella, fluía con un estado de relajamiento, mas no de presión o de inquietud. Pero sabía que más pronto que tarde, el príncipe iba a querer una contestación de su parte. ¿Por qué simplemente no se ponía a investigar sobre la clarividencia o la premonición o los síquicos, y así la dejaba de considerar algún raro experimento científico? Odiaba sentirse de ese modo.

—Estoy trabajando en un proyecto con las personas del palacio. Soy experta en decoración de jardines. Y sí, también tengo un alto coeficiente intelectual que puede ejecutar operaciones matemáticas sin problemas. Así que, en el caso de que te lo preguntes, no soy una mujer florero ni que va tras el dinero o las conexiones de algún ser humano del sexo opuesto.

Bassil frunció el ceño. Probó un par de bocados del postre.

—Así de profundo es lo que tienen, ¿eh?

Beatriz lo fulminó con la mirada.

—Escucha, Bassil, no sé a qué demonios crees que estás jugando. Pero entre el príncipe y yo, no existe nada.

—Solo te voy a dar un consejo, porque eres una mujer preciosa.

—Las mujeres guapas también tenemos la capacidad de pensar por nosotras mismas, gracias por la oferta, pero no la necesito.

—Ahora entiendo lo que ve Tahír en ti. Belleza y desafío —dijo inclinando la cabeza hacia un lado—. Solo ten cuidado con él.

—¿Me puedes llevar de regreso al palacio, por favor? —pidió—. Las conversaciones paternalistas con un hombre que hasta hacía unas horas quería tener una relación con mis bragas y no con mi cerebro, me aburren.

Bassil soltó una sonora carcajada.

—Tahír no tiene posibilidad de librarse de cualquier hechizo que hayas conseguido, sin proponértelo, echar sobre él. Eres exquisita, y estoy seguro de que única en tu clase. Y volviendo a tu petición, ahora mismo volvemos al palacio real.

Ella no confiaba en el tono de voz de ese hombre. Se traía algo entre manos, pero no estaba segura de qué se trataba con exactitud. La idea de que pudiera ser peligroso para Tahír volvía una y otra vez a su mente, por más que intentaba convencerse de lo contrario, porque las corrientes energéticas que emitía el campo áurico de Bassil eran contradictorias. Le hubiera gustado que su madre estuviese presente. Lo más probable era que Ordella ya hubiese descifrado de qué iba todo eso.

Cuando salieron del restaurante, ubicado en una zona bastante tradicional de la ciudad, él le preguntó si estaría interesada en pasarse por los pequeños puestos de dulces típicos del país. Ella le respondió que no le hacía mal aprovechar para caminar. Y era cierto. Antes de volver al palacio necesitaba un poco de aire. No era que Bassil le cayera mal, sino que sentía que sus contradicciones, la mareaban. Lo más gracioso de todo el asunto era que él no tenía idea de por qué a ratos ella se ponía a la defensiva. Era curioso cómo la energía de una persona podía influir en otra sin necesidad siquiera de ser consciente de ello. Había que ser muy sensibles para notarlo... o síquicos.

—Es un área segura —dijo Bassil guiándola por un callejoncito muy bien iluminado. Era vibrante, lleno de diversos colores y aromas.

—Espera —pidió Beatriz apoyando la mano en el antebrazo de Bassil.

Ella estaba observando fijamente a una mujer que se le hacía conocida. Frunció el ceño. ¿De dónde la había visto? ¡El palacio! Eso era.

—¿Qué ocurre, Bea? —preguntó él, intentando divisar entre tanta gente lo que a ella acababa de llamarle la atención.

—Creo que conozco a esa chica —contestó.

Avanzó con paso decidido hasta un puesto modesto en el que se vendían castañas. Olía delicioso. Además, había una especie de bebida rosada con frutas en el interior que se veía apetitosa. No quería parecer lunática, pero necesitaba quitarse la duda. Una corazonada la impulsaba, y desde que había pisado Azhat estaba decidida a seguir su intuición a toda costa.

Vestida con un hiyab en tono verde claro, y un vestido sencillo que la cubría hasta los pies, la mujer que Beatriz había visto reparó en ella en el momento en que se presentó a la caja del pequeño negocio. De piel aceitunada y facciones delicadas, la mujer llamaba la atención. Con amabilidad, Bea, le sonrió.

—Perdona, pero siento que te he visto en alguna parte —dijo Bea—. Yo trabajo hace poco más de una semana en el palacio real. Soy un poco curiosa, así que…

Bassil miraba a una y otra. Ya sabía la identidad de la mujer a la que Beatriz había observado a distancia. Se mantuvo en silencio.

—Me llamo Freya, y trabajo en el edificio contiguo al palacio… Tal vez por eso te parece haberme visto.

Ambas permanecieron en silencio. Cada una consciente de la otra. Cada una uniendo cabos. La examante de Tahír sonrió, y Bea notó cuán bonita era, no era difícil imaginar por qué el príncipe se había prendado de ella. Seguro ahora era más madura, pero en sus años juveniles su belleza no debía haber sido menos impactante. Sintió ganas de retroceder el tiempo. Última vez que se dejaba guiar por su maldita curiosidad, pensó tratando de contener los celos que experimentó.

—¿Me das una bolsa de castañas, por favor? —preguntó Beatriz.

—Aquí tienes. Tal vez y nos veamos dentro del palacio en algún momento.

—Tal vez —replicó Bea con una sonrisa estudiada.

Una vez que le pagó, ella y Bassil empezaron a alejarse del puesto que Freya solía tener los fines de semana. Para la examante de Tahír, reunir dinero era importante y no importaba cuántos días tuviera que trabajar. Ahorrar era indispensable. Cuando encontrara a su hermana podría mantenerla de forma sencilla, pero decente.

Beatriz caminó en silencio junto a Bassil. Este no dijo ni una palabra hasta que estuvieron en el precioso automóvil de color blanco. Un BMW último modelo.

—¿Sabes quién es ella, verdad? —preguntó él encendiendo el acondicionador de aire—. Caso contrario no tuvieras esa expresión en el rostro.

Beatriz giró la cabeza para mirarlo.

—Ha dicho que su nombre es Freya…

—Fue la amante de Tahír durante varias semanas. Aunque no la traté, el discreto affaire era conocido por los altos círculos sociales. Nadie sabe en realidad cómo o por qué acabó. Me sorprende saber que ella trabaja en el palacio. Tahír siempre ha sido una tumba con su vida personal, y en cuanto a su consejero, Karim, ni torturándolo creo que podría sacarle información —dijo de buen humor conduciendo.

—No me interesa la vida privada del príncipe.

—Por cómo te miraba al parecer de parte de él es distinto.

—¿Por eso me has invitado a cenar…? ¿Quieres tener uno de esos encuentros estúpidos entre hombres para ver quién gana la imaginaria partida de delimitación de poderes y capacidades?

Bassil soltó una carcajada franca.

—Eres refrescante. Dices lo que piensas. Una lástima que Al-Muhabitti sea tan estúpido como pensar en otras mujeres.

—¿Qué quieres decir? Él y yo no tenemos nada…

—Tuvieron algo, caso contrario no te hubieras sentido expuesta cuando conociste la identidad de esa mujer en el puesto de castañas.

Beatriz soltó un suspiro.

—¿Cuándo va a ser la reunión en Ushuat para la firma del acuerdo minero? A menos, claro, que no creas que puedas concretar ese acuerdo.

—Tendrás que consultárselo a Tahír. Por cierto, ¿qué hacías esta mañana ahí con nosotros? Una ingeniera agrónoma no tiene mucho que hacer en una región minera…

—Creo que hemos conversado bastante por hoy, Bassil. Por favor, la próxima vez procura conseguir una cita como todo el mundo: sin chantajes.

—Complicado. En todo caso, preciosa Bea, te deseo suerte con Tahír.

—¿Por qué lo dices con ese tono como si fuese una

resignación al fracaso?

—Tal vez creas que es distinto, pero no lo es…

—Pensé que este tema de las intrigas era un asunto de viejas cotillas, no de un hombre, hijo de diplomáticos y que además lleva las riendas de un imperio multimillonario — espetó.

Bassil se encogió de hombros y aparcó en el exterior de las instalaciones del palacio, no sin antes haber pasado por los estrictos filtros de seguridad. Bajó del automóvil y acompañó a Beatriz hasta la entrada.

—Ha sido un placer cenar contigo —dijo Bassil—. Imagino que te veré pronto.

—Tal vez, pero no para salir juntos, eso de seguro. Eres amable, pero siento que te traes algo entre manos, y no me agrada. Creo que estamos grandes para jueguitos tontos. ¿No lo crees?

—Si hablar tan directo te gusta, entonces que sepas que te deseo y me gustaría acostarme contigo, pero tengo mi código de honor. Aunque me gusta jorobarle la existencia a Tahír, mis negocios son una prioridad para mi expansión corporativa, así que de continuar este cortejo contigo puedo salir escaldado. Eres demasiado encantadora para no caer en tus redes. El juego no consiste en pretender que me gustas, porque me pareces exquisita. Mi juego es molestar a Tahír, pero te lo he dicho, prefiero mis negocios.

Esta vez fue Beatriz quien se rio.

—Qué cinismo. Ahora me siento usada —expresó cruzándose de brazos.

—Imposible. No creo que seas el tipo de mujer que lo permitiría. Buenas noches, señorita Fisher —dijo antes de inclinarse y dejarle un beso en la mejilla. Luego agregó en un susurro contra la oreja de Beatriz, demorándose un poco—: Y hablando de viejas cotillas, pues déjame decirte que hay una que tiene título de príncipe y está espiándonos en este momento.

Beatriz se rio de nuevo e hizo una negación con la cabeza.

\*\*\*

Freya cerró su negocio de los fines de semana cerca de las once de la noche. La policía dejaba de custodiar el área a esa hora, así que prefería evitar un mal momento al encontrarse sola. La ciudad no era peligrosa, pero era mejor estar alerta.

Mientras recogía sus pertenencias, y las embarcaba en un viejo automóvil que un vecino le prestaba los fines de semana para trasladar sus cosas del negocio de castañas, Freya pensó que acababa de encontrar el modo de que Tahír la escuchara. Sonrió ante la idea.

A pesar de la naturalidad con que se había manejado la llegada de Beatriz Fisher al palacio real, Freya conocía a Tahír y sabía que jamás llevaría una mujer al palacio. Así que la mujer debía ser importante de un modo muy personal. No tenía nada en contra de la muchacha australiana, sin embargo, su prioridad no era considerar los sentimientos de otras personas, sino los suyos. Su interés era encontrar a su hermana. Si en medio de su plan alguien externo salía perdiendo, a ella no le importaba.

«Tahír iba a escucharla. Vaya que lo haría.»

—¿Lista? —preguntó uno de los hombrecitos que solía ayudarla a recoger los implementos que constituían su negocio.

Freya dejó de lado sus pensamientos. Sonrió al hombrecito de barba blanca y saltones ojos grises. Era un estafador de primera mano. Vendía falsificaciones de prendas de alta costura. Buenas copias, eso sí. No vendía sus productos a la vista de todos, como era el caso de los pequeños negocios móviles de comida, sino que lo hacía en un callejoncito más alejado en el que se reunía con otros vendedores de copias falsas de productos varios. Cada cual se ganaba la vida como podía. Ella no iba a ponerse a juzgar.

—Claro que sí. Menos mal hoy te toca poner el coste de la gasolina.

—¡Ah, pilluela! De acuerdo. Mañana es un domingo movidito porque también vienen los vendedores de cerámica de China.

—Es verdad. Menos mal yo vendo castañas. Allá los que tienen otra clase de mercadería —dijo bromeando mientras ambos se embarcaban en el carro y ponían rumbo hacia una de las zonas menos lujosas de Tobrath.

# CAPÍTULO 16

Tahír dudó en acercarse a Beatriz cuando la vio subir las escaleras. Se sentía como un ladrón en su propia casa. ¿Qué demonios hacía espiando como un imberbe, mientras Bassil le hablaba a ella al oído?

Ella se dirigió hacia el ala en la que estaba la habitación de costura que había sido de su madre, la reina Dhalilah. La observó detenerse.

—¿Quién anda ahí? —preguntó Beatriz con un susurro.

Esas dependencias eran privadas. No había nadie merodeando. Los encargados de seguridad cambiaban de sitio de guardia y solían dejar el pasillo desolado, pero no desprotegido. Ella sabía que uno de los guardias estaba apostado al final del corredor, básicamente porque lo había saludado al llegar con un asentimiento de cabeza.

Abrió la puerta, pero la voz de Tahír la detuvo en seco.

—Supongo que te divertiste mucho esta noche.

Ella apartó lentamente la mano de la manija de la puerta y se giró.

—¿Me hablas a mí, *alteza*? —preguntó con altivez. Que le dirigiera la palabra como si fuese uno de sus lacayos no iba a tolerarlo. Y que después de tanto tiempo, cuando al fin se dignaba a hablarle, lo primero que saliera de su boca tuviera tintes de reproches, no se lo dejaría pasar.

Él se acercó en dos pasos rápidos. Lo suficiente para que ella aspirara el aroma masculino que su cuerpo conocía tan bien, mezclado con una deliciosa colonia que de seguro debía valer cientos de dólares la onza.

—Precisamente.

—Ah, en ese caso, supones bien. Me divertí mucho con Bassil. Un hombre encantador y de mundo. —Él la tomó del brazo—. Perdiste el derecho a tocarme —dijo soltándose— en el preciso momento en que decidiste tratarme como si no fuera más que un florero de tu palacio; cuando decidiste insultarme y también a mi madre. Así que haznos un favor a ambos, Tahír, y piérdete tal como lo has hecho con sobrada eficiencia hasta ahora.

—Te besó —dijo él a cambio, con la mirada fija en ella, absorbiendo su esencia, los rasgos de su rostro, la rabia que traslucían sus ojos.

—¡Increíble! —exclamó Beatriz elevando los brazos al cielo, como si algún integrante de otra dimensión estuviera presenciando el hecho—. Adiós, Tahír...

—Beatriz —llamó con voz firme. Cuando ella lo miró, agregó—: No te merezco, no obstante, la de idea de verte con otro hombre me desquicia.

La herida por su indiferencia estaba abierta, pensó Bea, y esas palabras acariciaban su ego, pero no resarcían el daño de la ausencia y desconfianza. Menos mal se mantenía ocupada. Ni siquiera tenía tiempo de navegar por internet o ver televisión. Prefería estar alejada de todo lo que pudiera llevarla a caer en la tentación de buscar información sobre Tahír.

—Más de una semana he estado en este palacio. Gracias a Karim y Muriel, la muchacha que me ayuda y hace compañía, no me he sentido perdida ni fuera de elemento en una tierra con cultura y formas de vida distintas a las que he estado habituada. De tu parte en cambio ni un mensaje, ni una palabra en todo este tiempo. Ni siquiera la cortesía de mostrarme tu palacio a mi llegada. ¿Pretendes que, ante tus palabras, me sienta conmovida? ¿Pretendes que, ante tus palabras, me sienta impresionada? Tahír, yo ya sé que no me mereces... No hace falta que lo aclares.

—Bea, dulzura... Lo siento. —Las últimas dos palabras fueron tan suaves que ella creyó haberlas imaginado—. Me comporté como un imbécil —estiró la mano y acarició la mejilla de Bea—. Me he comportado como un imbécil —corrigió.

Ella no se apartó, aunque tampoco su mirada daba a entender que la hubiera convencido de nada.

—¿Por qué?

Él bajó la mirada.

—He hecho cosas de las que no me siento orgulloso. No tiene que ver contigo.

—¿Qué tal el pequeño detalle en el que me consideras una caza-fortunas y a mi madre probablemente una chiflada por lo que te dijo sobre tu pasado?

Tahír permaneció un rato en silencio.

—Eso creía —murmuró Bea apartándose por completo.

—Soy un príncipe, Beatriz. Antes de eso también me he formado como un soldado más en las filas de mi país. Considerar los sentimientos de otros no es una habilidad que se me haya enseñado o que haya desarrollado, pero es diferente contigo.

—Sigues pensando que Ordella y yo estamos confabuladas para obtener algo de ti. Qué ciego estás, príncipe del desierto.

Él la sostuvo de los brazos, acercándola contra su pecho.

—No, no estoy ciego, Beatriz. Quizá no me perdones por mis necedades o mi terquedad, pero si tengo que aumentar mis pecados a la lista que tengo pendiente contigo, pienso hacerlo a conciencia. —Eso fue lo último que salió de su boca antes de bajar la cabeza para besarla.

Finalmente, el anhelo delirante de saborearla había terminado. Se perdió en la dulzura de su boca, en sus gemidos cuando le dio la bienvenida y él logró deslizar la lengua en su interior para paladearla como el más exquisito de los manjares. Desde el primer instante que la tocó su mundo dejó de girar en una dirección monótona. Le gustaba saber que en ella existía algo intocable, una parte muy inocente, y a él le resultaba increíblemente atractiva.

Beatriz sentía que la cabeza le daba vueltas. Estaba embriagada por el sabor de los labios de Tahír. Y por más que intentaba apartarse una vocecilla le gritaba «solo disfruta un poco más de él. Un poco más». Bajó las manos, deleitándose con el contacto de los músculos sobre la camisa, gimiendo en voz alta, perdida en ese beso decadente. Sintió las caricias de Tahír en sus pechos, acariciándolos con ferocidad sobre la tela suave de la blusa, le pellizcó los pezones con fuerza y ella se arqueó.

—Te odio... —murmuró ella a duras penas. En un patético intento de apartarlo con sus palabras cuando era evidente que él estaba tan perdido en ese beso como ella.

En ese instante revivió la escena en el salón. Los hombres reunidos. Momentos difusos. Un lacerante dolor en el pecho y un charco de sangre.

Tomando una bocanada de aire, al fin se apartó de él.

—Bea...

—No. No, Tahír. Tengo que descifrar esto... —dijo para sí misma—. Tú no crees en mí. Y aunque mi traicionero cuerpo intente descontrolarse con tus besos, mi cerebro necesita organizarse. Buenas noches.

—Espera —dijo tomándole la mano—. Espera —insistió con suavidad.

—¿Qué?

—Estuve en París —empezó de pronto, como si sus cuerdas vocales tuvieran voluntad propia— atendiendo negocios de mi familia.

—Tahír...

—No estoy orgulloso de muchas cosas que ocurrieron.

—De verdad, no quiero saber lo que ocurrió en París.

Solo necesito dormir un poco. Ha sido un día complicado. No lo empeores.

—¿Me podrás escuchar al menos?

—Ahorita no soy capaz de discernir una cosa y la otra. Hablamos en la mañana, después de que yo haya podido organizar las clases con las muchachas del harén sobre cómo manejar herramientas caseras para jardinería. ¿De acuerdo?

No iba a mencionar que había conocido al amor de su adolescencia en una calle vendiendo castañas, mientras Bassil era testigo de aquello.

Tahír la miró con intensidad. Verla con su antiguo competidor de carreras y de juergas femeninas, había despertado en él la conciencia dormida de su necesidad de Beatriz y de disculparse. Parecía que hubiera nacido para pedirle perdón a esa mujer. No sabía cómo hablarle de su semana con otras mujeres. Y él haciendo un escándalo por un beso en la mejilla de Bassil a Beatriz. Pero si quería recuperarla, volverla a ver sonreírle, entonces tendría que abrirle su corazón. Un corazón que había sucumbido al deshielo ante el calor e inocencia de Bea.

Ni todas las misiones con el ejército, ni todas las pruebas de seguridad a las que habían sometido a su país incontables ocasiones, resultaban tan complejas como la idea de saber que Beatriz podría no volver a querer saber de él. Ese beso que acababa de robarle, gracias a la respuesta entusiasta de ella, abría una brecha de esperanza para él. No podía echar a perderla con una mentira, y por eso se sentía obligado a confesarle la semana en París. Si la posición de ambos fuese invertida, él no la perdonaría. Pero eso porque él era un bastardo egoísta...

No le importaba cómo había dado ella con él en Port Douglas o en la jungla más lejana. Tampoco si lo habría planeado con su madre o no. Lo único que contaba ahora para él, era que Beatriz Fisher había conseguido romper el dique que contenía sus emociones, y nada deseaba más que conseguir que ella se abriera a él y escucharla decirle que lo quería. Le daba igual que fuera o no síquica. Solo la deseaba a ella. ¿Si acaso el destino estaba escrito? Tal vez. En todo caso, él pensaba escribir el suyo junto a esa preciosa mujer de espíritu independiente.

—De acuerdo… Mañana entonces hablaremos.

Ella no respondió más que cerrándole la puerta en las narices. Y Tahír sabía que se lo tenía merecido. Al menos existía la posibilidad de redimirse. Lo intentaría. En el momento adecuado, le confesaría que estaba enamorado de ella. «Sí», pensó con optimismo. Eso haría.

\*\*\*

—Lo lamento, señorita Wahmuh —dijo Karim con su tono paciente y propio de un diplomático del palacio—, el príncipe no puede recibirla. Se encuentra despachando en su oficina.

—Karim, esta es la última oportunidad si no quieres que tu querido príncipe pierda la única razón que, al parecer, causa en él alguna reacción alegre aparte del ejército o los aburridos protocolos de seguridad —expresó Freya agitando un sobre ante el secretario de Tahír.

Ella había decidido tomar al toro por los cuernos. Después de conocer a Beatriz frente a frente, sintió que las posibilidades de que Tahír la escuchara se alejaban en lugar de acercarse. Creía que, sin importar cuánto se esforzara por volver a encontrarlo a solas, él la ignoraría. Que Beatriz se hubiera acercado quizá fue una señal del destino.

—No me chantajees, muchacha, o cualquier consideración hacia ti habrá acabado en este preciso instante.

Freya sonrió con malicia.

—No es un chantaje, Karim.

—Si no es un chantaje entonces es que estoy empezando a chochear —expresó sin un atisbo de emoción en su rostro.

—Solo quiero hablar con Tahír. Él puede ayudarme a encontrar a mi hermana.

—Los problemas personales del staff no son de interés de los príncipes. Tampoco tienen por qué resolverles los problemas.

—¡Me lo debe! Todos merecemos una oportunidad.

—Nadie le debe nada, señorita. Ahora, por favor, guárdese sus pensamientos de considerar la casa real Al-Muhabitti como un espacio de favores, dádivas o, lo que es peor, una agencia de detectives. Ahorre el dinero de su paga, o haga lo que considere propicio, y encuentre a su hermana con sus propios recursos.

—¡La información del paradero de mi hermana es clasificada! No puedo entrar al sistema social para preguntar por ella, porque mi caso fue manejado desde las altas esferas de inteligencia, por ende, incluyeron la adopción de mi hermana en ellos.

—No hay nada que pueda o me interese hacer por usted. Ahora, ¿me permite continuar trabajando o debo llamar a seguridad?

Freya sintió la hiel recorriendo su sistema sanguíneo. Lo miró con desprecio.

—En todo caso, ya has quedado al corriente de que yo tenía intención de hacer las cosas con buena voluntad, Karim —agitó el sobre—, pero tú has evitado que eso suceda. Volveré a mi puesto de trabajo.

—Y procure mantenerlo —dijo Karim antes de que Freya cerrara la puerta.

Karim no era un blandengue, y dejarse amilanar por una mujer de treinta y tantos años era absurdo. Él había conocido enemigos de verdad. Además, ya sabía que Tahír era un príncipe mujeriego, sin embargo, la presencia de Beatriz Fisher era un claro indicio de que quizá había absolución para un muchacho que no se atrevía a creerse digno de ser amado por ser solo él, ajeno al título o a sus riquezas.

Él conocía la historia de Freya. Porque, antes de asignarla al edificio administrativo en el área de correspondencia, se entrevistó con ella. La muchacha le pidió que la escuchara y creyera su historia sobre una supuesta hermana dada en adopción cuando ella entró en la cárcel, y la dura vida que había llevado. Karim jamás justificaba las traiciones. No sentía pena por nadie. A pesar de que creía en la historia de Freya, porque había mandado a investigarla en profundidad, nunca justificaría que la mujer estuvo a punto de conseguir que mataran al príncipe.

Ignoraba qué se traía la mujer entre manos, pero su estancia en el palacio acababa de llegar a su fin. No le importaba que tuviera un contrato firmado. Se valdría de sus contactos legales para anular el acuerdo legal y echarla. Karim se acercó al teléfono y empezó a hacer todas las gestiones que consideró necesarias.

\*\*\*

El beso era imposible de olvidar. Las palabras de Tahír, menos, pensó Bea. Él lograba sacar un lado que ella desconocía de sí misma. Quedarse llorando por los rincones como una mujer inmadura no iba a contribuir a su causa de progreso emocional. Así que era mejor virar la página. Sentía que él había sido sincero… Porque lo sentía en lo más profundo, así como también que, cuando hablaran, la verdad que iba a salir de la boca de Tahír iba a doler profundamente. Encontraba difícil penetrar la mente del príncipe, y no quería intentarlo. Quizá por temor a lo que pudiera encontrar o quizá porque estaba invadiendo un espacio demasiado personal.

Miró su reloj. Ya había pasado el mediodía y Tahír no aparecía. Podría pedirle a Muriel que investigara dónde se encontraba, pero no iba a hacerlo. Que él hiciera lo que le viniese mejor. De todos modos, ella tenía planes si él no aparecía en los próximos cinco minutos.

Beatriz era consciente de que el clima en el palacio era un poco tenso. Al parecer el rey Bashah y su amor de juventud habían tenido un hijo, tiempo atrás, y él se acababa de enterar.

El niño, y futuro rey, se llama Samir. Bea lo había visto de reojo una ocasión, y podía decir que era la fiel copia de su padre. Ella no estaba segura de querer tener hijos, además era demasiado joven para pensarlo. Tenía una vida profesional por delante. ¿Cómo podría coordinar el amor con el trabajo? Muchas mujeres lo hacían, pero ella no era como el resto. Cuando se apasionaba por algo, lo daba todo. No estaba segura de poder entregarse con la misma intensidad en una relación y en su carrera, al mismo tiempo.

—Muriel, ¿crees que podamos pedir unas bebidas para refrescarnos? Hace mucho calor, a pesar el acondicionador de aire.

—Sí, claro. —La muchacha salió con una sonrisa.

Bea tenía otra preocupación que latía en sus venas. Necesitaba saber qué día iba a llevarse a cabo la reunión en Ushuath. No podía dejar de estar presente. Todo su cuerpo se rebelaba ante la idea de faltar a esa junta. Sentía que era un tema de vida o muerte. Y ante esa sensación le resultaba imposible controlarse.

Minutos después llamaron a la puerta.

Ella se acercó a abrir. De seguro era Muriel o Tahír. Tomó una respiración profunda y sonrió. Al ver la persona que estaba ante ella se quedó sin habla.

—¿Freya? ¿Qué haces aquí? —preguntó desconcertada por completo.

—Te voy a hacer un gran favor. Quizá decidas que es momento de regresar a tu país después de que veas el contenido de este sobre. —Se lo entregó, y Bea lo tomó, con expresión dudosa—. Supongo que no has visto mucho los medios de comunicación en tu entusiasmo por conocer lo que más puedes de mi ciudad.

Bea frunció el ceño y agitó el sobre.

—¿Por qué?

—Se llama karma —replicó Freya, muy satisfecha consigo misma—. Y ahora creo que se ha hecho justicia. Que tengas una buena vida. Porque lejos de Tahír, lo será de seguro.

—Espera…

Freya elevó el rostro hacia Beatriz.

—Antes de abrir este sobre… Por qué no me cuentas, ¿cuál es tu historia?

La examante de Tahír no se esperaba que alguien le preguntara por su historia. Menos la mujer que tenía ante ella. Sus ínfulas de prepotencia se esfumaron. Inclinó la cabeza hacia un lado. Consideró interesante que alguien, además del necio de Karim o el indiferente de Tahír, conociera su verdad.

—De acuerdo. —Bea le hizo un gesto para que entrar, y Freya se encaminó hacia un sillón de terciopelo beige—. ¿Seguro tienes tiempo?

—No te hubiera preguntado si no fuera así —replicó. La había invitado a pasar porque así lo sentía correcto.

Se acomodaron una frente a otra. Dos mujeres diametralmente opuestas. Cuando Muriel entró, no disimuló su sorpresa, pero mantuvo la boca cerrada. Sirvió las bebidas y después se retiró de la habitación.

Beatriz abrió el sobre antes de que Freya se lo impidiera.

Una bomba molotov la hubiera herido menos que lo que tenía entre manos. Era Tahír. Todas las fotografías eran con una mujer diferente. Miró la fecha en el pie de foto. La semana en París. Sintió un nudo en la garganta a medida que iba pasando una tras otra. En ningún momento elevó la mirada hacia Freya. Las últimas tres fotografías parecían haber sido realizadas con un teleobjetivo. Era Tahír, en la cama… Sintió ganas de vomitar. Cerró los ojos varios segundos, y dejó las fotografías dentro del sobre, y luego lo colocó a un lado.

Deseaba acurrucarse y dormir para no llorar. No creía que pudiera detener el llanto. ¿Existía algo peor que el dolor de la traición? ¿Existía algo peor que el dolor de la mentira y la cobardía? Si solo había sido un juego para él, lo pudo decir. No era necesario que se burlara de ella. Porque no hacía falta que el mundo supiera de su existencia, ni tampoco de la relación que había mantenido con Tahír. Claro que no hacía falta. Tan solo era necesario que lo supiera ella... y él. Pero a él no le había importado. ¿Qué había sido entonces el beso de la noche anterior, sus palabras... su mirada? Quizá y su intuición empezaba a fallarle.

—Beatriz...  —murmuró Freya, con un ligero arrepentimiento por haber lastimado a esa muchacha. Pero era un daño colateral más, de su vida pasada, y su mente estaba orientada hacia Elmahi—. Tú no eras mi objetivo a lastimar, sino Tahír, a través de ti.

La australiana finalmente la miró.

—¿Cómo podrías conseguirlo si apenas le importo?

—Te equivocas en ese sentido. Jamás ha traído a nadie al palacio. Todas hemos sido siempre una aventura en su vida.

—Tú no lo fuiste, Freya. Él te quiso. Me lo dijo en algún momento. Quizá no verbalmente, pero la mirada de Tahír es muy elocuente cuando quiere.

—Entonces has logrado ver más allá de su fachada, porque yo nunca supe leerlo —suspiró.

—En todo caso, las fotos han logrado su objetivo. No quiero tener nada que ver con Tahír... Pero deseo conocer tu historia —dijo con firmeza. El corazón lo tenía hecho trizas, aunque eso no iba a detenerla—. Deseo conocer lo que te ha motivado a odiarlo hasta este punto —hizo un gesto hacia el sobre.

Freya asintió.

Empezó a relatarle la historia de su familia. Sobre cómo logró hacer malabares con la economía para que su hermana, Elmahi, permaneciera con ella. Que era todo lo que tenía en el mundo. Le dijo las condiciones precarias en las que vivía, y cómo, una noche todo cambió cuando una amiga de clase alta la invitó a una fiesta. Fue el día en que conoció a Tahír, y el día en que los hombres que intentaban secuestrar al príncipe, sin éxito, la interceptaron y amenazaron.

Con un ritmo narrativo monótono, como si estuviera en

otra época, Freya continuó su relato mientras las lágrimas caían por las mejillas de Beatriz.

—Lo amé con todo mi corazón. Pero tuve que elegir entre una niña para quien yo significaba todo, y un hombre que poseía el mundo en sus manos. Entenderás que la elección fue difícil y fácil al mismo tiempo…

—Ahora lo entiendo todo, Freya —dijo con tristeza—. Siento mucho el dolor que has tenido que pasar, la angustia, la cárcel, y la incertidumbre de no poder encontrar a tu hermana porque la información es clasificada y solo alguien del rango de Tahír podría darte acceso a ella. Incluso Karim, pero no creo que el consejero del príncipe llegue a tan alto nivel de acceso. No puedo culpar a Tahír, pero tampoco lo puedo hacer contigo. Fueron, ambos, víctimas de las circunstancias. Y si crees que al haberme enseñado esas fotografías me ayudabas, lo has hecho. Si también crees que el príncipe siente algo por mí, distinto a lo que podría sentir con otras mujeres, entonces tal vez haya esperanza de que Tahír algún día encuentre su persona ideal.

—Eres demasiado bondadosa para él —murmuró. De repente metió la mano en uno de los bolsillos de su ropa y sacó un cuchillo en forma de media luna. Beatriz la miró boquiabierta—. Gracias por escucharme y echarte unas lagrimitas —dijo con una sonrisa pérfida— me podría compadecer de ti, pero no sobreviví a los intentos de violación en la cárcel ni a la cruel lengua de la sociedad por ser amable.

Beatriz tragó en seco.

—¿Qué haces…? —preguntó con la voz queda cuando Freya prácticamente se lanzó sobre ella y le colocó el cuchillo en la garganta. La tenía presionada contra el respaldo del sillón. Ya no había cadencia monótona en su voz, sino que su rostro se había transformado en una mueca impregnada de odio—. ¿Por qué quieres hacerme daño ahora?

—Quiero que hagas una promesa. O encontraré el modo de que tu existencia acabe en las arenas de este maldito desierto.

—No puedo hacerte promesas cuando tengo un cuchillo

en la garganta a punto de rebanarme el cuello —dijo con cautela porque empezó a sentir cómo un hilillo de sangre le recorría el cuello.

Muriel, que en ese momento entraba para saber si Bea necesitaba algo más, al ver la escena lanzó un grito de horror. Eso asustó a Freya y rozó el cuello de Bea con la parte más afilada del cuchillo, haciéndole un corte superficial, pero que empezó a sangrar profusamente.

A los pocos segundos, cuando Freya intentaba apartarse para escapar, llegaron los guardias y la detuvieron. El escándalo se hizo grande, mientras Muriel le aplicaba a Beatriz desinfectante e intentaba calmarla.

De inmediato llegó Tahír.

—¿Qué demonios…? —alcanzó a pronunciar cuando vio a Freya salir esposada. No le importaba la tonta de su ex, sino que su atención estaba en la mujer que tenía la blusa palo rosa con manchas de sangre y tenía una expresión de absoluto terror.

Se sentó a su lado, dio órdenes que Beatriz no escuchaba. Muriel, eficientemente le había aplicado una gasa y la pequeña herida no sangraba más.

—Cariño, ¿qué diablos hacía esa mujer aquí? —preguntó Tahír mirando a Bea.

—Freya… —murmuró—. Fue una charla entre mujeres.

Él le dijo a Muriel y a todos que se largaran de la habitación. En menos de un minuto la habitación quedó vacía. Silenciosa.

—Bea…

—Aquí hay algo para ti —dijo estirando la mano y dándole el sobre—. Imagino que con una impresión basta. Pero como soy curiosa las vi todas.

Tahír se apresuró a abrir el contenido. Miró una a una todas las fotografías. Las apartó y miró a Beatriz a los ojos. Ambos sabían que no estaban trucadas. Aquella semana en París había sido una semana de perdición para él. Tahír se pasó las manos entre los cabellos, despeinándoselos.

—Bea…

—Al parecer los papeles se han invertido y el de los monólogos eres tú. Interesante, ¿no te parece?

—Bea…

—Solo lo reafirmas —dijo con una carcajada que sonó rota—. En todo caso, mi trabajo terminará el día en que sea la reunión en Ushuath. Siento que tengo que estar ahí, sea como sea. ¿Cuándo va a llevarse a cabo el cierre de la negociación minera?

—No es necesario que vayas. Lo cierto es que no me importa si mentiste sobre cómo nos conocimos, si eres síquica o no, Beatriz, te quiero. Estoy enamorado de ti… No quiero estar sin ti —dijo con vehemencia—. Dame la oportunidad de demostrarte que te quiero de verdad y resarcir mis errores. Esa semana en París fue solo una llamada a despertar… De ver la vida que estaba perdiéndome sin ti. Y cuando regresé, simplemente no podía mirarte a la cara.

«¿Se atrevía a decir que era una mentirosa? ¿Insistía en que había urdido quién sabía qué planes para lograr encontrárselo en Port Douglas? ¿La estaba tratando con condescendencia porque no creía que en realidad su madre o ella fueran síquicas?», pensó Beatriz, furiosa. Lo apartó de un empujón.

—Lo supongo —dijo sin emoción.

—Y esta mañana tuve que salir, pero vine lo antes posible —continuó él, sosteniendo las manos de Beatriz con firmeza entre las suyas. Consternado al ver lo que le había hecho a esa preciosa mujer. El brillo que solía tener su mirada cálida, ahora no existía. Las facciones diáfanas, y la sonrisa fácil, se habían extinguido. Él era el único culpable—. Bea, iba a hablarte de lo que ocurrió en París y cómo, después de intentar sacarte de mi cabeza, me sentí como una farsa por haber tratado de reemplazarte. Por haberte traicionado, porque, aunque no existía una promesa formal, no era necesaria porque mi corazón es tuyo. No sé qué hacer para ser el aire que te rodea, para redimirme ante tus ojos… Dime qué debo hacer para ganarme el derecho a pedirte una segunda oportunidad.

Ella permaneció un largo rato en silencio, las palabras eran solo eso, palabras, y más si no iban acompañadas de acciones que las respaldaran. No creía en Tahír. No creía en sus palabras de amor. Era arena entre sus dedos.

Pero ahora eso no era lo importante. Había un asunto pendiente que continuaría dejando estragos si no se hacía algo al respecto. El pasado tenía que saldarse. Las cuentas debían pagarse con el destino.

Aunque se sentía traicionada no podía dejar de lado lo que implicaba hacer lo correcto. Había solo una víctima en todo ese embrollo. No era ella. Se trataba de una niña que a los seis años de edad fue dada en adopción. Emhali. Era aquella niña, que ahora sería toda una jovencita, la verdadera víctima de un juego de adultos, y de una febril pasión adolescente.

Aquello tenía que acabar.

—Quiero que vayas a ver a Freya a la sala de detención, en donde seguro la tienen, y le preguntes cómo puedes ayudarla a encontrar a su hermana.

Tahír se quedó boquiabierto. ¿Le estaba pidiendo que ayudara a la mujer que había estado a punto de cortarle el cuello? ¿La mujer que le había entregado las pruebas que habían roto el lazo entre ellos, sin antes él haber tenido la oportunidad de hablarlo y preparar el terreno para sincerarse? Él jamás podría merecer el amor de una mujer como Beatriz. Lo asombraba.

—Pero…

—Consíguele su mayor anhelo. Dale la paz que busca, y dátela tú también —dijo finalmente—. No tengo ganas de continuar hablando contigo. Solo avísame cuándo es la reunión en Ushuath y llévame a tu lado para cumplir mi parte del trato.

Beatriz no quería continuar respirando el mismo aire que Tahír. Dolía demasiado, y ya habían sido muchas emociones para un solo día. Se puso de pie. Necesitaba aire fresco. Él imitó su gesto.

—Beatriz, por favor, no te vayas enfadada. Hablemos.

—Eso es lo que generalmente decimos las mujeres —se burló, y no le importó que su comentario sonara machista. En ese momento no le importaba nada. Tenía deseos de encontrar una botella de buen whisky y olvidarse de todo. Jamás lo había hecho, pero, ¡hey!, para todo había una primera ocasión.

—Bea...

—Solo habla con Freya. Ayúdala. Y con eso estaremos en paz —dijo desde el umbral de la puerta.

—¿Eso implica que al menos tengo oportunidad de intentarlo contigo?

Ella soltó el aire que estaba conteniendo.

—Adiós, Tahír. —Dicho eso, se marchó, dejando solo a Tahír con sus pensamientos y con la sensación de que había destrozado su única posibilidad de ser feliz con alguien que no estuviera interesada en su cuenta bancaria ni en su linaje.

# CAPÍTULO 17

Beatriz se despertó bañada en sudor. Ahora tenía claro lo que iba a ocurrir en Ushuath. Se bajó de la cama a toda prisa y se metió en el cuarto de baño. Al ser un evento en la noche, una cena-reunión, no podía ir vestida con pantalón. Así que buscó un vestido en el armario. El primero que encontró. Era azul. Le llegaba hasta la rodilla. Solo estaba sostenido de un hombro.

Apenas tenía tiempo de arreglarse. Ella se había descuidado hasta el punto de confiarse en que Tahír la llamaría para ir juntos a Ushuath, cuando era evidente que él quería reafirmar el punto de que no iba a dudar de ella. Tan tonto.

Después de lo que acababa de descubrir con su sueño, lo más probable era que la vida de ese necio estuviera en peligro. Estaba enfadada con él, y dolida, por supuesto, pero no hasta el punto de desear verlo muerto. Eso, nunca.

Llamó con rapidez a Muriel, quien apareció a los cinco minutos. Justo cuando reloj marcaba las diez de la mañana. Esperaba poder tomar un vuelo comercial urgente. Llegar hasta el vecino país tardaba al menos seis horas. Y la junta, si mal no había escuchado a Bassil decir en algún momento de su fallida cita, era a las cinco de la tarde. Iba con el tiempo justo.

—Muriel, necesito hacer algo con este cabello —señaló.

—No se preocupe, yo soy experta en peinados

occidentales —dijo con una sonrisa. Y veinte minutos después, Bea lucía el cabello suelo peinado al estilo de los años 40´s de Estados Unidos, con ondas de agua.

Cuando estuvo lista, lo siguiente que hizo fue buscar al rey de Azhat.

Estuvo esperando quince largos minutos hasta que finalmente, le fue concedida una audiencia con carácter urgente.

—Majestad —dijo ella haciendo una inclinación de cabeza.

Bashah, alto e imponente, destilaba no solo elegancia, sino también un aura de poder innegable. Había nacido para ser rey.

—Me ha dicho mi secretario que tiene una urgencia que comunicarme sobre la seguridad de mi hermano, Tahír.

Ella asintió. Estaba contra reloj.

—Sé que esto puede parecerle una locura, majestad, pero yo tengo la habilidad de predecir el futuro, escuchar los pensamientos... No, no lo estoy haciendo con usted —se apresuró a aclarar ante la expresión hosca que empezó a transformarse en Bashah— solo lo comento. Desde hace muchos años hay una premonición que me ronda. Una premonición que nunca ha estado clara hasta esta mañana, y es el motivo por el que estoy en su país. Tengo que salvar la vida de Tahír... el príncipe Tahír —se apresuró a corregir, pero era demasiado tarde. El rey no era idiota. Así que, tan diplomático como siempre, Bashah, asintió con una estudiada sonrisa.

—Comprendo. ¿Me puede decir qué es lo que cree que va a ocurrir?

—Van a dispararle antes de que se cierre el trato en Ushuath.

—¿Quién?

—No pude ver el rostro del hombre que iba a perpetrar el crimen. Quizá porque no es alguien conocido...

—¿Qué sugiere?

—Hay que decirle al príncipe Tahír que debe postergar la reunión.

Bashah convocó a su secretario, y a través del teléfono personal trató de contactar a su hermano. Hizo todas las llamadas posibles y puso a trabajar frenéticamente a su equipo durante veinte largos minutos. Beatriz empezaba a perder la compostura. Era un avance muy grande el hecho de que el rey no la hubiera creído loca y la hubiera mandado con viento fresco a un manicomio. No sabía por qué había confiado en lo que acababa de decirle, pero no iba a cuestionarlo. Lo importante era que estaba tratando de ubicar a Tahír para advertirle.

—Majestad —dijo ella, aclarándose la garganta—. Necesito estar en Ushuath. Por favor, permítame asistir, aunque no tenga invitación. Es una cruzada personal. Es algo que tengo que hacer. Es mi destino hacerlo. Si dejamos escapar más tiempo, entonces será demasiado tarde.

—De acuerdo, señorita Fisher. Si la vida de mi hermano está en juego, entonces estaré en deuda con usted indefinidamente. Si acaso intenta crear un truco con algún propósito desconocido y que afecte a mi país, la espera un futuro nada prometedor.

—Gracias, gracias, majestad.

Media hora más tarde, Bea, estaba rumbo a Ushuath.

El tiempo se le acababa. Iba a llegar tarde. Muriel iba a su lado. Solo tenía que advertirle a Tahír. ¿Qué le costaba tener el maldito teléfono encendido a ese príncipe?

*** 

Debería haberle avisado a Beatriz, tal como se lo pidió, pero no despertarla para ir a Ushuath respondía a un motivo. Él no quería que sintiera que estaba utilizándola. Tenía que terminar el negocio con su hermano Amir, el cretino del rey Hassam, y con el ambicioso de Bassil. Iba a sacar el mejor partido a beneficio de Azhat.

Así que ahí estaban reunidos: príncipes, representantes legales, un par de hombres que Tahír no había visto anteriormente, y un fuerte cerco de seguridad. La materia de minería empezaba a convertirse en una de las áreas para potenciar la economía de Oriente Medio más conflictivas. Esto ocurría porque la mayor parte de las minas estaban ubicadas en los límites de dos países.

En el amplio salón de reuniones del palacio de la familia Al-Pakrith, también estaba servido un catering que lucía exquisito.

—Señores, gracias por reunirse hoy aquí —empezó el rey Hassam—. Nuestros abogados tienen redactados los acuerdos y contratos. Sin embargo, me gustaría hacer una solicitud adicional al reino de Azhat antes de que el señor Bassil Ashummi rubrique el acuerdo de respeto de límites fronterizos, así como las cláusulas de medio ambiente y también sobre la repartición de porcentajes de utilidades para ambos reinos hermanos.

Amir miró a su hermano con disimulo. Reparó en el modo en que Tahír apretó los puños a los lados, ligeramente, para luego relajar los dedos. Ambos sabían que el excuñado de Bashah no jugaba limpio. No esperaba que lo hiciera en esa ocasión tampoco.

—¿Qué tipo de petición sería esa? —preguntó Tahír sin poder contenerse.

El rey Hassam sonrió con malicia.

—El príncipe Amir debe contraer matrimonio con mi hermana, Moesha. —Los hermanos Al-Muhabitti se quedaron boquiabiertos, pero el rey Hassam continuó—: Debido a los lazos que se rompieron entre ambos países años atrás, por eventos desafortunados y malinterpretados, me gustaría que nuestros lazos comerciales no solo estén ligados por un contrato comercial, sino por el más antiguo de nuestros pueblos: el matrimonio.

—Creo que se te ha ido la olla —dijo Amir sin contenerse.

Los abogados de ambas partes empezaron a discutir. Los príncipes, sintiéndose faltados al respeto porque el rey Hassam los estaba insultando al considerarlos una mercadería de intercambio como si fuesen reses o camellos, y peor cuando Moesha había sido la mujer de Bashah años atrás. No iban a permitirlo.

Tahír estaba furioso. Así que no era Bassil el que tenía ganas de jorobar la paciencia ese día, sino el mismísimo Hassam.

—Te estás pasando de la raya —dijo Tahír tuteando al rey de Ushuath, como era el hábito entre personas del mismo linaje real, y fulminándolo con la mirada—. Estás insultando a la honra de mi familia.

—Es solo un mero intercambio…

—Pues te toca tragarte las palabras, porque no estamos aquí para ser presa de tus retorcidas ideas dinásticas —replicó Tahír, antes de acortar los pasos para alcanzar a Hassam, quien lo miraba con una sonrisa pérfida. Nadie parecía atender lo que ocurría entre ambos, pues cada cual estaba enzarzado en alguna discusión con la contraparte. El único que, atónito observaba todo, era Bassil.

Cuando Tahír iba a soltar un puñetazo contra la mandíbula de Hassam, uno de los guardaespaldas del rey de Ushuath desenfundó una pistola.

Las puertas se abrieron de repente, interrumpiendo la enardecida discusión, en cámara lenta. O al menos fue lo que le pareció a Tahír, cuando vio a la mujer que amaba entrar corriendo. Vestida tan hermosa que quitaba el aliento.

—¡Tahír! —gritó Bea justo cuando el guardaespaldas de Hassam apretaba el gatillo y disparaba.

***

Beatriz había recorrido la distancia que le quedaba hasta llegar al salón con el corazón acelerado. Era tal como lo vio años atrás cuando tenía solo ocho años de edad, y más nítido que en su sueño de la mañana. Porque en esta ocasión era real.

La mano del guardaespaldas en salón pareció moverse en slow-motion cuando apuntó contra Tahír. No tenía tiempo que perder. Le gritó para que se apartara, pero nada parecía capaz de acelerar las cosas. Ella corrió para empujarlo, para que estuviera lejos del alcance de ese hombre que tan solo ahora veía con claridad, pero lo último que supo fue tenía las manos llenas de sangre.

Miró hacia abajo. La sangre era suya.

Se quedó en el suelo, mientras todo alrededor era convulso. Escuchaba gritos. Incluso cosas que se rompían. Giró la cabeza hacia un lado. Había un hombre que yacía en suelo en un charco de sangre. En la mano derecha el tipo tenía dos tarántulas. Dos tatuajes.

—¿Quién es… él? —preguntó en un susurro a nadie en particular. Le parecía un poco difusa la imagen.

—El hombre que iba a dispararle al príncipe Tahír… Intente no hablar, señorita Fisher. El equipo médico está por llegar.

—Karim —reconoció ella. Era el consejero del príncipe— . ¿Dónde… Dónde está Tahír?

—Fue a buscar un modo de llamar un helicóptero para que la transporten a usted hasta Azhat de inmediato —dijo con reticencia— pero aquí viene.

Tahír apartó sin contemplación a Karim, y observó a Bea con el corazón en un puño. Le tomó las manos entre las suyas.

—¿Qué haces aquí, mi vida? ¿Por qué tuviste que venir? —preguntó, desolado. Ella estaba pálida. Sus piernas manchadas de sangre al igual que el vestido.

—Tenía… —tragó en seco. Le dolía la garganta. Tenía sed— tenía que avisarte o ibas a morir. Te vi… Te vi en mi sueño… Nece… Necesitaba prevenirte… No contestabas el teléfono. Ibas a morir si no venía…

Los ojos del príncipe nunca habían estado tan llenos de lágrimas sin derramar. Ni siquiera el día en que murió su madre. Experimentaba una desazón muy grande, y un profundo miedo de que Beatriz no se recuperara. No podía morirse. No podía.

—Ay, Bea… Por favor, resiste, mi vida. Resiste —susurró

cuando finalmente los paramédicos empezaron a aplicarle los procedimientos de primeros auxilios y la acomodaron para llevarla hasta el helicóptero.

El rey Hassam estaba consternado por el modo en que habían acabado las cosas en su intento de persuadir a Amir de casarse con su hermana, la muy necia había echado a perderlo todo en Azhat con sus indiscreciones. Amir, con su mente fría y talante sosegado, se acercó a exigirle a Hassam y pedirle a Bassil que de una vez por todas firmaran el maldito contrato. Y así se hizo.

***

Le dolía todo.

Abrió los ojos con dificultad y la luz la incomodó durante largos segundos. Parpadeó. Estaba rodeada de aparatos y tenía un respirador en la nariz. Volvió a cerrar los ojos y lo recordó todo. Al menos había salvado la vida de Tahír, pensó. Cumplió con su misión en el destino. Esperaba pronto volver a casa. No necesitaba más dolor. Ni emocional, ni físico.

Tenía sed.

—Agua… —susurró.

Esperaba que alguna enfermera la hubiera escuchado. Aunque quizá era poco probable debido a que ni siquiera ella se había escuchado su propia voz.

—Mi amor —murmuró la inconfundible voz de Tahír—. Estás despierta. Oh, por Dios, estás despierta. —Ella sintió los labios de él contra los suyos, en un beso suave y rápido—. Aquí tienes —le ayudó a beber el agua con una pajilla.

—¿Cuánto tiempo…?

Antes de responder, Tahír apretó el botón para llamar al médico de cabecera. Había hecho instalar a Beatriz en su riad. Exigió que se readecuara el espacio con todos los implementos médicos más modernos.

Se había mostrado irascible durante todo el tiempo en que ella luchaba por su vida. Rehusó apartarse de la sala de operaciones. Estuvo a punto de liarse a puñetazos con sus hermanos, como si tuviera quince años, cuando le dijeron que no podía quedarse en la misma sala de operaciones que Beatriz. Finalmente, los médicos desistieron de negarle nada y Tahír se vistió con los implementos necesarios para estar durante la intervención. Bea pasó por la sala de cirugía porque la bala estaba alojada en su cuerpo, y luego perdió el conocimiento.

—Cinco días, Bea. Has estado cinco días inconsciente. Pensé que iba a perderte y nada en el mundo me ha aterrorizado tanto como haberte visto en el suelo en un charco de sangre. Nena, me diste un susto tremendo... —le acarició la mejilla con infinita dulzura. En sus ojos verdes había alivio y emoción—. El equipo médico vendrá dentro de un momento a verte.

Ella tan solo asintió.

Veinte minutos más tarde, el médico de cabecera le informó a Tahír que Bea debía permanecer dos días más en observación. Pero que su evolución podría pronosticarse como positiva, aunque habría que ser pacientes.

Tahír volvió junto a Bea. Ella lo miraba con una mezcla de inquietud y recelo, pero no existía reproche. Él podía verse reflejado en los ojos de Beatriz, porque ella lo hacía sentir completo y aceptado por simplemente ser él. Y aquel era el mayor regalo que jamás nadie le había hecho.

—París... —murmuró Bea, al recordar las fotografías que le entregó Freya—. Quiero olvidarlo todo. Quiero volver a casa...

—Bea...

—Por favor, Tahír... Este no es mi lugar. Porque, aunque te ame, ya no tengo nada que hacer aquí... Déjame ir a casa —pidió con la voz rota y giró la cabeza hacia un lado, partiéndole el corazón al príncipe, quien no sabía cómo lograr ganarse a esa maravillosa mujer de regreso. La única capaz de hacer que su corazón bombeara con el ritmo único de quien se sabe valorado de verdad.

Pronto, la respiración de Bea se volvió acompasada. Se había quedado dormida de nuevo. Tahír al menos estaba feliz porque ella se encontraba en proceso de recuperación. Antes de continuar su cruzada para recuperar a Bea, tenía una tarea pendiente en el cementerio familiar.

Se inclinó para dejarle un beso largo y sentido en la mejilla a Bea, y luego salió de la habitación. Cruzó varios pasillos hasta que llegó al mausoleo en donde estaban enterrados sus padres, abrigados por un frondoso árbol que era uno de los pocos que florecía y sobrevivía en el desierto.

Era la primera vez, desde la muerte del rey Zahír, que el príncipe visitaba el mausoleo. El viento de la tarde del desierto soplaba cálido y firme. Y Tahír se acercó a la tumba. Pasó las yemas de los dedos sobre la inscripción del nombre de su padre tallado en piedra.

—Encontré una mujer que amo tanto como tú a mi madre —dijo en voz alta —. Es una mujer maravillosa a la que he hecho sufrir por estúpido, por inmaduro. He aprendido mi lección. Haré todo lo posible por conseguir que me perdone. Pero antes, me quería despedir de ti… papá. No hay rencor ni resentimiento. Te dejo ir en paz, y será esta la última vez que crea que no me quisiste. Tal vez no fui el hijo modelo, ni el que tenía el carácter que esperabas, pero siempre traté de que te sintieras orgulloso de mí… Adiós, padre. Con una sensación de calma y un peso menos sobre los hombros, Tahír salió del mausoleo, mientras una ventisca se levantaba tras él.

\*\*\*

—Deberías reconocer que el hombre ha estado como alma en pena los últimos diez días —dijo Ordella Fisher a su hija.

El príncipe Tahír había enviado a ver a las personas que Bea consideraba más importantes para ella. Incluso a sus dos mejores amigos, Dexter y Surka. Había sido Karim quien se encargó de coordinar los viajes de ida y regreso.

Ese era el último día de Ordella en Azhat.

—Estuvo con muchas mujeres mientras…

—Creo que, si lo amas, entonces tienes que tomar una decisión, hija. Él no va a presionarte, pero su amor propio no puede menoscabarse y no va a esperarte toda la vida. Esos son cuentos de hadas y ya sabes que, las hadas, no habitan en este plano, y mucho dudo de que lo hagan en algún otro.

—Tú y tus filosofías —dijo con una sonrisa.

Estaban sentadas en unas preciosas sillas de mimbre en el riad privado de Tahír. Él había insistido en que ella se quedara en los alrededores. Tenía sirvientes a su alrededor para cualquier cosa. Si medio estornudaba tenía cinco marcas de pañuelos a elegir para sonarse. Así de exagerado. Sin embargo, aparte de conversar con ella de todo menos sobre su relación, Tahír no la presionaba. Se limitaba a hablar y contarle anécdotas. Le habló sobre su madre, le abrió su corazón con respecto a su padre. Y, anonadada, vio cómo le pedía sinceras disculpas a Ordella por haberse burlado de sus creencias y habilidades. Haber visto a su familia y sus mejores amigos en Azhat era un regalo inesperado... Incluso el mismísimo rey Bashah, junto a la que era la madre de su hijo, Adara, además de Amir, la habían ido a visitar.

—¿Recuerdas que te dije que el destino estaba escrito en las estrellas?

—Mamá... —suspiró—, sí. Lo recuerdo.

—La estrella más brillante es tu corazón. Es la fuerza que mueve tu vida y la que hace que todo lo que está a tu alrededor cobre una nueva dimensión. Escucha a esa estrella, y termina de escribir tu destino junto al hombre que te ama.

Beatriz ya se había recuperado de la herida, aunque todavía caminaba con cierta dificultad. Se pasó la mano por los cabellos.

—¿Y qué puedo hacer?

—Habla con Tahír. Dile que lo amas y quieres intentarlo de nuevo, o dile que no puedes devolverle el amor y ni volver a confiar en él para que pueda irse y encontrar el amor en otro lugar. Al igual que puedes hacerlo tú.

Bea observó a su madre con el ceño fruncido.

—En ese caso...

—¿Interrumpo, señoras? —preguntó Tahír con una sonrisa, aunque percibía que acababa de llegar en un momento crucial en una conversación madre-hija.

Vestido con su traje real, a causa de una reunión en el centro de la ciudad, su belleza viril quitaba el aliento. Causaba sensación entre las mujeres, pero él solo tenía la cabeza y el corazón para una sola.

Los sirvientes del riad se acercaron para entregarle una bebida fría al príncipe. Él se sentó frente a Bea y Ordella.

—Hola, Tahír —murmuró Beatriz. Las palabras de su madre rondaban su mente y no era capaz de dejarlas ir. Había mucho que pensar. A solas.

—Estás muy guapa hoy, Bea —le dijo. Luego miró a Ordella, y agregó—: De tal palo, tal astilla.

Ordella rio.

—Bueno, chicos, los dejo a solas para que puedan charlar a gusto. Iré a hacer mi equipaje. Mi esposo debe estar enloqueciendo sin mis predicciones —dijo con una carcajada suave, antes de hacerle un guiño a su hija, y despedirse de Tahír.

Se hizo un incómodo silencio entre el príncipe y Bea.

—¿Qué ocurre? —preguntó él.

—Necesito pensar... —se incorporó—, espero que hayas tenido un buen día.

—Bea, espera —pidió. Se acercó y colocó sus manos sobre los hombros suaves de ella—. Habla conmigo... ¿Por qué estás tan tensa?

Ella lo miró a los ojos. Podía perderse en la forma en que el verde se volvía más intenso o más tenue según las emociones de Tahír. El aroma y la actitud de innata seguridad de ese hombre la descolocaba.

—Hay decisiones que debo tomar. Y no puedo hacerlo si estás alrededor.

—¿Eso qué significa? —preguntó. La idea de que ella

quisiera alejarse para siempre lo ponía al borde de los nervios. Aquello no era habitual en su personalidad, pero, después de todo. ¿Qué había sido normal en su vida desde el día en que Beatriz chocó su automóvil rentado con el de él?

Bea le colocó las manos en las mejillas, porque necesitaba su contacto. Como una planta necesitaba del sol para robustecerse. Después apartó las palmas de sus manos y se abrazó a sí misma.

—Que necesito ir a mi habitación, y poner mi vida en perspectiva.

—¿Eso es bueno o malo?

—Todavía no lo sé, Tahír.

Él se quedó de pie, en medio de su millonario riad, viéndola alejarse. No podía forzar la situación, ni las decisiones. Le tocaba hacer lo que peor se le daba: ser paciente y sosegado. Era un hombre de acción y decisiones. Pero ahora la situación se había invertido, y su destino no estaba más en sus manos.

*** 

*Una semana más tarde…*

Cuando llegó el momento de la cena, como era costumbre, Tahír acudió con su actitud ecuánime, básicamente porque Bea le producía una sensación de calma. En cualquier oportunidad que podía, también aprovechaba para flirtear con Beatriz, pues disfrutaba el modo en que ella se sonrojaba.

Esa noche el príncipe estaba ataviado con su traje tradicional. Se sentó al lado de Bea y le sonrió. Él no iba a comentarle que apenas podía concentrarse esperando a lo que fuera que ella tuviera que decirle. Esa no era una comida cualquiera. Consciente e inconscientemente, le había fallado a Beatriz, a los dos, y ahora tenía que encontrar el modo de redimirse. Si ese modo era forjando su escasa paciencia, lo haría…, lo estaba haciendo.

Después de que le dieron el alta médica, Tahír

experimentó un gran alivio porque la bala no había atravesado ningún órgano vital. Pero tuvieron que sacársela porque estaba incrustada. No solo eso, sino que la pérdida de tanta sangre la puso en una situación delicada. Pero había despertado, y estaba de regreso en su vida. No podía dejarla escapar. Él era un competidor innato. Nada deseaba más que reconquistarla, ganar su confianza y hacerse merecedor de su amor.

—Buenas noches, dulzura —le dijo, sonriéndole.

Ella ya se había acostumbrado a que Tahír estaba siempre afectuoso, pero no insistía en recibir lo mismo de su parte. Esa falta de presión había ayudado en la decisión a la que al fin había llegado.

—Tahír... —murmuró tomando una profunda respiración— quería agradecerte por haber traído a mi familia, por tu paciencia, y por haberme proveído de los mejores cuidados médicos.

Él sonrió. «Ay esa sonrisa...»

—Me salvaste la vida, cariño, literalmente —replicó—. ¿Cómo no habría de preocuparme por ti?

Beatriz no sabía cómo sacar el tema. Cerró los ojos un instante. Los abrió para fijar su atención en él.

—Sobre nosotros... Yo... Tahír, te sigo amando, pero tengo miedo de que vuelvas a fallarme. Esa es la verdad.

El príncipe sonrió al escuchar las palabras que había estado deseando que salieran de la boca de Beatriz. Estiró la mano y tomó la de Bea. Se llevó la delicada mano los labios, y la besó, siempre mirándola con intensidad.

—Siento el dolor que te causé. Lo estúpido que fui al no valorarte y por haber desperdiciado mi tiempo cuando era contigo con quien más deseaba estar. Cuando eres, y eras, la dueña de mi corazón. Por favor, no dejes de creer en mí... En nosotros.

—No dejaré de creer en nosotros —dijo con convicción. Le había tomado varias noches de insomnio dándole vueltas a sus ideas, reflexiones y pensamientos, decidirse a hablar con

Tahír y expresarle su deseo de luchar por el amor que se tenían—. Y tienes que entender que quizá, mi capacidad síquica, pueda aparecer de vez en cuando, en los momentos que menos esperes.

—Eres especial, Bea, no te pediría que fueses diferente. Sé que respetas la privacidad de mis pensamientos, y eso es suficiente para mí.

—Jamás invadiría tu mente, Tahír, ni aunque pudiera hacerlo, ni aunque me lo pidieras. Hay una línea que nunca cruzaría.

—Lo sé. Adoro tu integridad.

—Entonces —se aclaró la garganta— eso quería decirte en esta cena. Quiero que lo intentemos.

Tahír sonrió abiertamente con una alegría que saltaba por los poros.

Con cautela la tomó en brazos y giró con ella.

—¿De verdad lo dices? —preguntó mientras Beatriz se reía.

—Sí, Tahír, me quedaré a tu lado. Te amo.

La bajó lentamente al suelo, y posicionó las manos sobre la cintura suave. Había perdido un poco de peso, pero continuaba manteniendo esas curvas deliciosas que hacía tanto, tanto, tiempo no acariciaba.

—Y no sabes cuánto te amo yo a ti. Ven aquí, cariño, y bésame.

# EPÍLOGO

Ganarse la confianza de Beatriz no había sido fácil. Tahír había trabajado en su proyecto más importante: el amor de la mujer que quería a su lado. Acostumbrado a hacer las cosas a su antojo, la idea de compartir y consultar era de las situaciones que más le estaba costando. Pero Bea merecía cualquier esfuerzo. Cualquiera.

Beatriz había empezado a combinar su tiempo entre Azhat y Australia, pues su plan era mudarse a Tobrath para emprender ahí su negocio y al mismo tiempo fortalecer su relación con Tahír. Habían hecho todo como si fuera por primera vez. A ella le había resultado maravilloso conocer por completo al hombre detrás de la máscara de indiferencia. Tahír era todo cariño, entrega y dulzura. Dentro y fuera de la cama. Disfrutaban juntos, pero también tenían sus actividades individuales, pues ella no consideraba sano invadir sus mutuos espacios. Una cuestión de salud emocional y crecimiento.

—¿Sabes dónde está Bea, Karim? —preguntó Tahír.

El hombre, siempre inclinado a favor del príncipe, parecía haber desarrollado el mismo interés por Beatriz y solía incluso ponerse más a favor de la mujer que había logrado que el príncipe indomable encontrara su lado sensato.

—Lo ignoro, alteza.

Tahír pasó de largo murmurando un «cotilla», al pasar junto a Karim. Había tenido que viajar a Lyon junto al general Abdul Kamal, y regresaba a los cuatro días a Tobrath. Al menos, en su posición, no tenía que lidiar con los ancianos idiotas que integraban los Consejeros del Destinos, pensó.

Empezó a buscar a Bea como loco por todas partes. ¿Y si después de todo lo había abandonado?, pensó con el corazón a mil. Aceleró el pasó. No estaba en el riad que juntos compartían. Que supiera ella no se iría a Melbourne hasta dentro de seis días. ¿Dónde estaba? Subió hasta la habitación que ella usaba de pequeño despacho mientras dirigía al equipo de jardineros o aceptaba encargos de los diplomáticos de la ciudad para redecorar los jardines de sus casas. Nada. No estaba ahí.

Iba a apartarse del balcón cuando observó el exterior del palacio que daba al desierto. Una figura, absolutamente conocida para él, estaba recortada con el ocaso que empezaba a dar paso a los últimos rayos de sol.

Bajó corriendo las escaleras, pero antes fue hasta la bóveda que otrora había asaltado con la finalidad de proponerle matrimonio a Freya. Con su antigua amante hizo las paces, y logró ayudarla a encontrar a su hermana. Ahora vivían en otra ciudad de Azhat, y él se había encargado de que tuviera un buen empleo para que pudiera mantener a Elmahi.

Salió del salón y recorrió con pasos largos, el extenso camino que daba al patio exterior. Beatriz tenía la cabeza gacha. ¿Estaba llorando? ¿Qué pasaba? Mientras caminaba trataba de devanarse la cabeza pensando en qué habría hecho mal… Habían hablado cada día. Cada noche. Los mensajes de textos no faltaban ni los de voz en que se contaban de todo. Estaba perdiendo la cabeza entonces si no era capaz de recordar. Ella pareció sentir su presencia, porque levantó el rostro hacia su dirección.

Tahír corrió por la arena y llegó hasta ella.

—Bea. Me has dado un susto de muerte —dijo jadeante

por el esfuerzo.

Ella lo miró. Había estado llorando.

—Hola…

—¿Qué ocurre? —preguntó secándole las lágrimas—. Dime qué ocurre, por favor.

Beatriz había descubierto que no todos los planes parecían salir como esperaba. Su carrera, su vida personal, todo parecía ir viento en popa. Hasta esa mañana.

—No creo que te guste la respuesta.

—Ponme a prueba —dijo con una sonrisa, sentándose junto a ella, mientras las dunas frentes a ambos recibían los últimos grados Celcius del sol de la tarde.

—Estoy embarazada —murmuró.

Tahír abrió y cerró la boca. Soltó una carcajada, exultante. La abrazó.

—Eso es maravilloso, mi amor.

Bea elevó la mirada buscando una señal de que estuviera de broma, pero no era así. La sonrisa de Tahír era genuina. Entonces, ella sonrió, al fin.

—Pensé que podría ser un inconveniente en estos momentos en que tu hermano Amir parece tener conflictos con un país vecino y tiene que casarse. Además de la situación económica que no es la mejor, y los problemas que empiezan a sentirse y van a necesitar que estés al ciento por cien…

—Ese es problema del tonto de Amir por andar jugando al hombre de negocios —dijo, feliz—. ¡Es una noticia maravillosa, Bea! Lo más importante para mí eres tú, y ahora este bebé —le acarició el vientre todavía plano— que empieza a crecer dentro de ti. ¿De cuánto estás?

—Un mes… —se sonrojó— cuando estuvimos en la tienda de campaña que tienes en el desierto, supongo…

—Yo te dije que esas tierras no son áridas del todo —comentó con una carcajada—. Hay algo que quiero preguntarte.

—¿Cómo va a llamarse en caso de ser niño o niña? —preguntó, bromista.

—Tú no eres una mujer convencional. Adoro que seas distinta, curiosa, inteligente y con la capacidad de amar más grande que conozco. No quiero dejarte ir, no voy a dejarte ir, y no deseo pasar ni un día más sin no poder llamarte mi esposa. —Sacó la bolsilla que llevaba en la mano, y que había sacado del salón en donde estaba la bóveda de seguridad con las joyas de la familia—. Este brazalete perteneció a mi madre. Ella ha sido siempre la mujer más importante en mi vida. Y ahora, esa mujer, eres tú para mí. —Extendió un precioso brazalete de oro con zafiros y diamantes que tenía un ojo de Horus pequeño—. Beatriz Fisher, ¿me harías el honor de casarte conmigo y ser felices —puso la mano en el vientre de Bea— los tres, para siempre?

—Oh, Tahír… —rio con lágrimas en los ojos y se abrazó al hombre que amaba. Al dueño de su corazón—. Claro que sí. Acepto casarme contigo.

Él le puso el brazalete con delicadeza. Le quedó perfecto. Pero como él a veces solía disfrutar siendo un hombre de tradiciones, también llevaba un anillo que había comprado en Lyon. El horizonte ya había agotado los últimos rayos de sol.

—Nos casaremos aquí en Tobrath, y también en Melbourne. ¿Qué te parece?

—Que tienes los mejores planes —dijo acariciándole la mejilla, antes de que él la besara y un manto de estrellas empezara a brillar en el firmamento.

***No te pierdas la próxima y última novela de la serie Maktub: *El llamado del desierto*. La historia de Amir Al-Muhabitti y Molly Reed-Jones ***

Kristel Ralston

# SOBRE LA AUTORA

Escritora ecuatoriana de novela romántica y ávida lectora del género, a Kristel Ralston le apasionan las historias que transcurren entre palacios y castillos de Europa. Aunque le gustaba su profesión como periodista, decidió dar otro enfoque a su carrera e ir al viejo continente para estudiar un máster en Relaciones Públicas. Fue durante su estancia en Europa cuando leyó varias novelas románticas que la cautivaron e impulsaron a escribir su primer manuscrito. Desde entonces, ni en su variopinta biblioteca personal ni en su agenda semanal faltan libros de este género literario.

Su novela "Lazos de Cristal", fue uno de los cinco manuscritos finalistas anunciados en el II Concurso Literario de Autores Indie (2015), auspiciado por Amazon, Diario El Mundo, Audible y Esfera de Libros. Este concurso recibió más de 1,200 manuscritos de diferentes géneros literarios de habla hispana de 37 países. Kristel fue la única latinoamericana entre los cinco finalistas del concurso.

La autora también fue finalista del concurso de novela romántica Leer y Leer 2013, organizado por la Editorial Vestales de Argentina, y es coadministradora del blog literario Escribe Romántica. Kristel Ralston ha publicado varias novelas como Entre las arenas del tiempo, Mientras no estabas, Entre las arenas del tiempo, Brillo de Luna, Un acuerdo inconveniente, Lazos de Cristal, Bajo tus condiciones, El último riesgo, Regresar a ti, Un Capricho del Destino, Desafiando al Corazón, entre otras. Una prestigiosa publicación de Ecuador la nominó como una de las Mujeres del año 2015 en la categoría Arte por su trabajo literario.

Kristel vive actualmente en Guayaquil, Ecuador. En su tiempo libre disfruta escribiendo novelas que inviten a los lectores a no dejar de soñar con los finales felices.

Conoce más sobre la autora en su página web:
www.kristel-ralston.com

Puedes escribirle a la siguiente dirección:
kristelralstonwriter@gmail.com

Made in the USA
San Bernardino, CA
01 August 2017